KB272244

폭력

VIOLENCE

Copyright ⓒ Slavoj Žižek, 2008, 2009

All rights reserved

Korean translation copyright ⓒ 2026 by 21st Century Culture Center
Korean translation rights arranged with Profile Books, Ltd.
through EYA Co., Ltd.

이 책의 한국어판 저작권은 EYA를 통해 Profile Books Ltd와 독점 계약한
21세기문화원에 있습니다. 저작권법에 따라 무단 전재 및 복제를 금합니다.

폭력

슬라보예 지젝 지음

이현우·김희진·정일권 옮김

21세기문화원

일러두기

1. 이 책은 2008년에 Profile Books, Ltd.에서 발행한 Slavoj Žižek의 VIOLENCE
   제25쇄본을 번역한 것이다.
2. 원문 대조를 통해 번역을 전면 수정·보완하면서 문장과 용어를 세밀히 바로잡고
   텍스트의 완성도를 높였다.
3. 맞춤법과 표기법은 국립국어원의 어문 규범에 따랐다. 다만 외국어 표기가 원음
   과 멀어진 경우에는 예외로 했다.
4. 독자들의 이해를 돕기 위해 본문에 도판을 넣었다.

차   례

『폭력』을 다시 읽기 위하여

슬라보예 지젝의 '폭력론'과 재회한다. 15년 만이다. '폭력이란 무엇인가'란 제목으로 나왔던 책은 원제 Violence를 그대로 옮긴 『폭력』으로 옷을 갈아입었다. 일부 대목의 번역은 수정했으며 문장도 가다듬었다. 슬라보예 지젝 읽기의 유익한 출발점이면서 폭력이란 주제를 사유하는 데 필수적인 참고 문헌이었다고 생각하지만 출판사(난장이)가 사라지면서 오랫동안 절판본 상태에 있었다. 크게 유감스럽지는 않았다. 초판이 여러 쇄를 찍었기에 이 책을 필요로 하는 독자들과는 충분히 만났으리라 짐작했다.

하지만 세월이 흐르고 새로운 세대 독자들이 가끔 책의 '안부'를 물어 오곤 했다. 절판본의 안부란 것은 언제 다시 나오느냐는 것일 터이다. 책의 의의가 여전히 유효하다면 새로운 만남도 필요하겠다는 생각이 들었다. 그렇다고 적극적인 방책을 찾진 않았다. 기회가 되면

책을 다시 내도 좋겠다는 판단을 했을 뿐이다. 그러다가 예기치 않게도 21세기문화원 류현석 원장님의 연락을 받았다. 『폭력』의 판권을 확인한 후에 책을 다시 내고 싶다는 뜻을 전해 왔다. 새로 번역하는 것이 아니라 기존 번역을 손보아서 펴내는 것이기에 역자들의 부담도 크지 않았다. 무엇보다도 독자들로부터 환영받았던 책을 다시 출간한다는 사실이 반가웠다. 지금 이렇게 『폭력』이 독자의 손에 다시 쥐어지기까지의 경과다.

이미 초판에 장황한 역자 서문을 붙인 터라 개정판 서문에서 지젝과 『폭력』에 대한 자세한 해제는 피하려 한다. 다만 15년의 간극(원저는 2008년에 출간됐으니 그 기준으로는 18년의 시간이 흘렀다)에 대한 몇 가지 소회를 적는다. 따져 보면 당시 이명박MB 정부에서 현 이재명 정부까지의, 파노라마처럼 펼쳐지는, 짧지 않은 시간이었다.

2003년 가을 처음 방한했던 슬라보예 지젝은 이후에 자주 한국을 찾아 우리에겐 친숙한 명사 철학자가 되었다. 아마도 대중적 인지도에서 그보다 더 상위에 있을 동시대 철학자는 『정의란 무엇인가』(2009)의 마이클 샌델 정도일 것이다(샌델도 『정의란 무엇인가』 열풍이 있던 2010년에 방한하여 한국 독자들과 만났다). 2012년과 2013년에 연이어 방한했던 지젝은 2016년(경희대 특강)과 2018년(광주 비엔날레)에도 강연차 한국을 찾았고 팬데믹 이후에는 비대면 강연과 칼럼 등을 통해 독자들과 만남을 이어가고 있다. 그뿐인가. 지난 15년간 국내에서 출간된 지젝의 책은 공저를 포함하면 50권 가까이에 이른다. 현시점에서 지젝에 대한 소개가 따로 필요하지 않은 이유다.

다만 2003년 처음 대면했을 때 50대 중반이던 지젝이 지금은 80에 더 가까운 나이가 되었다는 사실, 30대에 그의 책을 처음 읽은 독자가 어느덧 50대 후반이 되었다는 사실은 새삼 감회를 느끼게 한다. 이제 지젝은 61세에 생을 마친 헤겔보다 훨씬 늙은 철학자가 되었다.

하지만 나이에 대한 감상은 독자만의 것인지도 모른다. 노철학자라 불러도 이상하지 않지만, 2026년의 지젝은 변함없이 생산적이다(독자로서의 나는 여전히 그를 따라잡지 못한다). 새로운 글들을 끊임없이 생산해 내며 책의 목록을 늘려 가고 있다. 지난해 말 펴낸 『양자 역사 Quantum History』만 하더라도 얼마나 자극적인 제목인가. 거기에 더하여 아마도 칼럼 모음집 『자유주의 파시즘』 등이 올해 근간으로 예고돼 있다. 모두가 한국어판으로 나옴 직한 기대작들이다. 이런 책들이 대기하고 있는데도 거의 20년 전 책을 다시 펴내고 다시 읽을 필요가 있을까. 답변은 그렇다, 이다. '폭력'이라는 화두가 여전히 유효하며 더 심각하게 느껴지는 것이 오늘의 현실이어서 그렇다.

어째서 그런가. 흔히 말하는 대로 전 지구적 자본주의는 자신의 한계를 넘어, 플랫폼을 매개로 한 '테크노봉건주의Techno-feudalism'로 탈바꿈했다. 민주주의의 가교로 간주되던 디지털 공간은 일반 지성을 사유화하여 지대를 추출하는 약탈의 장으로 변모했다. 지젝이 구조적 폭력이라고 명명한, 눈에 보이지는 않는 폭력이고 전쟁이다. 눈에 보이는 가시적 폭력이야 더 말할 것도 없다. 안팎으로 전쟁을 치르고 있는 트럼프 시대의 미국이 견본이다. 지젝의 폭력론은 이렇듯 눈에 보이는 폭력과 보이지 않는 폭력을 망라해서 폭력에 대한 총체적인 인식을 갖게 한다. 지금 『폭력』을 다시 읽는 일은 지젝이 제시하는 폭력의 삼각 구도—주관적 폭력, 상징적 폭력, 구조적 폭력—를

2026년이라는 좌표 위에서 다시 배열하려는 시도가 되는 것이다.

지젝이 이 책에서 일관되게 강조하는 공리는 단순하다. 우리가 어떤 사건을 '폭력적'이라고 인지하는 바로 그 배경, 곧 '비폭력적 정상 상태'야말로 가장 잔혹한 객관적 폭력이 작동하는 장이라는 사실이다. 주관적 폭력이 평온한 수면 위에 던져진 돌멩이라면, 객관적 폭력은 그 수면 자체를 지탱하는 보이지 않는 압력이다. 우리가 뉴스 속의 가시적 폭력에만 매혹되는 한, 그 폭력을 가능하게 하는 조건은 은폐된다. 지젝의 폭력론을 다시 읽는 것은 가시적 폭력을 우회하여 그 배후의 구조를 식별하려는 하나의 인식론적 훈련을 다시 시작하는 일이다.

지금 시점에서 이러한 시작은 선택이 아니라 필수다. 오늘날의 국제 정세는 폭력에 대한 지젝의 문제 설정이 단순한 철학적 도발이 아니라, 현실을 이해하기 위한 최소한의 조건임을 보여 준다. 이를테면 2025년 말 러시아가 발표한 '오데사 회랑' 문제를 복기해 볼 수 있다. 일부 언론은 이를 러시아의 완화 조치나 인도주의적 개방으로 보도했지만 지젝은 칼럼에서 그 명명 자체가 수행하는 이데올로기적 기능에 주목한다. 공해상에 설정된 이 '회랑'은 실질적으로는 식량 유통을 특정 권력의 통제 아래 두는 장치이며, 그것을 '개방'이라 부르는 행위는 권력의 행사를 은폐하는 언어적 장치일 따름이다. 이때 폭력은 더 이상 총칼을 동원하지 않는다. 그것은 유통 경로와 시스템의 조건 자체를 규정하는 방식으로 작동하는 구조적 폭력으로 탈바꿈한다. 인도주의라는 외양은 오히려 인도주의조차 무기화될 수 있음을 시사할 뿐이다.

기술의 영역에서 작동하는 상징적 폭력도 새로운 단계에 진입했다. 생성형 AI와 거대 테크기업들은 온라인에 축적된 인류의 집단적 지식, 곧 '일반 지성'을 포획하여 지대 추구의 자원으로 전환하고 있다. 이 과정에서 인간의 사유는 점차 데이터의 형태로 환원되고, 해석과 판단의 기능은 알고리즘으로 외주화된다. 우리가 경험하는 매끄러운 인터페이스는 바로 이 상징적 거세를 은폐하는 표면이다. 우리는 지금 '이해 없는 지식'이 증식하는 시대, 다시 말해 정신 자체의 조건이 근본적으로 변형되는 국면에 들어서 있다. 사유의 주체가 사라진 자리에 확률적 예측만이 남는 것, 이것이 바로 우리가 직면하고 있는 상징적 폭력의 상황이다.

정치적 차원에서는 도널드 트럼프로 대표되는 새로운 유형의 권력이 법과 규범의 수호자가 아니라 그것을 외설적으로 전유하는 주인의 형상으로 등장한다. 그는 거짓말과 모욕을 통해 지지자들과 일종의 향유를 공유하며, 규범의 밑바닥에 잠재해 있던 욕망을 공적 영역으로 끌어올린다. 급기야는 네타냐후의 이스라엘과 합작한 이란 전쟁을 통해서 광기적 폭력을 전 세계에 과시하고 있다. "우리 세계는 가장 중증의 광인이 통제권을 장악하고 의사 행세를 하는 정신병원에 가까워지고 있다."는 지젝의 진단이 결코 과장이 아니다. 하지만 간과하지 말아야 하는 진실은 이러한 우파 포퓰리즘의 득세가 단순히 대중의 무지로 환원될 수 없다는 점이다. 그것은 오히려 경제적·구조적 폭력을 방치한 채 도덕적 우월성에 안주했던, 지난 시기 자유주의적 정치의 한계가 역전된 결과로 이해되어야 한다.

지젝은 진작에 '종말의 시대에 살기'라고 표현했는데, 종말은 더 이상 비유나 수사가 아니다. 우리가 이미 '자정 이후'의 시간 속에 들어와 있음을 인정할 필요가 있다. 우리는 더 이상 다가올 파국을 예견하는 단계에 있지 않다. 오히려 파국의 내부에서 그것을 사유해야 하는 조건에 놓여 있다. 무엇을 할 것인가. 사태를 성급히 해결하려 하기보다 그것을 이해하기 위해 후퇴하는 것. 『폭력』과 함께 우리가 시도해 볼 수 있는 인식의 지연, 인식을 위한 지연이다. 그러나 이 지연은 무력함이 아니라, 대타자의 보증이 사라진 시대에 조건을 재구성하기 위한 전제다. 진정한 의미의 '행위'는 바로 그러한 조건에서만 가능해질 것이다.

지젝의 문장은 여전히 과격하고, 때로는 불편하다. 그러나 바로 그 불편함이 우리가 자연스럽게 받아들여 온 세계의 조건을 의심하게 만든다. 그것은 일종의 인식 장치이며, 동시에 사유를 재가동시키는 계기다. 이 책을 덮고 나면, 폭력에 대한 사유는 더 이상 예전과 동일한 형태로 남아 있지 않을 것이다. 우리가 마주하고 있는 것은 사건으로서의 폭력이 아니라, 조건으로서의 폭력이다. 파국이 일상화된 이 '제로 포인트'에서, 이 책이 더 나은 실패를 꿈꾸며 다시 사유를 시작하기 위한 디딤판이 되기를 바란다.

2026년 4월
역자들을 대표하여
이현우

『폭력』을 읽기 위한 우회로

처음에는 대중문화로 철학을 더럽히는 'MTV 철학자'였다. 이제는 '현존하는 가장 위험한 철학자'이다. 가공할 만한 열정으로 시대를 사유하고 있는 철학자 슬라보예 지젝을 가리키는 말이다. 사실 슬로베니아 출신의 이 '괴물' 철학자가 1989년에 『이데올로기의 숭고한 대상』(국역: 『이데올로기라는 숭고한 대상』, 인간사랑, 2002)으로 영어권 지식 사회에 등장했을 때, 그가 우리 시대의 가장 문제적인 철학자이자 '가장 위험한 철학자'가 되리라고 점친 사람은 많지 않았을 것이다. 슬로베니아 라캉학파의 일원으로 지젝을 처음 소개하면서 에르네스토 라클라우조차도 "포스트 마르크시즘적 시대에 사회 민주주의적 정치 프로젝트를 구축하는 문제"에 대해 '이론적'으로 관심이 있는 독자에게 필독서가 되리라고 데뷔작의 의의를 한정했었다. 하지만 지젝은 이듬해 슬로베니아 대선에 출마했다가 낙선한 후에 더 본격적으로, 그리고 전방위적으로 열정적인 '이론투쟁'을 개시한다. 그 결과 영어로는 이미 60권에 육박하는 단행본을 출간했고, 『삐딱하게 보기』(시각과언어, 1995)를 필두로 국내에 번역·소개된 것만 해도 30종이 넘는다.

이제 거기에 폭력에 대한 그의 성찰을 더 얹는다. 폭력이란 무엇인가, 아니 무엇이 폭력인가에 대한 지젝의 '삐딱'하면서도 흥미로운, 그리고 진지한 사유와 이론적 성찰을 직접 대면하기 전에 그의 사유와 분석의 궤적을 잠시 둘러보는 것도 의미가 있을 듯싶다. 이것은 폭력 문제를 직접적으로 다루기보다는 한걸음 물러서서 '우회로'를 통해 성찰해야 한다는 지젝의 주장을 수용하는 나름대로의 방식이기도 하다. 나는 폭력에 대한 지젝의 성찰을 직접 다루기보다는 우회하여 접근하고자 한다. 일단 전제는 가히 '지젝 현상'이라고도 할 만한 그의 폭발적 생산성과 그에 대한 반응이다. 그 반응은 지젝만을 다루는 전문 잡지가 등장할 정도의 열광을 포함한다. 물론 모든 열광에 뒤따르는 냉소도 우리 주변에서는 흔하게 접할 수 있다. 아무려나 이러한 현상의 이면에는 지젝의 부지런한 다산성 못지않게, 작용이건 반작용이건 간에 그의 이론적 사유에 대한 지식 사회와 독서 대중의 '수요'도 함께 작용하고 있는 것으로 보아야 할 것이다.

그렇다면 무엇이 지젝에 대한 이러한 열광을 낳는 것일까? 개인적으론 그를 통해서 비로소 헤겔의 철학과 라캉의 정신분석에 대해 진지한 흥미를 갖게 되었다는 걸로 이유를 대신할 수 있지만, 애초에 이것은 『이데올로기의 숭고한 대상』에서부터 지젝이 목표로 한 바이기도 하다. 그는 이데올로기 이론에 기여하고 싶다는 바람 외에 라캉

정신분석의 기본 개념에 대한 개설을 제공하는 것과 '헤겔로의 회귀'를 목표로 내세웠던 것이다. 중요한 것은 이 세 가지가 서로 연계돼 있다는 점이다. 그는 '헤겔을 구출하기' 위한 유일한 방안이 라캉을 경유하는 것이라고 믿으며, 이러한 라캉적 독법과 헤겔의 유산이 이데올로기에 대한 새로운 접근을 가능하게 해 줄 것이라고 판단한다. 비록 "민주주의는 모든 가능한 체제들 중에서 최악의 것이다. 그러나 문제는 어떤 것도 그보다 낫진 않다는 것이다."라는 처칠의 주장을 반복하던 초기의 입장은 곧 철회하지만, 이데올로기의 종언 이후, 탈이데올로기 시대의 이데올로기에 대한 그의 집요한 탐색은 그가 줄곧 견지하고 있는 과제다.

흔히 '슬로베니아 라캉주의 헤겔주의자'라고 불리지만, 지젝의 사유에는 마르크스와 대중문화가 이론적 틀로 더해진다. 그는 가장 난해한 두 사상가, 헤겔과 라캉을 자유자재로 다루면서, 헤겔을 어떻게 라캉으로 읽을 수 있으며, 반대로 라캉은 어떻게 헤겔로 읽을 수 있는지, 그리고 그러한 독해가 우리 시대의 이데올로기적 지형과 대중문화를 이해하고 돌파하는 데 어떤 기여를 할 수 있는지 보여 준다. 물론 이러한 작업에 대해서 그의 담론이 세련된 라캉적 분석과 덜 해체된 전통적 마르크스주의 사이에서 분열돼 있다는 비판도 제기되고, 그의 철학 '퍼포먼스'가 고상한 철학을 대중문화로 더럽힌다는 비난도 가해진다. 하지만 과연 지난 20년간 현 세계의 다양한 정치경제적 이슈에 대해 지속적인 철학적 성찰과 정신분석학적 분석을 제시하고 있는 철학자가 지젝 말고 더 있는지 궁금하다. 분명 손에 꼽을 정도이지 않을까. 게다가 그는 가장 '대중적인' 철학자가 아닌가!

지젝은 어떤 사유와 이론을 우리에게 제시하는가? 철학적 이슈와 정치적 쟁점을 종횡무진하는 지젝의 행보와 재담을 모두 따라가는 건 지젝의 애독자라도 어려운 일이지만 다행히도 그는 자신의 주저를 몇 권 꼽아 놓은 적이 있다.『이데올로기의 숭고한 대상』외에『부정적인 것과 함께 머물기』(도서출판b, 2007),『까다로운 주체』(도서출판b, 2005), 그리고『시차적 관점』(마티, 2009)까지 네 권의 책이 그것이다. 그중에서도『시차적 관점』은 "철학이란 문제를 다시 정의하는 것"이라는 그의 주장에 충실한 책이다.

지젝이 말하는 '시차'란 과학용어로 동일한 대상을 서로 다른 곳에서 보았을 때 서로 다른 위치나 형상으로 보이는 것을 말한다. 가장 단순하게는 왼쪽 눈과 오른쪽 눈을 각각 한쪽씩 가리고 보았을 때 나타나는 약간의 차이가 시차다. 지젝은 이러한 두 층위 사이에 어떠한 공통 언어나 기반이 존재하지 않기 때문에 변증법적으로 매개·지양될 수 없는 근본적인 '이율배반'을 시차로 재정의한다. 그리고 철학과 과학, 정치라는 세 가지 주요 양식에 나타나는 시차적 간극에 개념적 질서를 부여하고자 한다.

사실 지젝은 '시차적 관점'이라는 아이디어를 가라타니 고진의『트랜스크리틱』(한길사, 2005)에서 얻어 오는데, 이미『이라크』(도서출판b, 2004)에서도 '시차'란 개념을 사용하여 이라크전쟁의 '진리'를 설명한 바 있다. 곧 "민주주의는 인류에 대한 신의 선물"이라는 부시의 말이 집약해 주고 있는 대로 서구 민주주의에 대한 이데올로기적 믿음이 이 전쟁의 첫 번째 이유이고(상상계), 새로운 세계 질서 안에서 미국의 헤게모니를 주장하려는 것이 두 번째 이유라면(상징계), 석유의 안정적인 공급이라는 경제적인 이해관계가 세 번째 이유(실재계)라는 것이다. 여기서 요점은 어느 하나가 나머지의 '진리'라는 게 아니라, '진리'란 관점의 이동 그 자체라는 것이다. 그것이 말하자면 시차적 관점에서의 진리다.

이러한 시차적 관점의 도입을 통해서 지젝은 궁극적으로 변증법적 유물론을 재건하고자 한다. 그가 보기에 시차란 개념은 변증법적 사유의 장애물이 아니라 그 전복적인 핵심을 간파하도록 해 주는 열쇠다. 이 열쇠는 어떻게 활용될 수 있을까. 가령 '저항'의 교착 상태에 대해 생각해 보자. 지젝은 알랭 바디우를 따라서 시스템이 더욱 부드럽게 작동하게끔 만들어 주는 국지적 행동에 참여하기보다는 아무것도 하지 않는 편이 더 낫다고 주장한다. 왜냐하면 오늘날 진정한 위협은 수동성이 아니라 유사-행동이며, '능동적'이고 '참여적'이 되려는 이 충동은 실제로는 아무 일도 일어나지 않고 있다는 사실을 은폐한다고 보기 때문이다.

예컨대 사람들은 언제나 개입하여 '뭔가'를 하고, 학자들은 무의미한 '논쟁'에 참여한다. 자유주의적 좌파 또는 민주적 사회주의자들도 혁명을 말하지만, 그들은 혁명을 위해 치러야 할 실제적 대가에 대해서는 눈을 감는다. 자신의 학술적 특권이 전혀 위협받지 않는 한도 내에서 마르크스주의를 옹호하거나 급진적인 담론을 쏟아 내는 데 열중하는 '강단좌파'의 경우도 마찬가지다. 그러한 발언을 뒷받침하고 있는 발언 위치, 곧 물적 토대와 시스템 자체는 결코 건드리지 않으며 위험에 빠뜨리지도 않는다. 이러한 유사-행동에 대해 지젝은 비판적인 참여와 행동을 통해서 권력을 쥔 자들과 '대화'에 나서기보다는 '불길한 수동성'으로 퇴각하는 것이 오히려 진정 어려운 일이라고 주장한다. 그것은 달리 제국주의·식민주의·세계대전이라는 1914년의 파국적 조건 속에서 혁명의 기획을 재창조하려고 했던 레닌의 제스처를 오늘날 반복해야 한다는 그의 요구와도 맞닿아 있다.

사회주의 운동사에서 전례 없는 패배의 국면이었던 1914년에 레닌은 좌절하지도, 그렇다고 즉각적인 정치적 해답을 내놓지도 않았다. 대신에 스위스 베른의 도서관에 틀어박혀 이듬해 5월까지 헤겔의『논리학』연구에 매진했다. 알다시피, 그가 러시아 혁명을 성공시키게 되는 것은 불과 그 2년 뒤의 일이다. 레닌의 이러한 이론적 실천에 주목하면서 지젝은 레닌주의에 대한 새로운 사유를 제안하고 촉발하고자 한다. 이 경우 레닌은 "마르크스는 괜찮아, 하지만 레닌은 뭐야?"라고 할 때의 레닌이다.『지젝이 만난 레닌』(교양인, 2008)에서 지젝은 한마디로 '레닌에게서 무엇을 배울 것인가?'라고 다시 따져 묻는다. 그의 기본 문제의식은 무엇인가? "우리가 양보할 수도 없고 양보해서도 안 되는 '레닌주의적' 입장은 다음과 같은 것이다. 오늘날 실질적인 사상의 자유는 현재 지배적인 지위에 있는 자유 민주주의적이고 '탈이데올로기적인' 합의에 의문을 제기할 자유를 의미하며, 그것이 아니라면 아무런 의미도 없다."는 것이다.

지젝이 보기에 오늘날 전 지구적 자본주의 사회에서는 그러한 '합의'만 유지된다면 아무리 과격하고 급진적인 주장이라 할지라도 용인된다. "네 마음대로 말하고 써라. 단 지배적인 정치적 합의에 실제로 의문을 제기하거나 그것을 방해하지만 마라. 비판적 논제로서는 모든 것이 허용된다. 아니, 제발 그렇게 해 달라. 지구 생태계의 파국에 대한 예상. 인권 침해. 성차별, 동성애 혐오, 반페미니즘. 멀리 떨어진 나라들만이 아니라 바로 우리가 살고 있는 거대 도시에서 점점 늘어나는 폭력 제1세계와 제3세계, 부유한 사람들과 빈곤한 사람들 사이의 간극. 디지털화가 우리 일상생활에 가하는 강력한 충격…" 등등. 물론 '자유 민주주의'조차도 제한받고 있는 우리의 경우엔 사정이 조금 다르긴 하지만, 지젝이 나열한 여러 주제에 대한 연구 프로젝트가 국가나 기업의 지원하에 얼마든지 이루어질 수 있는 것이 또한 우리의 현실이다.

가령, 한국 사회에서도 '대한민국은 민주공화국이다'란 합의만 유지될 수 있다면 무얼 해도 괜찮다(물론 그렇지 않은 경우가 많지만 원칙상으론 그렇다). 하지만 그러한 '자유'에 실상은 어떤 '금지'가 기입돼 있다는 것이 핵심이다. 지젝이 자주 드는 구동독의 농담을 한 번 더 상기해 보자. 한 노동자가 시베리아에서 일자리를 얻게 되었다. 그는 친구한테 이렇게 미리 일러둔다. "모든 우편물이 검열될 테니까 암호를 정하자. 나한테 받은 편지가 파란 잉크로 쓰여 있으면 진실이고, 빨간 잉크로 쓰여 있으면 거짓이야." 친구는 한 달 후에 파란 잉크로 쓰인 편지를 받게 된다. 시베리아의 친구는 모든 것이 풍부하고 쾌적하며 만족스럽다고 적은 이후에 끝으로 한 가지를 덧붙인다. "단 하나 빨간 잉크만 없어." 이 노동자는 진실을 말할 수 없는 상황에서도 자신의 메시지를 전달하는 데 성공하고 있다. 실제로는 빨강 잉크를 사용할 수 있는 상황이었더라도 그의 거짓말은 '진실'을 전달하는 유일한 방법이 된다. 그리고 이런 방법이야말로 이데올로기 비판의 핵심이기도 하다. '테러와의 전쟁'이나 '민주주의와 자유', '인권' 등의 용어 대신에 우리를 진정으로 사유할 수 있게 해 주는 '언어'를 과연 우리는 가지고 있는가?

 민주주의는 기본적으로 다원적 경합을 허용하며 그것에 의해서 유지되는 체제이지만, 지젝이 말하는 레닌주의적 제스처는 어떤 근본주의적 태도를 가리킨다. 오늘날 재발명되어야 할 레닌의 유산은 '진리의 정치'라고 그는 주장하며, 근본적 좌파의 목표는 '원칙 없는 관용적 다원주의'와는 정반대라고 선을 긋는다. 이러한 입장은 '좌익 소아병'에 대한 레닌의 비판을 상기시키는데, 그가 보기에 정치적 극단주의 혹은 과잉 근본주의는 항상 이데올로기적-정치적 전치 현상이다. 즉 그것은 오히려 정반대이자 제한으로, "끝까지 가는 것"에 대한 거부로 간주되어야 한다는 것이다. "자코뱅이 급진적 테러에 의존한 것은 경제 질서의 근본적 기초를 흔들어 놓을 능력이 없다는 사실을 증언하는 일종의 히스테리적인 행동화가 아니라면 무엇이겠는가? 심지어 '정치적 올바름'의 이른바 '과잉'에도 똑같은 이야기를 할 수 있지 않을까? 그것은 또 인종차별과 성차별의 현실적(경제적 등) 원인들을 흔들어 놓는 것으로부터 후퇴했다는 사실을 드러내는 것 아닐까?"라는 것이 지젝의 반문이다. '순수 정치'에 대한 지젝의 비판은 이러한 맥락에서 제기된다. 그것은 정치 투쟁이 경제 영역을 참조해야만 제대로 독해될 수 있다는 마르크스의 핵심적 통찰, 즉 '정치경제학'에 대한 통찰을 간과한다는 것이다.

 지젝은 마르크스의 정치경제학을 경제와 정치 사이의 시차視差에 대한 고려라고 본다. 예컨대 정치와 경제의 관계는 궁극적으로 '두 옆 얼굴이냐 꽃병이냐'라는 시각적 패러독스와 유사하다. 즉, 정치적인 것에 초점을 맞추면 경제는 고작 '재화의 공급'으로 격하되고, 경제에 초점을 맞추면 정치는 한갓 기술 관료주의의 영역으로 축소된다. 레닌의 위대한 점은 이 두 수준을 함께 사고할 수 있는 개념적 장치가 없었음에도 불구하고 그렇게 했다는 데 있으며 '레닌을 반복하라!'는 지

얼굴이냐 꽃병이냐

젝의 요구는 거기서 비롯된다. 경제가 핵심이지만 그 개입은 경제적이 아니라 정치적이어야 한다는 것이다. 따라서 "바보야, 문제는 경제야"라거나 "바보야, 문제는 정치야"라는 일면적 슬로건은 해결책이 될 수 없다. 즉 반세계화(반지구화) 운동으로는 충분하지 않다. '자유와 민주주의'를 자명한 것으로 간주하는 태도 자체를 문제 삼을 수 있어야 한다. 그리고 자유 민주주의가 실상은 자본주의적 사적 소유에 근거하고 있다는 점을 분명히 할 때에만 진정으로 반자본주의적이 될 수 있다. 때문에 지젝은 이렇게 주장한다.

> 따라서 두 겹의 싸움을 해야 한다. 첫째는, 그래, 반자본주의다. 그러니 자본주의의 정치적 형식(자유주의적 의회 민주주의)의 문제를 다루지 않는 반자본주의는 아무리 '급진적'이라 해도 충분하지 않다. 자유 민주주의 유산을 실제로 문제로 삼지 않고도 자본주의를 훼손할 수 있다는 믿음이야말로 오늘날의 핵심적인 유혹이다.

가령 〈에너미 오브 스테이트〉나 〈인사이더〉처럼 무자비한 이윤 추구에 몰두하는 대기업에 대한 비판을 다룬 영화들이 아무리 '반자본주의'를 표면상 내세우더라도 "대기업의 음모를 무너뜨리는 정직한 미국인의 민주주의에 대한 신뢰"가 남아 있는 한, 전 지구적 자본주의 세계의 견고한 중핵(민주주의) 자체는 제거할 수 없다. 지젝이 '진정한 마오주의자'라고 칭하는 알랭 바디우는 아예 이렇게 말했다. "오늘날의 적은 제국이나 자본이라고 불리는 것이 아니다. 그것은 민주주의라고 불린다." 이렇듯 자유 민주주의 자체를 자본주의와 함께 비판의 도마에 올려놓음으로써 지젝은 급진 민주주의라는 입장에서 조금 더 왼쪽으로 가게 된다. 그리고 이러한 입장의 전환을 혁명적 테러에 대한 새로운 해석을 통해서 더욱 강화한다.

프랑스 혁명의 지도자 로베스피에르는 이렇게 말했다. "평상시에 인민정부를 움직이는 동인이 미덕이라면, 혁명의 시기에 그 동인은 미덕과 공포 양쪽 모두입니다. 덕이 없는 공포는 재난을 부르고, 공포가 없는 덕은 무력합니다. 공포는 신속하고 엄격하며 강직한 정의에 지나지 않습니다. 그러므로 공포는 미덕의 발현체이며, 특수한 원칙이라기보다는 민주주의의 일반 원칙이 조국의 절박한 필요에 응답한 결과라고 할 수 있습니다." 여기서 요점은 '혁명적 폭력' 혹은 '공포정치'가 특수한 원칙이라기보다는 민주주의 일반 원칙을 긴박한 상황적 요구에 적용한 결과라는 것이다. 로베스피에르에게서 혁명적 폭력은 정확히 전쟁과 대립하는 것이었다고 지젝은 덧붙이는데, 실제로 루이 16세는 체포되기 며칠 전에 외국 군대를 끌어들여 프랑스와 유럽 국가들 간의 대전을 일으킬 계획을 꾸미고 있었다. 전쟁이 일어나게 되면 왕은 애국자연하면서 프랑스 군대를 이끌다가 평화협정을 체결할 것이고 그의 권력은 다시금 회복될 수 있었을 것이다. 즉 '평화로운' 루이 16세는 자신의 권좌를 지키기 위해서라면 언제라도 유럽을 전쟁으로 내몰 준비가 돼 있었던 것이다.

지젝은 자코뱅의 혁명적 폭력에 대해서도 부르주아적 법과 질서의 '초석적 범죄'라고 절반쯤 정당화하는 경향에 대해서도 이의를 제기한다. 그것을 벤야민이 말하는 '신적 폭력'으로 보아야 한다는 것이다. 그가 참고한 건 엥겔스의 말이다. "최근 들어 사회 민주주의적 속물들이 다시 한번 이 말을 듣고 공포에 떨고 있습니다. '프롤레타리아 독재'. 좋습니다, 여러분. 이 독재가 어떤 것인지 알고 싶습니까? 그럼 파리 코뮌을 보십시오. 그것이 바로 프롤레타리아 독재였습니다." 즉, 파리 코뮌이야말로 프롤레타리아 독재였다는 것이 엥겔스의 주장인데, 지젝은 엥겔스의 말을 받아서 1792-94년의 혁명적 폭력 또한 프롤레타리아 독재와 함께 '신적 폭력'이라고 주장한다. 즉 여기서 '신적 폭력=비인간적 폭력=프롤레타리아 독재'라는 등가 관계가 성립된다. 이때 '신적 폭력'이란 말의 해석은 정확히 '민중의 소리는 신의 소리Vox Populi, Vox Dei'라는 고대 로마의 격언을 따른 것이다.

자코뱅의 역사적 유산이 우리에게 남겨 주는 교훈은 무엇인가. 지젝은 이렇게 바꿔서 질문한다. "혁명적 폭력의 자주 탄식할 만한 현실은 우리로 하여금 폭력의 이상 자체를 거부하도록 하는가, 아니면 그것을 오늘날의 전혀 다른 역사적 조건 속에서 반복하여 그 현실화로부터 그것의 잠재적 내용을 부활시킬 방법이 있는가?" 그의 대답은 충분히 예상할 수 있는데, 우리는 그렇게 할 수 있고, 또 그래야만

한다는 것이다. 물론 이미 지적한 대로 자코뱅의 급진적 테러는 경제 질서의 근본적 기초를 흔들어 놓을 능력이 없다는 사실을 거꾸로 보여 주는 히스테리적인 행동화일 뿐이라는 비판에서 자유롭지 못하다. 하지만 지젝이 보는 자코뱅의 위대함은 테러의 연출이 아니라 일상의 재조직에 관한 정치적 상상력에 두어진다. "여성의 자기-조직화에서부터 모든 늙은이가 평화와 존엄 속에서 말년을 보내는 공동체 가족까지, 불과 2-3년 사이에 응축된 열광적인 활동"이 진정한 혁명의 관건이었던 것이다. 이것은 러시아의 10월 혁명에서도 그대로 적용된다. 진정한 혁명의 순간은 1917-18년의 봉기도 아니고 이어진 내전 상황도 아닌, 1920년대 초반에 새로운 일상생활의 의례들을 창안하려고 했던 강력한 실험에서 찾을 수 있다는 것이 지젝의 주장이다. 그리하여 그가 도출해 내는 결론은 "민주주의적 절차보다 상위에 있는 이런 과잉의 평등-민주주의는 오직 자기 대립물로서 혁명적-민주주의의 테러의 형태로만 '제도화'될 수 있다는 것"이다.

이때 진정한 혁명적 과정은 두 가지 계기를 구성소로 갖는다. 프레드릭 제임슨을 따라서 지젝은 그것을 첫째 '극단적인 부정의 제스처', 그리고 둘째 '새로운 삶의 창안'이라고 말한다. "근본적인 혁명 속에서 사람들은 단지 '그들의 오래된 꿈을 실현할' 뿐만 아니라 그것을 꿈꾸는 방식 자체를 다시 창안해야 한다. 요컨대 우리의 꿈을 위해 현실을 변화시키기만 하고 이런 꿈들 자체를 변화시키지 않는다면, 조만간 우리는 과거의 현실로 다시 돌아가고 만다."는 것이 요점이다. 중국의 문화대혁명의 실패는 바로 이런 점에 기인한다는 것이 지젝의 판단이다. 물론 프롤레타리아 문화대혁명은 새로운 경제적 조직과 일상생활의 재조직을 겨냥했지만, 그리고 그런 점에서 유토피아 실행의 요소를 포함하고 있지만 새로운 일상의 형식을 창조하는 데는 실패한다. 사실 문화대혁명의 마지막 시기에, 마오쩌둥 자신에 의해서 소요 사태가 봉쇄되기 전에 '상하이 코뮌'이 있었다. 당의 공식 슬로건에 따라 백만 명의 노동자들이 국가의 소멸과 심지어는 당 자체의 소멸을 요구했고, 직접 코뮌적 사회를 조직하고자 시도했다. 바로 이 시점에서 마오는 군대를 동원하여 질서를 회복한다. 인민에게 '반란의 권리'를 갖고 있다고 스스로 독려하고 부추긴 문화혁명의 온전한 결론 앞에서 그 자신이 후퇴한 것이다. 이렇듯 마오가 충분히, 끝까지 밀어붙이지 못한 것이 역설적으로 오늘날 중국에서 자본주의적 폭발을 위한 공간을 연 것이라는 게 지젝의 시각이다.

우리에게 필요한 것은 무엇인가? "국가 권력을 장악하기 위해 투쟁하거나 국가로부터 거리를 두는 저항을 위해 후퇴한다"라는 식의 양자택일은 거짓된 것이라는 인식이다. 지젝이 보기에 양자는 동일한 가정을 공유한다. 즉 국가 형태는 거기에 그대로 있기 때문에 우리가 할 수 있는 것은 그것을 장악하거나 그로부터 거리를 취하는 것뿐이라는 가정이다. 하지만 지젝은 『국가와 혁명』에서 레닌이 주장한 교훈을 상기시켜 준다. 혁명적 폭력의 목표는 국가 권력을 장악하는 데 있는 것이 아니라 국가 권력을 변형시키고 그 기능방식과 토대와의 관계 등을 근본적으로 바꾸는 데 있다는 교훈 말이다. 그가 말하는 '프롤레타리아 독재'의 핵심이 거기에 있다. 그리고, 『처음에는 비극으로 다음에는 희극으로』(창비, 2010)는 그의 이러한 이론적 관점과 정세적 개입의 결합물이다.

지젝이 자신의 핵심적인 테제를 끌어내고 있는 농담 한 가지를 음미해 보는 것도 좋겠다. 몽골 지배하에 있던 15세기 러시아가 농담의 배경이다. 한 농군이 아내와 함께 시골길을 걸어가다 말을 타고 오던 몽골의 전사를 만나게 됐다. 이 전사는 농군의 아내를 강간하겠다고 이르고는 "땅에 흙먼지가 많으니 내가 네 아내를 강간할 동안 네놈이 내 고환을 받치고 있어야겠다. 거기가 더러워지면 안 되니까!"라고 덧붙였다. 몽골군이 일을 마치고 떠나자 농군은 웃음을 터뜨리며 기뻐했다. 아내가 어이없어하며 뭐가 기뻐서 난리냐고 묻자 농군은 이렇게 답했다. "그놈한테 한 방 먹였다고! 그놈 불알이 먼지로 뒤덮였단 말이야!"

현실 사회주의 체제하에서 반체제 인사들이 놓인 곤경을 잘 보여주는 이 농담이 지젝은 오늘날의 비판적 좌파에게도 잘 맞아떨어지지 않느냐고 말한다. 그래서 포이어바흐에 관한 제11테제를 그는 이렇게 비튼다. "우리의 사회들에서 비판적 좌파는 지금까지 권력자들에게 때를 묻히는 데에 성공했을 뿐이나, 진정 중요한 것은 그들을 거세하는 것이다." 그 '거세'는 어떻게 가능한가? 일단 '20세기 좌파 정치의 실패'에서 교훈을 얻어야만 한다. 지젝이 베케트의 말을 인용하며 다시 강조하는 그 교훈이란 "다시 시도하라. 또 실패하라. 더 낫게 실패하라"이다. 혁명의 과정이란 점진적 진보가 아니라 몇 번이고 시작을 반복하는 운동이다. 그리하여 다시 소환되는 것이 '공산주의적 가설'이다. 알랭 바디우는 아주 단호하게 이렇게 말했다. "공산주의적 가설은 여전히 올바른 가설이며 나로서는 그 외의 어떤 올바른 가설도 발견할 수 없다. 만일 이 가설이 포기되어야 한다면 집단행동

차원의 어떤 일도 행할 가치가 없다. 공산주의의 관점 없이는, 이 이념 없이는 역사적·정치적 미래의 어떤 것도 철학자의 흥미를 끌 만한 종류가 되지 못한다.”

물론 공산주의 이념에 계속 충실하기만 한 것으로는 충분치 않다. “이 이념에 실천적 긴박함을 부여하는 적대를 역사적 현실 안에서 찾아내”는 것이 중요하다. 현재의 세계 자본주의 체제에는 어떤 적대가 내재해 있는가. 지젝은 네 가지를 꼽는다. 다가오는 생태적 파국의 위협, 소위 ‘지식 재산권’과 관련한 사유재산 개념의 부적절함, 새로운 과학기술 발전의 사회·윤리적 함의, 새로운 장벽Walls과 빈민가라는 새로운 형태의 아파르트헤이트 생성. 이러한 파국적 위협과 불평등, 그리고 분리에 맞선 투쟁이 공유하는 것은 ‘공통적인 것’을 둘러막는 자본주의의 논리를 그대로 방치할 경우 인류가 파멸에 봉착할 수 있다는 자각이다. “인류 역사상 가장 커다란 시장의 실패”로도 불리는 기후 위기도 빼놓을 수 없겠다. 때문에 ‘세계 시민성’과 ‘공통 관심’을 바탕으로 “시장 메커니즘을 조절하고 제압하면서 엄밀하게 공산주의적인 관점을 표현하는 세계적 정치 조직을 창설할 필요”가 제기된다. 그것이 ‘세계의 종말’에 대처하는 우리의 자세다.

지젝의 공산주의론에서 가장 흥미로운 대목은 사회주의와 공산주의의 구별이다. 역사가 에릭 홉스봄이 한 칼럼에서 “사회주의는 실패했고 자본주의는 파산 상태다. 다음에 올 것은 무엇인가?”라고 던진 질문에 대하여 그 답이 ‘공산주의’라고 그가 말하는 이유다. 지젝이 보기에, 세계 자본주의 체제가 계속적인 장기적 적대를 넘어 존속하면서 동시에 공산주의적 해결책을 피하는 유일한 방법은 모종의 사회주의를 재발명하는 것뿐이다(공동체주의나 포퓰리즘, 아시아적 자본주의 등). 경제적 자유주의의 보루 미국에서조차 자본주의가 자신을 구하기 위해서는 사회주의를 재발명해야 한다는 주장이 제기될 정도다. "미국은 더욱더 프랑스처럼 될 것"이라는 일종의 '유러피언 드림'이 그것이다. 또는 빌 클린턴이 추천사를 쓰기도 한 『박애자본주의』(사월의책, 2010) 같은 책을 그 징후로 간주할 수도 있을 것이다. 책이 내세운 모토가 "승자만을 위한 자본주의에서 모두를 위한 자본주의로"이다.

하지만 사회주의는 '포함된 자'와 '배제된 자' 사이의 핵심적 적대를 다루지 않는다. 그럴 경우 "생태학은 지속 가능한 발전의 문제로 변하고, 지식 재산권은 복잡한 법률적 사안으로, 유전자공학은 윤리적 쟁점으로 변한다." 더불어 빌 게이츠는 빈곤과 질병에 맞서 싸우는 '위대한 인도주의자'가 되며, 미디어 제국을 동원하는 루퍼트 머독은 '위대한 환경주의자'가 된다. 그때 사회주의는 이제 더 이상 공산주의의 '낮은 단계'가 아니며, "공산주의의 진정한 경쟁자, 공산주의에 대한 가장 큰 위협"으로 등장한다. 곧 우리를 기다리고 있는 유일하고 진정한 양자택일은 '사회주의냐 공산주의냐'이다. 혹은 보수적 헤겔과 아이티의 헤겔, 노년 헤겔주의와 청년 헤겔주의 사이의 선택이다. 물론 지젝이 어느 편을 들고 있는지는 더 말할 필요가 없을 것이다. 『굿바이 미스터 사회주의』(그린비, 2009)라는 네그리의 책 제목을 그는 이렇게 완성한다. "잘 가시오, 사회주의 씨… 어서 오시오, 공산주의 동지!"

　이상에서 지젝의 주요 저작 몇 권을 줄거리로 삼아 그의 이론적 사유와 성찰의 궤적을 간추려 보았다. 폭력에 대한 그의 '우회로'식 접근을 '핑계'로 삼았지만, 사실 책의 전체적인 개요와 핵심적인 주장은 그의 서문과 에필로그에 잘 정리돼 있기에 군말을 덧붙이는 건 말 그대로 중언부언이 될 듯하여 선택한 불가피한 우회이기도 하다. 그의 주장을 한마디로 요약하면, 폭력에 대한 관심이 눈에 보이는 '주관적 폭력'보다는 눈에 보이지 않는 '객관적 폭력', 즉 '상징적 폭력'과 '구조적 폭력'에 두어져야 한다는 것이다. 폭력이란 말이 즉각적으로 떠올려 주는 상투적 '이미지'에서 한 걸음 물러날 때만, 우리는 폭력에 대해 본격적으로 사유·성찰할 수 있다는 것이 그의 제안이다.

　『폭력』은 비록 많지 않은 분량이지만 이제까지 주장해 온 지젝 자신의 이론적 사유뿐만 아니라 폭력에 대한 다양한 철학적 성찰들을 두루 아우르면서 우리에게 폭력에 대한 새로운 사유를 촉발하도록 하는 문제적 저작이라고 할 수 있다. 게다가 지젝이 보내 준「한국어판 후기」역시 충분히 자극적이고 인상적인 글이다. 그의 민주주의 비판을 눈여겨보시고 잘 음미해 주시길. 역자로서 먼저 읽은 소감을 적자면, 폭력에 대한 사유를 이제 비로소 지젝과 더불어 새롭게 시작할 수 있게 되었다고 말하고 싶다. 장담컨대, 이 책을 읽고 나면 '폭력이란 무엇인가'란 질문에 대한 답변이 달라질 것이다. 폭력을 다시 사유할 수 있게 될 것이다. 그렇게 되기를 바라는 것이 또한 역자들의 희망이다.

　여러 사정으로 번역이 지체되는 바람에 전문 번역가 김희진 씨와 도서출판 난장이 정일권 대표까지 번역 작업에 가세하여 '합작'하게 되었다. 결과적으로 번역에 대한 책임을 나눠 가지게 되었다. 일반적으론 그렇게 나누면 부담이 줄어야 하지만, 번역 작업은 또 그렇지가 않아서 일종의 '연대 책임'을 지게 된다. 서로의 번역을 조율하고 교정하는 과정에서 의견이 충돌하기도 했지만, 역자들은 이제 '책임의 공동체'로 묶이게 됐다. 역자들의 미숙함으로 미처 발견하지 못한 오류나 오역이 있다면 지적해 주시기 바란다. 앞으로 책임지고 고쳐 나가도록 하겠다. 물론 그러기 위해서라면 『폭력』이 많은 독자들과 만날 수 있어야 할 것이다. 이 책을 집어 드는 데는 다른 우회로가 필요하지 않기를 기대한다.

2010년 12월
역자를 대표하여 이현우

머 리 말

폭군의 피 묻은 예복

물건을 훔쳐 간다는 의심을 받던 일꾼이 한 명 있었다. 매일 저녁, 일꾼이 공장을 나설 때면 그가 밀고 가는 손수레는 샅샅이 검사를 받았다. 경비원들은 아무것도 발견할 수 없었다. 손수레는 언제나 텅 비어 있었다. 결국 진상이 밝혀졌다. 일꾼이 훔친 것은 다름 아닌 손수레 그 자체였던 것이다….

앞으로 이 책에서 폭력에 대한 성찰들을 관통하는 통합적 테제가 있다면, 그것은 이 일화를 폭력에도 그대로 적용할 수 있다는 점이다. 폭력이라고 하면 우리는 범죄와 테러 행위, 사회 폭동, 국제 분쟁 같은 것이 즉각 떠오른다. 그러나 우리는 한 걸음 물러서는 법을 배워야 한다. 직접적이며 가시적인 '주관적subjective' 폭력, 즉 명확히 식별

가능한 행위자가 저지르는 폭력이라는 유혹에서 벗어나야만 한다는 것이다. 우리는 그와 같은 폭력의 분출이 대체로 어떤 배경 속에서 발생하는지를 파악할 필요가 있다. 한 걸음 물러나서 보면, 폭력과 싸우거나 관용을 장려하는 우리의 그 노력을 지탱하는 폭력을 식별할 수 있다.

이것이 이 책의 출발점이자 이 책의 공리公理이다. 주관적 폭력은 세 가지 폭력 가운데 가장 가시적인 일부에 불과하다. 이 세 가지 폭력 중 나머지 둘은 객관적objective 폭력인데, 그 첫 번째는 하이데거가 '존재의 집'이라고 칭한 언어를 통해 구현되는 '상징적symbolic' 폭력이다. 앞으로 보게 되겠지만, 이 폭력은 습관적인 언어 사용을 통해 재생산되는 사회적 지배 관계나 선동적인 언어 속에서만 분명하게 나타나는 것이 아니다(이런 사례들은 충분히 연구됐다). 보다 근본적인 형태의 폭력이 언어 자체에 들어 있으며, 언어가 의미 세계를 대상에 부과할 때 따라붙는다. 두 번째로, 내가 '구조적systemic' 폭력이라 부르고자 하는 폭력이 있다. 그것은 어떤 경우 우리의 경제 체계와 정치 체계가 매끄럽게 작동할 때 나타나는 파국적인 결과이기도 하다.

문제는 주관적 폭력과 객관적 폭력을 동일 선상에서 인식할 수 없다는 것이다. 주관적 폭력은 비폭력적인 제로 레벨zero level을 배경으로 하여 경험된다. 주관적 폭력은 '정상적'이고 평온한 상태를 교란하는 것으로 보인다. 그러나 객관적 폭력은 바로 이 '정상적인' 상태에 내재하는 폭력이다. 객관적인 폭력이 눈에 보이지 않는 이유는 우리가 무엇인가를 주관적으로 폭력이라고 지각하는 제로 레벨의 기준을 지탱하기 때문이다. 따라서 구조적 폭력은 너무도 뚜렷하게 눈에 보이는 주관적 폭력의 대응물이며, 물리학에서 말하는 악명 높은 '암흑 물질'과도 같은 것이다. 구조적 폭력은 눈에 보이지 않지만, 자칫하면 주관적 폭력의 '비이성적' 폭발처럼 보이는 것을 제대로 이해하려면 반드시 고려해야 한다.

미디어들이 세계 전역에서 '인도주의의 위기'가 끊임없이 발생한다고 보도해 댈 때, 우리는 어떤 특정한 위기가 폭발하여 미디어에 포착되기까지는 복잡한 투쟁의 과정이 있었음을 명심해야 한다. 사실, 순수하게 인도주의적인 고려가 여기서 차지하는 역할은 문화적, 이데올로기적-정치적, 경제적 고려에 비해 대개 부차적이다. 한 예로 2006년 6월 5일 〈타임〉지의 커버스토리는 '세계에서 가장 참혹한 전쟁'이었다. 기사는 지난 10년간 정치적 폭력 때문에 콩고 민주공화국에서 4백만 명에 달하는 이들이 죽어 간 정황을 상세하게 서술했다. 그러나 몇 통의 독자 편지가 있었을 뿐, 보도 후에 으레 치솟는 인도주의적 논란은 전혀 일어나지 않았다. 마치 모종의 필터링 메커니즘이 있어서 이 기사가 우리의 상징적 공간에서 제 파급력을 온전히 발휘하지 못하도록 막고 있기라도 한 듯 말이다. 냉소적으로 말하자면, 〈타임〉은 고통을 둘러싼 헤게모니 투쟁에서 엉뚱한 희생자를 내세운 셈이다. 무슬림 여성들과 그들이 처한 역경, 혹은 9/11 희생자들의 가족과 그들이 상실의 아픔을 극복해 가는 과정 등, 단골로 다루던 대상을 선택했어야 하는데 말이다. 오늘날의 콩고는 사실상 콘래드가 말했던 '암흑의 핵심'으로 재부상했다. 누구도 감히 똑바로 보려 하지 않는다. 미디어가 보기에는, 팔레스타인 서안지구의 어떤 어린이의 죽음이 (물론 이스라엘인이나 미국인은 말할 것도 없고) 어느 이름 모를 콩고인의 죽음보다 몇천 배나 더 가치 있는 것이다.

인도주의적 급박감에 명백한 정치적 고려가 개입한다는, 아니 그것이 지나친 영향력을 행사한다는 사실에 더 이상의 증거가 필요할까? 구체적으로 그 정치적 고려란 어떤 것일까? 이 질문에 대답하기 위해, 우리는 뒤로 물러나 다른 입장에서 바라볼 필요가 있다. 미국 언론은 외국 국민들이 9/11 공격 희생자들에 대해 진심으로 슬퍼하지 않는다고 비난한 바 있는데, 이런 때면 혁명기 공포 정치가 무고한 희생자를 냈다고 불만을 표하는 이들을 향해 로베스피에르가 했던 말로 답해 주고 싶다. "폭군의 피 묻은 예복을 내 면전에서 흔들어 대는 짓은 그만두시오, 그렇지 않으면 당신이 로마를 쇠사슬로 속박하길 바라는 거라 간주하겠소."[1]

이 책에서는 폭력을 직접적으로 다루는 대신 폭력으로 향하는 여섯 가지의 우회로를 일별해 보고자 한다. 폭력의 문제를 삐딱하게 바라보아야 하는 이유는 여러 가지다. 폭력을 직접적으로 건드리게 되면 폭력은 반드시 신비화되는데, 바로 이 점은 이 책에서 논의하고자 하는 내용의 대전제다. 폭력 행위가 갖게 하는 압도적인 공포감과 희생자에 대한 감정이입은 불가피하게 우리의 사고를 정지시키는 미끼로 작용한다. 감정을 배제한 채dispassionate 폭력의 유형을 개념화하기 위해서는 폭력으로 인한 정신적 충격을 무시해야만 한다. 하지만 폭력에 대한 냉정한 분석도 어느 정도는 폭력을 재생산하고 그 공포감 조성에 합류하는 수밖에 없다. 그래서 우리는 (사실에 입각한) 진실truth과 진정성truthfulness을 구분해야 할 필요가 있다. 예를 들어 우리가 강간당한 여성의 진술(트라우마와 관련된 다른 어떤 이야기도 마찬가지다)에 진정성이 있다고 판단하는 것은, 그 진술이 현실적으로 믿기 어렵고, 혼란스러우며, 일관성이 없기 때문이다. 만일 피해자가 모든 정보를 일관된 순서로 정렬해 제시해 가며 자신의 고통스럽고도 치욕적인 경험을 명확한 말투로 말할 수 있다면, 바로 그 점 때문에 우리는 그 진술이 과연 진실인지 의심하게 될 것이다. 여기서 문제는 그 자체로 해결책의 일부다. 가령 트라우마를 겪은 주체가 자신의 경험을 진술할 때 사실과 부합하지 않는 면이 존재한다면, 바로 그 점이야말로 그 진술에 진정성이 깃들어 있음을 증명하는 것이다. 진술된 내용이 진술하는 방식을 '오염시키고' 있다는 신호이기 때문이다. 흔히 홀로코스트 생존자들의 구술에는 믿지 못할 만한 부분이 많다고 하는데, 이 역시 같은 맥락에서 이해할 수 있다. 만일 홀로코스트를 경험한 한 증인이 자신의 수용소 체험을 아주 명확하게 서술할 수 있다면, 바로 그 명확함 때문에 그의 증언에는 의심의 여지가 생기는 것이다.[2] 따라서 폭력이라는 주제에 가장 적합한 접근법은 그 폭력의 희생자들을 존중하기 위한 거리를 유지하면서 폭력에 다양한 변주를 시도하는 것처럼 보인다.

아도르노의 유명한 말에는 수정을 가해야 할 것 같다. 아우슈비츠 이후에 불가능해진 것은 시가 아니라 산문이다.[3] 시를 통해서는 수용소의 견딜 수 없는 분위기를 성공적으로 환기할 수 있으나, 사실주의적 산문은 그렇게 하지 못한다. 말하자면, 아도르노가 아우슈비츠 이후 시가 불가능하다고 (혹은 정확히 말해 야만적이라고) 선언할 때, 이 불가능성은 가능케 하는 불가능성이다. 시는 그 정의상 언제나, 직접 말할 수 없는 것, 오직 넌지시 암시될 수만 있는 어떤 것에 '대한' 것이기 때문이다. 한 걸음 더 나가면 이는 말이 닿지 못하는 곳에 음악은 가 닿을 수 있다는 오래된 경구와도 통한다. 쇤베르크의 음악이 일종의 역사적 예감처럼 아우슈비츠의 불안과 악몽을 그 일이 있기도 전에 분명히 표현해 냈다는 이야기가 있는데, 일리가 있는 말이다.

안나 아흐마토바[*]는 회고록에서, 스탈린의 숙청이 절정에 다다랐을 때 체포된 아들 레프의 소식을 알아보기 위해 레닌그라드 감옥 앞에 길게 줄 서 있다가 겪은 일을 묘사해 보인다.

> 어느 날 군중 속의 누군가가 내가 시인임을 알아보았다. 내 뒤에는 추위로 입술이 새파래진 한 젊은 여인이 서 있었는데, 물론 그 여인은 그때까지 내 이름이 불리는 것을 한 번도 들어 본 적이 없었다. 내 이름을 듣자 그녀는 우리 모두가 겪고 있던 무기력 상태에서 깨어나 속삭이는 목소리로 (그곳에선 모두가 속삭였다) 내게 물었다. "이걸 묘사하실 수 있나요?" 나는 대답했다. "할 수 있어요." 그러자 미소를 닮은 무엇인가가 한때 그녀의 얼굴이었던 자리를 얼핏 스치고 지나갔다.[4]

핵심적인 질문은 물론, 여기서 의도하는 묘사가 어떤 종류의 것인가이다. 상황에 대한 사실주의적 묘사를 뜻하는 것은 분명 아니다. 여기서의 묘사는 월리스 스티븐스가 '장소 없는 묘사'라 칭했던 것으로, 예술에 있어 고유한 것이다. 이는 그 묘사의 내용을 역사적 시공간 속

---

[*] 안나 아흐마토바Anna Andreyevna Akhmatova(1889-1966): 러시아의 모더니즘 계열의 여성 시인.

에 배치시키는 것이 아니다. 오히려 그것이 묘사하는 현상의 배경으로서 존재하지 않는 (가상의) 공간을 창조해 내는 묘사이다. 그렇게 해서 결국 그 묘사 속에서 나타나는 것은 배후에 있는 현실의 깊이에 의해 지탱되는 외양이 아니라 탈맥락화된 외양, 실재 존재와 완전히 일치하는 외양이 되는 것이다. 다시 한번 스티븐스를 인용하자. "모든 것은 겉으로 보이는 대로이며 그렇게 보이는 대로 존재한다." 이러한 예술적 묘사는 "그 묘사의 형식 외부에 놓여 있는 어떤 것을 의미하는 기호가 아니다."[5] 그것은 외부의 어떤 것을 지시하는 게 아니라, 혼란스러운 현실 속에서 제 고유한 내적 형식을 끄집어낸다. 마치 쇤베르크가 음악을 통해 전체주의적 공포가 가진 내적 형식을 '끄집어'냈듯이 말이다. 그는 이 공포가 주체성에 영향을 끼치는 방식을 환기시킨 셈이다.

그런데 이처럼 예술적 묘사에 의지하는 것은, 과연 생생하게 그려진 끔찍한 일들에 대해 우리가 '무엇인가 해야' 한다는 긴급함을 저버리는 관조적인 태도로 퇴행할 위험에 처해 있음을 의미하는가?

폭력에 대한 자유주의적 좌파 담론에 만연하는 가짜 급박감에 대해 생각해 보자. 가령 이들의 담론에서 여성·흑인·노숙자·동성애자 등이 당하는 폭력의 장면을 거론할 때에는, 대개 추상적 개념과 생생한 (거짓) 구체성이 공존한다. "이 나라에서는 6초마다 한 여성이 강간당합니다"라는 진술과 "당신이 이 문단을 읽는 동안, 열 명의 어린이가 굶어 죽을 것입니다"라는 경고는 그저 두 가지 사례일 뿐이다. 이 모든 것의 뒤에는 도덕적으로 분개하고 있다는 위선적 감정이 깔려 있다. 스타벅스는 바로 몇 년 전에 이런 종류의 거짓 급박감을 써

먹은 적이 있다. 매장 입구에 스타벅스 체인의 이윤 거의 절반이 커피 원산지인 과테말라의 어린이들을 위한 의료 시설로 간다는 내용의 포스터를 붙여 놓아, 커피 한 잔을 마실 때마다 한 어린이의 생명을 살리게 된다는 의미를 은연중에 풍겼던 것이다.

이런 긴급 지령들에는 근본적으로 반反이론주의적 강렬함이 있다. "생각에 잠길 시간이 없습니다, 지금 행동해야 합니다." 이런 거짓 급박감을 통해, 탈산업화 시대의 부자들은 그들끼리 격리된 가상 세계에서 살아가면서도 자기 세계 외부의 혹독한 현실을 부정하거나 무시하지 않을 수 있을 뿐 아니라, 줄곧 적극적으로 떠들어 댄다. 빌 게이츠는 최근 이렇게 말하지 않았던가. "아직도 수백만 명의 사람들이 이질로 헛되이 죽어 가는데 컴퓨터가 뭐가 중요한가?"

이런 거짓 급박감을 보고 있으면 1870년 마르크스가 엥겔스에게 썼던 근사한 편지를 들이밀고 싶다. 당시 유럽은 잠깐이었지만 금방이라도 다시 한번 혁명이 발발할 듯한 분위기였다. 마르크스의 편지를 보면 그는 완전히 공황 상태에 빠진 듯 이렇게 말한다. 혁명가들이 몇 년만 더 기다려 줄 수 없느냐고. 그는 아직 『자본론』을 다 끝내지 못했던 것이다.

현재의 전 지구적 구도에 대한 비판적 분석은 언제나 비난과 부닥치게 마련이다. 이 분석은 명확한 해결책도, 무엇을 할지에 대한 '실제적인' 조언도 제시하지 않으며, 터널 끝에 빛이 기다린다는 믿음도 주지 않는데, 그 빛이 우리를 향해 돌진하는 열차의 불빛일 수 있다는 것을 잘 알기 때문이다. 가령 "그럼 우리가 아무것도 하지 말아야 한다는 건가요? 그냥 손 놓고 기다리라고요?"라는 식의 비난 말이다.

우리는 주저하지 말고 대답해야 한다. "예, 바로 그겁니다!" 어떤 상황에서는, 즉각 참여하고자 하는 충동에 저항하는 것, 끈기 있고 비판적인 분석을 사용하여 '일단 기다리면서 두고 보는' 것이 유일하게 할 수 있는, 진정으로 '실제적인' 일일 때도 있다. 현실 참여는 모든 방향에서 우리에게 압력을 가하는 듯하다. 사르트르는 『실존주의는 휴머니즘이다』의 유명한 대목에서 1942년 프랑스의 어느 젊은이가 처한 딜레마를 그려 보인다. 젊은이는 의지할 곳 없고 노쇠한 어머니를 보살펴야 한다는 의무와 레지스탕스에 들어가 독일군과 싸워야 한다는 의무 사이에서 고뇌한다. 물론 사르트르의 논점은 이 딜레마에 선험적인 정답은 없다는 것이다. 그는 자신의 무한한 자유만을 근거로 삼아 결정을 내리고 그에 대한 책임을 완전히 떠맡아야 한다.[6] 이 딜레마에서 벗어난 외설적인 제3의 길은, 어머니에게는 레지스탕스에 들어간다고 말하고, 레지스탕스 동료들에게는 어머니를 보살펴 드릴 거라 말한 뒤, 실제로는 외딴곳에 틀어박혀 공부하라고 충고해 주는 것이다.

이 충고가 그저 값싼 냉소에 불과한 것은 아니다. 이는 레닌에 대한 유명한 소비에트식 농담을 연상시킨다. 사회주의 체제에서, 젊은이들이 무엇을 해야 하냐는 질문을 던지자, 레닌은 "공부하고, 공부하고, 또 공부하라"고 조언했다. 레닌의 이 말은 끊임없이 회자되었고 학교 벽마다 나붙었다. 지금부터 농담이다. 마르크스와 엥겔스와 레닌이 아내가 있는 것과 애인이 있는 것 중 어느 편이 더 좋으냐는 질문을 받았다. 예상할 수 있듯이, 사적인 일에서는 꽤 보수적이었던 마르크스는 '아내!'라고 대답했고, 인생을 즐기며 사는 성격의 엥겔스는 애인을 골랐다. 레닌의 대답은 모두를 놀라게 했다. "난 둘 다 갖고 싶소!" 어째서? 레닌의 엄숙한 혁명가적 이미지 뒤편에 퇴폐적인 쾌락주의자의 면모가 숨어 있던 것일까? 그게 아니었다. "그러면 아내에게는 애인에게 간다고 하고, 애인한테는 아내 곁에 있어야 한다고 말할 수 있을 테니까… "그러고 나서 당신은 뭘 하려 그러오?" "나는 조용한 곳에 가서 공부하고, 공부하고, 또 공부하는 거지!"

1914년 제1차 세계 대전 발발 이후 레닌은 바로 그렇게 하지 않았던가? 그는 스위스의 외진 곳에 은둔하여 헤겔의 논리학을 읽으며 "공부하고, 공부하고, 또 공부했다." 그리고 미디어가 쏟아 내는 폭력의 이미지들에 파묻혀 있을 때 우리가 오늘 해야 할 일도 바로 그것이다. 무엇이 이 폭력을 초래하는지, 우리는 "공부하고, 공부하고, 또 공부해야" 한다.

1

Adagio ma non troppo e molto espressivo
느리게 그러나 지나치지 않게, 감정을 풍부히 담아서

SOS 폭력

폭력: 주관적 폭력과 객관적 폭력

1922년 소비에트 정부는 철학자와 신학자에서 경제학자와 역사학자 등 주요 반공산주의 지식인들을 강제 추방했다. 그들은 '철학 증기선'이란 이름의 배에 실려 러시아에서 쫓겨나 독일로 갔다. 강제 유배된 이들 중 하나인 니콜라이 로스키는 추방당하기 전까지 가족과 함께 하인과 유모들의 시중을 받아 가며 상층 부르주아지의 안락한 삶을 누려 왔다.

> 그는 단지 누가 자신의 생활 방식을 파괴하려 드는지 이해할 수 없을 뿐이었다. 로스키 일가와 그와 비슷한 부류의 사람들이 대체 무슨 짓을 했다는 건가? 로스키의 아들들과 그 친구들은 러시아가 줄 수 있던 최상의 것들을 물려받아 세상을 문학과 음악과 예술에 대한 이야기로 채우는 데 기여했으며, 점잖은 삶을 영위해 왔다. 대체 그것이 뭐가 잘못되었단 말인가?[1]

로스키가 진실하고 자애로운 사람이고, 가난한 이들에게 정말로 마음을 썼으며 러시아인의 삶을 문명화하려 노력했다는 점에는 의심의 여지가 없다. 반면, 그의 태도는 자신이 누리던 안락한 생활이 가능하기 위해서는 구조적 폭력이 지속되어야만 했다는 점에 대해 그가 놀랄 만큼 무감각했다는 사실을 드러낸다. 여기서 우리는 하나의 체계

니콜라이 로스키(1870-1965)와 철학 증기선

속에 내재된 폭력에 대해 말하고 있다. 직접적인 물리적 폭력뿐 아니라, 폭력의 위협을 포함하여 지배와 착취의 관계를 지속시키는, 보다 더 감지하기 어려운 형태의 강압들에 대해 말이다. 로스키 일가를 비롯하여 그와 비슷한 부류의 사람들은 과연 "아무런 나쁜 일도 하지 않았다." 그들의 삶에 주관적인 악행은 전혀 없었다. 다만 이런 구조적 폭력이라는 보이지 않는 배경이 있었을 뿐이다. "그때 갑자기, 거의 프루스트적인 이 세계 속으로 … 레닌주의가 침입해 들어왔다. 1917년 5월, 안드레이 로스키가 태어난 날, 로스키 일가는 근처 이바노프스카야 거리에서 기수 없는 말들이 달리는 소리를 들을 수 있었다."[2] 이런 불길한 침입은 점점 잦아졌다. 한번은 로스키의 아들이 학교에서 노동계급 아버지를 둔 친구에게 심한 조롱을 당했다. 그는 "너와 네 가족의 시대는 이제 끝났어"라 소리쳤던 것이다. 자애롭고 온화한 순진함에 젖어 있던 로스키 일가가 느끼기에, 곧 다가올 파국의 이런 징조들은 난데없이 솟아난 것, 이해할 수 없을 정도로 사악

44

한 새로운 시대정신이었다. 로스키 일가가 이해하지 못했던 것은 겉보기에는 비합리적인 주관적 폭력을 통해 그들은 자신들이 전도된 본래 형태로 발송했던 메시지를 돌려받고 있다는 사실이었다. 발터 벤야민이 「폭력 비판에 대하여」에서 순수한, 신적 폭력이라 칭했던 것은 아마 '난데없이' 솟아난 것처럼 보이는 이 폭력일 터이다.[3]

오늘날 지배적인, 관용적 자유주의자들이 가진 주된 관심사는 직접적이고 물리적인 폭력(대량학살·테러)에서 이데올로기적 폭력(인종주의·선동·성차별)에 이르기까지 모든 형태의 폭력에 반대하는 것인 듯하다. SOS를 부르짖는 외침이 이러한 주장을 뒷받침하며, 다른 모든 접근 방식을 차단한다. 그 밖의 모든 것은 기다릴 수 있고 또 기다려야만 하는 것이다. 이처럼 사회적 행위자, 사악한 개인, 억압적인 공권력, 광신적 군중이 행하는 폭력 등 주관적 폭력에만 초점을 맞추는 데에는 어딘지 의심스러운, 사실상 징후적인 구석이 있지 않은가? 다른 형태들의 폭력을 시야에서 지우고, 따라서 거기에 적극적으로 참여함으로써, 우리가 문제의 진정한 중심에 주의를 돌리지 못하도록 필사적으로 방해하고 있지 않은가? 어느 유명한 일화에 따르면, 제2차 세계 대전이 한창일 때 한 독일군 장교가 파리에 있는 피카소의 작업실을 방문했다. 거기서 장교는 〈게르니카〉를 보고, 그림에 드러난 모더니즘적 '카오스'에 충격을 받아 피카소에게 물었다. "당신이 이렇게 한 거요?" 피카소는 태연하게 대답했다. "아니요, 당신이 했잖소!" 오늘날, 많은 자유주의자들은 2005년 파리 교외에서 일어났던 약탈과 같은 폭력적인 사태가 일어나기만 하면 여전히 급진적 사회 변혁을 믿고 있는 소수의 좌파들에게 묻는다. "이런 짓을 한 건 당

게르니카Guernica 피카소 작(1937), 마드리드 레이나 소피아 미술관 소장

신들 아니오? 당신이 바라는 게 이거요?” 그러면 우리는 피카소처럼
대답해 줘야 한다. “아니요, 당신이 했잖소! 이건 당신네들 정치가 가
져온 결과잖소!”

어느 남편이 일터에서 평소보다 일찍 돌아왔다가 아내가 다른 남
자와 침대에 있는 광경을 목격했다. 깜짝 놀란 아내는 소리쳤다. “왜
이렇게 일찍 돌아온 거야?” 남편은 화가 잔뜩 나서 맞받아쳤다. “딴
놈이랑 누워서 뭐하고 있는 짓이야?” 아내는 태연히 대답했다. “내가
당신한테 먼저 질문했잖아. 주제를 바꾸면서 내 질문에서 빠져나가
려 하지 마!”[4] 이런 농담은 폭력에도 똑같이 적용된다. 그러니까 우
리의 과제는 바로 ‘주제를 바꾸는 것’, 폭력을 멈추자는 필사적인 인
도주의적 SOS 외침에서 벗어나, 다른 SOS에 대한 분석, 즉 주관적·
객관적·상징적이라는 세 가지 방식의 폭력이 복잡하게 벌이는 상호
작용에 대한 분석으로 나아가는 것이다. 이를 통해 우리가 얻을 수
있는 교훈은 주관적 폭력, 그러니까 사회적 행위자, 사악한 개인, 억

46

압적 공권력, 광신적 군중 등에 의해 이루어지는 폭력에 현혹되지 말아야 한다는 것이다. 왜냐하면 주관적 폭력은 세 가지 폭력 중 가장 가시적인 것에 불과하기 때문이다.

객관적 폭력이라는 개념은 철저히 역사화될 필요가 있다. 왜냐하면 그것은 자본주의와 더불어 새로운 형태를 취했기 때문이다. 마르크스는 자본의 자기 증식적인 광적인 순환을 묘사했다. 단성생식을 거듭하면서 저 하나만 챙겨도 됐던 자본의 자기 증식은 이제 오늘날 남들이 어떻게 행동할지에 대한 예측을 예측의 대상으로 삼는meta-reflexive 선물 투기에서 그 정점에 달했다. 인간이나 환경을 고려하지 않은 채 제 갈 길을 가는, 스스로 번식하는 괴물이라는 이 유령은 이데올로기적 추상화일 뿐이라는 주장, 그리고 이 추상화의 이면에 자본이 순환할 수 있게끔 생산력과 자원을 제공하는 실제 인간과 자연이 존재하고 있으며, 자본은 거대한 기생충처럼 거기에 달라붙어 먹고산다는 주장은 지나치게 단순한 것이다. 문제는 이러한 추상화가 사회적 현실에 대한 금융 투기꾼들의 오인 속에만 존재하는 것이 아니라, 엄밀하게 말하자면 그것이 사회의 물질적 과정의 구조를 결정하는 '실재'라는 점이다. 다시 말하자면, 모든 계층의 사람들과 때에 따라서는 모든 국가의 운명까지도 자본의 이 '유아론적인' 투기적 춤사위에 의해 결정될 수 있다. 자본은 자신의 운동이 사회적 현실에 어떤 영향을 미칠 것인지에 대해 무관심하며, 오로지 수익성이라는 목표만을 추구한다. 따라서 마르크스의 요점은 이 두 번째 차원을 첫 번째 차원으로 환원하여 설명하려는 것이 아니었다. 그러니까 '삶이라는 실재' 속의 적대 관계로 인해 발생하는 상품의 신학적 광란이란 것이 어떤 양상으로 나타나는지를 설명하고자 하는 것이 아니었다는 얘기다. 오히려 그의 요점은 "두 번째 차원 없이는 첫 번째 차원(물질적 생산과 사회적 상호 작용이라는 사회적 현실)을 올바르게 포착할 수 없다"는 편에 가깝다. 왜냐하면 삶이라는 실재가 이루는 발전과 파국을 이해하는 열쇠는 자기 증식하는 자본의 형이상학적 춤사위에 있기 때문이다. 바로 거기에 자본주의의 근본적인 구조적 폭력이 존재하며, 이 폭력은 자본주의 이전 시대의 어떠한 직접적인 사회-이데올로기적 폭력보다 훨씬 더 섬뜩하다. 이 폭력은 더 이상 구체적인 개인들과 그들의 '악한' 의도의 탓으로 돌릴 수 없으며, 순수하게 '객관적'이고, 체계적이며, 익명성을 띠기 때문이다. 여기서 우리는 라캉이 말하는 현실과 실재의 차이를 볼 수 있다. '현실reality'은 부단한 상호 작용과 생산 과정을 행하는 실제 사람들로 이루어진 사회적 현실을 말하며, 실재the Real는 사회적 현실에서 일어나는 일을 결정하는, 냉혹하고 '추상적인', 유령과 같은 자본의 논리이다. 생활 상태가 엉망진창이 되어 버린 나라를 방문하면 누구든 이런 격차를 분명하게 체험할 수 있다. 우리 눈에는 파괴된 환경과 비참한 인간들로 가득 찬 광경이 들어온다. 그러나 이후에 경제학자가 쓴 보고서를 읽어 보면 그 나라의 경제적 상황은 '재정적으로 견실하다'고 알려 준다. 현실은 중요치 않다. 중요한 것은 자본의 상황인 셈이다….

오늘날 이는 그 어느 때보다도 진실에 가깝지 않은가? 통상 가상 자본주의라 불리는 현상들은(선물 거래나 추상적인 금융 투기 등) 마르크스의 시대보다 훨씬 더 과격하고, 가장 순수한 형태로 '실재적 추상 real abstraction'이 지배하고 있다는 지표로 볼 수 있지 않은가? 요컨대 가장 고차원적인 이데올로기는, 이데올로기적인 환영에 붙잡혀 그것이 실제 사람들과 사람들 사이의 관계를 기초 짓는다는 사실을 망각하게 하는 것이 아니다. 오히려 바로 이 유령 같은 실재는 못 본 척한 채 '진짜 걱정거리가 있는 실제 사람들'에게 말을 거는 척하는 것이다. 런던 증권 거래소를 방문하면 무료 안내서를 받는데, 이 책자에는 주식 시장이 미스터리한 주가 변동을 다루는 것이 아니라 실제 사람과 그 생산품들을 거래하는 장소라는 설명이 담겨 있다. 이것이야말로 정말 가장 순수한 형태의 이데올로기이다.

헤겔 (철학)의 기본 규칙은 '객관의' 과잉(추상적 보편성이 기계적으로 법칙을 부과하고 그 그물에 걸린 관련 주체를 완전히 무시하는 직접적인 지배)이 항상 '주관의' 과잉(불규칙하고 자의적인 변덕의 행사)에 의해 보완된다는 것이다. 에티엔 발리바르는 이러한 상호 의존의 적절한 사례를 제시한 바 있다. 발리바르는 서로 상반되지만 상호 보완적인 두 가지 양상의 과잉 폭력을 구분한다. 하나는 전 지구적 자본주의의 사회적 조건에 내재되어 있는 '초객관적ultra-objective' 혹은 구조적 폭력으로서, 이는 노숙인에서 실업자 등과 같이 배제됐거나 있으나 마나 한 사람들을 '자동적으로' 만들어 낸다. 다른 하나는 민족/종교적인, 한마디로 인종주의적인, 새로이 떠오르는 '근본주의자'들이 행하는 '초주관적ultra-subjective' 폭력이다.[5]

우리가 구조적 폭력의 결과에 대해 둔감하다는 사실은 아마 공산주의 범죄에 대한 논쟁들을 통해 가장 명확하게 알 수 있을 것이다. 공산주의 범죄의 책임 소재는 가려내기 쉽다. 우리가 다루는 것은 단지 잘못을 범한 행위자들의 주관적 악행이기 때문이다. 심지어 우리는 그런 범죄들의 이데올로기적 근원까지도 밝혀낼 수 있다. 가령 전체주의 이데올로기, 『공산당 선언』, 루소, 심지어 플라톤까지 말이다. 그러나 16세기 멕시코의 비극에서 한 세기 전 벨기에가 콩고에서 저지른 대학살에 이르기까지, 자본주의 세계화의 결과로 죽어 간 수백만 명의 사람들에게 주의를 돌릴 때면 이에 대한 책임은 대부분 부인된다. 그 모든 일은 그저 '객관적인' 과정의 결과물로서 일어났을 뿐이며, 누구도 계획하고 실행한 적이 없었고, '자본주의 선언' 같은 것도 없다(그나마 '자본주의 선언'에 가장 근접한 걸 쓴 인물은 아인 랜드Ayn Rand이다).[6] 콩고 대학살의 주범인 벨기에의 왕 레오폴드 2세는 대단한 인도주의자였으며 교황에 의해 성인 칭호까지 받았던 사람이었다. 이런 사실은 그저 이데올로기적 위선과 냉소주의의 사례로 단순히 치부해 버릴 일이 아니다. 주관적으로 본다면, 그는 그 자신이 다스렸던 콩고의 자연 자원 착취라는 대규모 경제 계획이 낳은 파국적 결과들을 적당히 중화할 수 있을 정도로 충분히 진실한 인도주의자였을 수도 있다. 콩고는 그의 개인 영지였으니까! 가장 커다란 아이러니는 이런 노력에서 얻은 이윤 대부분이 벨기에 국민들의 복지, 공공사업, 박물관 등에 들어갔다는 점이다. 레오폴드 왕은 오늘날의 '자유주의적 공산주의자'들의 선구자였던 것이 분명하다. 다음에 소개하는 이들과 더불어 말이다….

포르투 다보스의 선량한 사람들

최근 십여 년 동안 다보스와 포르투알레그리는 세계화를 대표하는 쌍둥이 도시였다. 스위스의 고급 휴양 도시인 다보스는 전 세계의 고위 금융 관리자, 정치가, 언론인들이 거의 계엄 상태에 가까운 삼엄한 경비를 받으며 경제회의를 열고, 세계화야말로 최고의 해결책이라는 생각을 우리와 그들 스스로에게 심어 주려 노력하던 장소다. 그리고 브라질의 포르투알레그리는 반反세계화 운동에 앞장서는 지식인들이 모여, 자본주의적 세계화는 우리의 운명이 아니라고, 공식 슬로건이 말하듯 "또 다른 세계가 가능하다"고 우리와 그들 스스로를 설득하던 도시다. 그러나 최근 들어 포르투알레그리의 모임은 그 추진력을 다소 잃은 듯하다. 소식이 점차 뜸하게 들려오니 말이다. 포르투알레그리의 그 빛나는 별들은 어디로 가 버렸을까?

적어도 그들 중 일부는, 다보스로 갔다. 다보스 회의에서는 한 무리의 사업가들이 점차 주도적인 목소리를 내고 있는데, 그들 중 일부는 아이러니하게도 '자유주의적 공산주의자'를 자처하며, 다보스(전 지구적 자본주의)와 포르투알레그리(전 지구적 자본주의의 대안을 추구하는 새로운 사회 운동) 간의 대립을 더 이상 인정하지 않으려 든다. 그들은 우리가 전 지구적 자본주의를 유지해 나가면서도 그 결실을 즐길 수 있다고 주장한다. 즉 기업가로서 계속 막대한 이윤을 내면서, 동시에 반자본주의 세력이 내세우는 대의인 사회적 책임과 생태 문제 등을 지지할 수 있다는 것이다. 포르투알레그리는 필요 없다. 다보스 자체가 포르투 다보스가 될 수 있으니까.

다보스 세계경제포럼 빌 클린턴, 빌 게이츠, 타보 음베키(남아공 대통령),
토니 블레어(영국 총리), 보노(가수), 올루세군 오바산조(나이지리아 대통령)

포르투알레그리 세계사회포럼 전 지구적 자본주의의 모순과 한계를 지적
하면서, 이제 '또 다른 세계가 가능하다'고 우리와 그들 스스로를 설득했다.

　새롭게 등장한 자유주의적 공산주의자의 리스트에 들어갈 유력한 용의자들은 다음과 같다. 예를 들자면 빌 게이츠와 조지 소로스, 구글, 아이비엠, 인텔, 이베이 등의 최고경영자들, 그리고 저널리스트 토머스 프리드먼 같은 어용 철학자들이 바로 그들이다. 그런데 이들 무리에서 찾아볼 수 있는 흥미로운 점은 이들의 이데올로기가 새로운 유형의 반세계화 좌파 급진주의자들과 거의 똑같아졌다는 사실이다. 가령 포스트모던 좌파의 좌장인 안토니오 네그리 자신이, 디지털 자본주의는 공산주의의 모든 요소들을 요약하여 담고 있다며 찬양하고 있지 않은가. 일단 자본주의라는 형식만 버리면, 혁명이라는 목표는 실현된 거나 마찬가지인 셈이다. 권위와 질서, 그리고 편협한 애국심에 대해 우스꽝스런 믿음을 고수하는 구우파old right와, 자본주의에 맞서 전래의 투쟁만을 고수하는 구좌파old left는 둘 다 오늘날의 진정한 보수주의자로, 새로운 현실과는 동떨어진 채 덧없는 투쟁을 계속하고 있다. 이 새로운 현실을 자유주의적 공산주의자들은 ‘스마트smart라는 조지 오웰식 신어Newspeak로 표기한다. 이때 ‘스마트’하다는 것은 중앙집권적인 관료주의와 대비되는 역동적이고 유목민적인 방식을, 상명하복의 권위주의와 대비되는 대화와 협동을, 판에 박힌 일 처리와 대비되는 융통성을, 구시대의 산업 생산방식과 대비되는 문화와 지식을, 그리고 고정된 위계질서와 대비되는 자발적 소통과 참여를 가리킨다.

　빌 게이츠는 자신의 표현인 ‘마찰 없는 자본주의’의 아이콘이기도 하다. ‘마찰 없는 자본주의’란 ‘노동의 종말’과 함께 하드웨어보다는 소프트웨어가 중요해지고, 젊은 컴퓨터광이 정장을 차려입은 나이 든

경영자를 제치게 되는, 탈산업 사회를 뜻한다. 새로운 회사 본부에는 외부적 규율이 거의 없다. 전직 해커들이 회사 일을 주도하며, 장시간 노동하고, 쾌적한 사내 환경에서 공짜로 주는 음료수를 즐긴다. 빌 게이츠가 아이콘일 수 있는 결정적 특징 중 하나는 그가 성공한 전직 해커라는 사실이다. '해커'라는 용어는 전복적이고 주변적이며 기득권에 저항한다는 등의 모든 의미를 함축하는 것으로 받아들여야 한다. 해커는 거대한 관료주의 기업의 원활한 운영을 불안하게 하고자 하는 사람이다. 그런데 여기에는 빌 게이츠가 전복적이고 주변적인 성향의 말썽꾸러기 젊은이였다가 어엿한 회장으로 올라선 인물이라는 환상이 깔려 있다.

자유주의적 공산주의자들은 경쟁이라는 정신을 되찾아 가는 거물 경영자들이다. 표현을 좀 바꾸자면 대기업을 인수한 반문화 성향 괴짜들이라 할 수도 있다. 그들의 신조는 애덤 스미스의 '시장을 조정하는 보이지 않는 손'을 포스트모던 시대에 맞춘 새 버전이다. 이 신조에서 시장과 사회적 책임은 서로 대립하는 것이 아니라, 상호 이익을 위해 재결합할 수 있다. 자유주의적 공산주의자의 권위자 중 한 명인 토머스 프리드먼이 말하듯, 야비해져야만 사업을 할 수 있는 것은 결코 아니다. 직원으로부터 협력과 참여를 이끌어 내며, 고객과 대화를 나누고, 환경을 존중하고, 거래는 투명하게 처리하는 것이 오늘날 성공의 열쇠다. 올리비에 말뉘Olivier Malnuit는 뛰어난 통찰력을 발휘하여 자유주의적 공산주의자의 십계명을 꼽은 바 있다.

1. 모든 것을 공짜로 줘 버려라(무료 이용, 저작권 없음…). 단, 부가 서비스에만 요금을 받아라. 그러면 부자가 될 수 있다.

2. 물건만 팔 게 아니라 세상을 바꾸라. 세계 혁명과 사회 변화를 통해 물건의 품질도 나아질 것이다.

3. 나눔에 신경 쓰고 사회적 책임을 인식하라.

4. 창의성을 발휘하라. 디자인·신기술·과학에 집중하라.

5. 모든 것을 말하라, 비밀이란 없어야 한다. 일 처리의 투명함과 정보의 자유로운 흐름을 지지하고 실천하라. 전 인류가 협력하고 소통해야 한다.

6. 정시 출퇴근(9~5시)하는 직장 노동을 하지 말라. 다만 스마트하고 유동적이며 유연한 소통에 참여하라.

7. 학교로 돌아가 평생교육에 참여하라.

8. 효소처럼 행동하라. 시장만을 위해서뿐만 아니라 새로운 형태의 사회 협력을 이끌어 내기 위해 일하라.

9. 가난하게 죽어라. 결코 다 쓰지 못할 만큼 가졌으니, 재산을 필요한 자들에게 환원하라.

10. 국가를 대신하라. 기업과 국가의 협력 관계를 맺어라.[7]

자유주의적 공산주의자들은 실용주의적이다. 그들은 공리공론적 접근을 싫어한다. 그들이 보기에, 착취당하는 단일한 노동계급 같은 건 지금 없다. 아프리카의 기아, 무슬림 여성들이 겪는 고난, 종교 근본주의자들의 폭력과 같은, 해결이 시급한 구체적인 문제들이 있을 뿐이다. 아프리카에 인도주의적 위기가 발생했는데, 케케묵은 반反제국주의 따위를 앞세우며 개입하는 건 아무 소용이 없다. 실제로 자유주의적 공산주의자들은 인도주의의 위기를 진정으로 사랑한다. 그들의 가장 선한 면을 드러내 보일 기회이니까! 대신 우리 모두가 실제로 문제를 해결할 수 있는 방안에 집중해야 한다. 사람들과 정부와 기업이 공동 사업에 참여하도록 하고, 중앙 정부의 도움에 기대는 대신에 상황을 개선해 나가기 시작하고, 이름표에 신경 쓸 것이 아니라 창조적이고도 관습에서 벗어난 방식으로 위기에 접근해야 하는 것이다.

자유주의적 공산주의자들이 특히 좋아하는 것은 남아공의 인종차별정책 반대 투쟁 같은 상황이다. 몇몇 거대 다국적 기업이 자사의 남아공 지점에서 모든 인종분리정책을 철폐하고 흑인과 백인에게 동일 직업에 대해 동일한 임금을 지급하는 등 인종차별 법규를 무시하는 결정을 내렸는데, 자유주의적 공산주의자들은 이런 결정이 직접적인 정치 투쟁만큼이나 중요하다고 강조한다. 정치적 자유를 위한 투쟁과 기업의 이익이 맞아떨어지는 완벽한 사례 아닌가? 그 회사들은 이제 인종차별정책이 사라진 남아공에서 번창할 수 있게 되었으니 말이다.

자유주의적 공산주의자들은 또한 1968년 5월 프랑스를 뒤흔든 학생 시위를 사랑한다. 그야말로 젊음의 에너지와 창조성이 폭발한 사례 아닌가! 경직된 관료주의적 질서의 한계를 얼마나 산산이 부수었는가! 정치적 환상이 사라지자, 경제적·사회적 삶에 얼마나 새로운 활력을 불어넣었는가! 어쨌든 그들 중 다수가 당시 젊었으며, 거리에서 시위를 하고 경찰과 싸웠다. 지금 그들은 달라졌지만, 그것은 체념하고 현실을 받아들여서가 아니라 정말로 세상을 바꾸기 위해, 그리고 정말로 우리 삶에 혁명을 일으키기 위해 변화할 필요를 느꼈기 때문

이다. 마르크스는 이미 이런 질문을
던지지 않았던가, 증기 기관의 발명과
비교하면 정치적 대변동이 뭐가 대수
냐고? 우리 삶을 바꾸는 데에는 어떤
혁명보다 증기 기관의 역할이 더 크지
않았던가? 오늘날이라면 마르크스는
이렇게 말하지 않을까? 인터넷의 발
명에 비한다면, 전세계 자본주의에 반
대하는 그 모든 시위가 대체 무슨 가

1968년 5월 파리의 시위 학생들

치가 있느냐고?

　무엇보다도, 자유주의적 공산주의자들은 진정한 세계 시민이다. 그
들은 이런저런 것들에 대해 걱정이 많은 선량한 사람들이다. 그들은
포퓰리즘적 근본주의와 무책임하고 탐욕스러운 자본주의 기업들에
대해 걱정한다. 그들은 오늘날 우리가 당면한 문제들 속에 내재하는
'더 근본적인 원인'을 본다. 가령 그들이 보기에 근본주의자들의 테
러를 양산하는 것은 대중적 빈곤과 희망 없는 상태이다. 그러므로 그
들의 목표는 돈을 버는 것이 아니라 세상을 바꾸는 것이다. 그 과정의
부산물로 더 많은 돈을 벌게 되는 건 사실이지만, 누가 그걸 불평하
겠는가! 빌 게이츠는 지금까지의 액수로만 따져도 인류 역사상 가장
막대한 금액을 기부한 인물이다. 그는 수억 달러를 기아와 말라리아
와의 싸움과 교육에 기꺼이 기부하며 자신의 이웃사랑을 보여 왔다.
물론 여기서 속지 말아야 할 점은, 기부하려면 일단 돈을 벌어들여야
한다는 것이다. 어떤 이는 돈을 벌어들이는 것이라기보다 창조해 내는

것이라 하겠지만 말이다. 자유주의적 공산주의자들은 실제로 사람들을 돕기 위해서는 우선 그렇게 하기 위한 방편이 있어야 한다고 주장한다. 게다가 국가주의적이고 집산주의적 시도가 지금껏 모두 형편없는 실패로 돌아갔음을 경험으로 알 수 있듯, 민간기업의 주도만이 가장 효율적인 방법이라고 생각한다. 사정이 이러한데, 정부는 기업을 규제하고 과도한 세금을 물리려고 든다. 대체 정부는 그것이 기업 활동의 진정한 목표를 방해하고 있다는 사실을 알고나 있을까? 앞서 말한, 다수를 위해 삶을 개선하고 곤궁한 자들을 진정으로 돕는다는 목표를?

자유주의적 공산주의자들은 그저 이윤만 창출하는 기계가 되기를 원하지 않는다. 그들은 자신들의 삶에 보다 깊은 의미가 깃들길 원한다. 그들은 전통적인 종교에 대해 반감이 있는 반면 영성靈性과 비신앙적 명상을 선호한다. 불교가 뇌과학이라는 분야를 이미 예견했으며, 명상의 힘이 과학적으로 측정될 수 있다는 점은 모두가 알고 있다! 그들은 사회적 책임과 감사할 줄 아는 마음을 좌우명으로 삼는다. 재능을 펼치고 부를 축적할 수 있던 것은 사회가 그들에게 막대한 선의를 베푼 덕이라는 점을, 그들은 그 누구보다도 앞서 인정한다. 그러므로 이제 사회에 무엇인가를 환원하고 사람들을 돕는 것이 그들의 의무다. 결국 사람들을 돕는 게 아니라면 그들이 거둔 성공에 무슨 의미가 있단 말인가? 이처럼 남을 돕는 행동만이 비로소 사업적 성공을 가치 있게 만드는데….

그런데 이것이 정말로 오늘날 새로이 나타난 현상인지는 의문의 여지가 있다. 사실 이런 현상은, 미국의 기업 거물들이 지배하던 거친 옛 자본주의 시대에 예외에 불과했던 것이 (겉보기만큼 드물진 않았지만) 오늘날에 와서 보편적으로 통용되는 것에 불과하다. 유명한 앤드루 카네기는 사병私兵을 고용해 자신의 철강소에서 노동자 단결을 잔혹하게 억누르면서도, 많은 재산을 교육, 예술, 인도주의적 대의를 위해 내놓았다. 철강왕으로 알려진 그는 마음만은 황금으로 되어 있음을 입증해 보인 셈이다. 같은 식으로 오늘날의 자유주의적 공산주의자들은 한 손으로 일단 빼앗았던 것을 다른 한 손으로 내놓는다. 이는 미국에서 팔리는 초콜릿 맛 변비약을 연상시킨다. 이 변비약의 광고 문구는 사뭇 역설적이다. "변비로 고생하십니까? 이 초콜릿을 더 많이 드세요!" 그러니까, 변비를 고치기 위해 변비를 유발하는 바로 그 물질을 더 많이 먹으라는 얘기다.

위협을 가하는 것 자체가 그 위협에 대한 치료제라는 이야기와 동일한 구조는 오늘날의 이데올로기적 지형도에서도 광범위하게 발견된다. 금융업자이면서 자선가인 조지 소로스를 예로 들어 보자. 소로스는 무자비하고 극단적인 금융 투기를 통해 착취를 일삼는 동시에 고삐 풀린 시장 경제가 불러오는 파국적인 사회적 결과에 대한 인도주의적 관심을 상징하는 인물이다. 그의 일과만 보더라도 스스로의 행동을 스스로 상쇄시키려는 대위법이 두드러진다. 그는 업무 시간의 반은 금융 투기에, 나머지 반은 탈공산주의 국가에 문화적·민주주의적 활동 지원금을 제공하거나 저서를 집필하는 등, 인도주의적 활동에 할애한다. 궁극적으로 이는 스스로의 투기가 불러올 부작용들과 싸우려는 활동인 셈이다.

빌 게이츠의 이중성은 소로스의 이중성과 완전히 판박이다. 지독한 사업가로서의 그는 실질적 독점을 노리며 경쟁사들을 파산시키거나 사들이고, 목적을 달성하기 위해 온갖 치사한 거래 수법을 동원한다. 반면 인류 역사상 가장 커다란 규모의 자선가이기도 한 그는, "사람들이 배불리 먹지 못하고 이질로 죽어 간다면 컴퓨터를 가진다는 게 무슨 소용인가?"라는 질문을 던진다. 자유주의적 공산주의자의 윤리로는, 자선을 베풀면 무자비한 이윤 추구 행위도 상쇄된다. 자선은 경제적 착취라는 얼굴을 감추고 있는 인도주의적 가면이다. 선진국들은 원조와 차관 등을 통해 미개발 국가들을 '도움'으로써, 그들 스스로가 후진국의 빈곤에 연루돼 있으며, 공동책임이 있다는 핵심적 쟁점을 회피한다.[8] 이는 초자아의 차원에서 이루어지는 거대한 기만이다.

조르주 바타유는 자본주의의 끝없는 이윤 추구를 '제한 경제'라 불렀으며, 이와 대비되는 것으로 주권적 소비sovereign expenditure를 그 특징으로 하는 '일반경제'라는 개념을 내놓았다. 독일의 포스트 휴머니즘적 철학자 페터 슬로터다이크는 바타유의 이 개념을 통해 자본주의의 그 자체로부터의 분열을, 자본주의에 내재하는 자기 극복적 성격을 설명한다. 그에 따르면 자본주의의 전성기는 "그 내부에서 가장 근본적인 차원의 (그리고 유일하게 유용한) 대립물이 생성될 때이다. 그것은 비관주의에 빠진 고전적 좌파가 꿈꾸던 것과는 완전히 다르다."[9] 그가 앤드루 카네기를 긍정적으로 언급하는 대목을 보면 어떻게 그런 일이 이루어지는지 알 수 있다. 끝없는 부의 축적을 스스로 부인하는 주권적sovereign 제스처는 축적한 부를 공공재·예술·과학·보건 분야 등 가격과 상관없는 시장 순환의 외부에서 써 버리는 것이다. 최종적

으로 이루어지는 바로 이 '주권적' 제스처 덕분에 자본가는 끝없는
확대 재생산과 더 많은 돈을 위해서만 돈을 번다는 악순환을 깨뜨리
고 나올 수 있다. 자신이 축적한 부를 공공의 이익을 위해 기부함으
로써, 자본가는 자본과 그 재생산적 순환을 상징하는 단순한 화신으
로서의 자기 모습을 부인하며, 그의 삶에도 모종의 의미가 생긴다.
이제는 더 이상 단지 확대 재생산을 목표로 삼지 않는다. 게다가 그
렇게 함으로써 자본가는 에로스에서 티모스thymos(인정욕구)로의 전
환을 달성한다. 축적이라는 도착적인 '에로틱한' 논리를 벗어나 공적
인 인정과 명성으로 나아가는 것이다. 이 모든 과정의 결과가 바로
조지 소로스나 빌 게이츠 같은 인물들이다. 그들은 자본주의적 절차
그 자체에 내재된 자기 부정을 몸소 보여 준다. 그들이 자선사업을
벌이고 공공복지를 위해 막대한 기부를 하는 것은 단순히 개인적 특
성에서 우러나온 행위가 아니다. 진심이든 위선이든 자선 행위는 자
본주의적 순환이 논리적으로 낳을 수밖에 없는 것이며, 이는 철저하
게 경제적인 관점에서 봤을 때도 불가피하다. 그래야만 자본주의 체
제의 위기를 연기할 수 있기 때문이다. 자선 행위는 진정으로 곤궁에
처한 이들에게 부를 나눠 준다는 일종의 재분배를 통해 균형을 재확
립하며, 치명적인 덫을 피해 간다. 가령 전반적인 빈곤 말고는 딱히
다른 결과를 기대하기 힘든 논리, 그러니까 파괴적 원한의 논리와 국
가 주도의 강제적 부의 재분배를 피해 간다는 것이다. 한 가지 덧붙
이자면 주권적 소비를 통해 티모스를 확고히 하고 일종의 균형을 재
확립할 수 있는 다른 방식을 막을 수도 있다. 바로 전쟁이라는 방식
말이다.

이 패러독스는 우리가 서글픈 곤경에 처해 있음을 알려 준다. 오늘날의 자본주의는 저 스스로 재생산을 할 수 없다. 사회적 재생산의 순환을 유지하기 위해 자본주의에는 경제 외적인 자선 행위가 필요하다.

자유주의적 공산주의 마을

M. 나이트 샤말란의 영화 〈빌리지〉가 보여 준 탁월함은 공포를 기반으로 가장 순수한 자유주의적 공산주의 생활 방식을 묘사했다는 데 있다. 샤말란의 영화들을 너무 쉽게 뉴에이지 키치 중에서도 최악이라고 일축해 버렸던 이들은 아마 여기서 좀 놀랄 것이다. 펜실베이니아에 있는, 영화 제목과 동명의 마을은 온 세상과 단절되어 있으며 위험한 괴물들이 득실대는 숲에 둘러싸여 있다. 주민들은 이 괴물을 '우리가 입에 올리지 못하는 것들Those We Don't Speak Of'이라 부른다. 그들 사이에는 주민들은 숲에 들어가지 않고 괴물들은 마을에 들어오지 않는다는 합의가 있고, 주민 대부분은 이에 만족하며 산다. 그런데 루시어스 헌트라는 젊은이가 새로운 약을 찾기 위해 마을을 벗어나려 하면서 갈등이 일어나고 협약이 깨진다. 루시어스와, 마을 지도자의 딸인 눈먼 아가씨 아이비 워커는 결혼을 약속한다. 이 일로 마을의 백치 청년 노아 퍼시는 격심한 질투에 휩싸여 루시어스를 칼로 찔러 심한 상처를 입힌다. 루시어스는 감염증에 걸리는데, 이를 치료하려면 외부 세계에서 약을 구해 와야만 한다. 그렇게 되자 아이비의 아버지는 딸에게 마을의 비밀을 말해 준다. 괴물 같은 것은 없

으며, 그들이 사는 시대는 사실 1897년이 아니라고 말이다. 마을 원로들은 20세기의 어느 범죄 피해자 지원 단체 소속이었는데, 이 단체는 20세기에서 완전히 빠져나오기로 결정한다. 워커의 아버지가 백만장자 사업가였던 덕에 그들은 땅을 사들여 그곳을 '자연 보호 지구'라 칭하고, 주변에 높은 울타리를 치고 많은 경비원을 배치했으며, 정부 관리들에게 뇌물을 써 비행기 항로를 변경해 마을 근처를 지나가지 않도록 한 다음 안으로 들어왔다. 그리고 누구도 마을을 벗어나지 못하도록 '우리가 입에 올리지 못하는 것들'에 대한 이야기를 지어냈다. 아이비는 아버지의 축복을 받으며 몰래 마을을 빠져나가, 친절한 경비원을 만나 약을 구한 다음 약혼자의 생명을 구하기 위해 돌아온다. 영화의 결말에서 마을 원로들은 고립된 삶을 계속해 나가기로 결정한다. 사정을 모르는 이들의 눈에는 노아의 죽음이 괴물이 정말 존재한다는 증거로 비칠 것이고, 따라서 마을이 세워진 경위가 사실임을 확신시켜 줄 것이다. 공동체 성립의 조건이자 비밀스런 유대로서 희생의 논리가 재언명된다.

대부분의 비평가가 이 영화를 이데올로기적 도피cocooning의 최악의 사례로 치부해 버린 것은 놀랄 만한 일이 아니다. "그가 왜 절절한 말로 감정을 표현하는 시대를 배경으로 하는 영화를 만들고자 했는지, 혹은 그가 왜 외부 세계와 단절된 마을을 만들고자 했는지는 쉽게 이해할 수 있다. 그는 영화를 만들었다기보다 도피처를 만든 것이다."[10] 그러니까 이 영화의 기저에는 폐쇄된 진정성의 세계를 재현하고자 하는 욕망이 깔려 있으며, 그곳은 순결함이 근대성의 유해한 힘으로부터 보호받는 세계다. "이 영화는 전적으로, 당신의 순결성이 인생의 '괴물들'로부터 상처받지 않도록 지키는 방법에 대해 말하고 있다. 자녀들이 미지의 세계로 들어가지 않게 보호하려는 욕망에 대해 말이다. 자신이 '괴물들'에게 상처를 입었다 해도, 자녀들만은 상처받지 않기를 바라는 데, 젊은 세대는 그 위험을 기꺼이 감수하려 들지도 모른다."[11]

좀 더 면밀히 바라보면 이 영화는 훨씬 더 많은 해석의 여지가 있다. 이 영화가 "[미국의 공포 소설가] H.P. 러브크래프트의 영향을 받았다. 즉 엄숙하고 겨울 같은 뉴잉글랜드의 색채, 근친상간에 대한 암시, 그리고 '옛것들the Old Ones'과 '우리가 입에 올리지 못하는 것들'에 대한 숨죽인 목소리라는 점에 주목하는 비평가들은 대체로 그 정치적 맥락을 간과하고 지나간다."[12] 19세기 말의 자급자족적 공동체라는 설정은 미국에서 우후죽순처럼 나타났던 유토피아적 사회주의 실험 공동체를 연상시킨다. 그렇다고 해서 초자연적 공포를 드리우는 러브크래프트 같은 분위기가 겉치레이거나 가짜 미끼에 불과한 것도 아니다. 우리에겐 두 세계가 있다. 하나는 근대적이고 개방적인 '위험 사회'이고, 다른 하나는 낡고 은둔적인 '의미 세계'를 보존한 안전 사회다. 그러나 우리는 이 '의미'를 위해 대가를 치러야 하는데, 그것이 바로 이름 붙일 수 없는 괴물들이 지키는 유한하고 폐쇄된 공간이다. 이 폐쇄된 유토피아적 공간에서 악은 단지 배제되는 것만이 아니다. 악은 신화적 위협으로 변형되고, 공동체는 그것과 일시 휴전을 수립하며, 그것을 경계하며 항구적인 비상 상태를 유지해야 한다.

대개 DVD에 특별 수록된 '삭제된 장면'을 보면, 감독이 영화에서 그 장면들을 삭제하길 백번 잘했다는 생각이 드는 경우가 태반이다.

그러나 〈빌리지〉의 DVD판은 예외다. 삭제된 것들 중에 대피 훈련 장면이 있다. 워커가 벨을 울리면 대피 훈련이 시작되어 지하 피난소로 신속히 대피해야 한다. 지하 피난소는 괴물들이 습격했을 때 사람들이 숨어야 할 장소다. 마치, 진정한 공동체는 항구적인 위협이 있을 때만, 지속적인 비상 상태에서만 존재할 수 있다는 것 같다.[13] 영화에서 알게 되듯 이 위협은 권력의 핵심 집단, 즉 공동체의 '원로들'이 가장 '전체주의적인' 방식으로 조작해 낸 것이다. 사정을 잘 모르는 젊은이들이 마을을 떠나 숲을 거쳐 퇴폐적인 도시로 가는 위험을 막기 위해서 말이다. 악 그 자체가 강화되어야 한다. 다시 말해 후기 자본주의적 사회 분열이라는 '실제' 악은 '괴물들'이라는 예스럽고 마술적이며 신화적인 악으로 변모되어야 하는 것이다. 이 악은 권력 핵심 집단의 구성 요소이기도 하다. 그들에 의해 '상상된' 것이기 때문이다. 여기서 우리는 G.K. 체스터턴의 『목요일이었던 남자』를 떠올려야 할 듯하다. 『목요일이었던 남자』에서, 주인공인 고위 경찰 간부는 사실 특급 범죄자와 동일 인물이며, 따라서 그가 맞서 싸우는 대상은 다름 아닌 자기 자신이다. 초기 헤겔적인 방식으로 말하자면, 공동체가 맞서 싸우는 외부적 위협이 바로 공동체에 내재된 본질인 것이다….[14]

그리고 이것이 언뜻 보는 것보다 훨씬 더 근본적인 진실이라면 어떤가? 우리 사회의 진정한 악이 자본주의 동학動學 그 자체가 아니라, 이윤 추구에 대한 끈은 놓지 않으면서도 우리들을 자본주의 동학으로부터 해방시키고자 하는 시도라고 한다면 어떤가? 빗장 공동체*

---

* 빗장 공동체gated community: 외부인 출입을 금하는 부유층 전용 주택지.

에서 배타적인 인종이나 종교 단체에 이르기까지, 다양한 종류의 자기 폐쇄적 공동체 공간을 일궈 나감으로써 말이다. 오늘날, 말을 통해 진실한 감정을 직접 표현할 수 있는 진정한 공동체, 사회주의적 유토피아의 공동체로 회귀한다는 것은, 매우 부유한 이들을 위한 구경거리로서 연출될 수밖에 없는 가짜라는 사실, 즉 〈빌리지〉는 정확히 이를 입증하려는 것 아닌가? 오늘날 악을 대표하는 좋은 예는 환경을 오염시키고 사회적 유대가 무너져 가는 폭력적인 세상에 살아가는 평범한 소비자들이 아니다. 그런 전반적 파괴와 오염을 조성하는 데 전적으로 관여했으면서, 돈을 써서 자기 자신이 저지른 결과로부터 쏙 빠져나오는 자들, 빗장 공동체에 살거나 유기농 식품을 먹거나 자연 보호 구역에서 휴가를 즐기는 자들이 바로 악이다.

P.D. 제임스의 소설을 바탕으로 한 알폰소 쿠아론의 영화 〈칠드런 오브 맨〉에서는 영국이라는 나라 전체가 자유주의적 공산주의 마을의 모습으로 등장한다. 때는 2027년, 인류는 생식 능력을 잃어 아이를 낳을 수 없다. 마침 18년 전 태어난 지구상 가장 젊은 주민이 부에노스아이레스에서 살해당한 참이다. 영국은 항구적인 비상 상태에서 살아간다. 테러 전담반이 불법 이민자들을 뒤쫓고, 국가 권력은 불임 상태의 향락주의에 빠져 무위도식하며 살아가는 점점 줄어드는 인구를 관리한다. 향락주의적인 비관주의에 겹쳐 새로운 형태의 사회적 인종차별과 공포에 기초한 통제가 만연한다. 바로 오늘날 우리 사회의 모습 아닌가? 그러나 쿠아론의 천재적 재능은 바로 여기서 드러난다. "미래를 그린 이야기는 대부분 일종의 '빅 브라더' 같은 존재를 등장시키지만, 내 생각에 그것은 독재에 대한 20세기의 관점이다. 지

금 일어나는 독재는 새로운 형태로 가장하고 있다. 21세기의 독재는 '민주주의'라 불린다."[15] 이런 이유에서 〈칠드런 오브 맨〉의 통치자들은 조지 오웰의 소설에 나오는 '전체주의자' 관료들처럼 제복을 입은 음침한 행색이 아니라, 머리가 깨어 있는 민주적 관리자들이며, 교양도 높고 각자 자신만의 '생활 방식'을 즐길 줄 안다. 주인공은 난민을 위한 특별 허가증을 얻기 위해 고위 정부 관리가 된 옛 친구를 만나러 가는데, 친구의 사무실은 마치 맨해튼의 상류계급 게이 커플이 살 법한 장소이고, 친구는 캐주얼 차림으로 장애인 파트너와 함께 있다.

〈칠드런 오브 맨〉은 불임을 생물학적인 문제로서 다룬 영화는 분명 아니다. 쿠아론의 영화가 말하는 불임은 이미 오래전에 프리드리히 니체가 진단한 바 있다. 니체는 서양 문명이 최후의 인간the Last Man, 즉 어떤 열정도 헌신도 없는 무심한 인간을 향해 나아가고 있음을 깨닫고 있었다. 최후의 인간은 꿈꿀 줄 모르고, 삶에 지쳐 있으며, 어떤 위험도 감수하려 하지 않고 오직 안락함과 안정성만을, 그리고 서로에 대한 관용의 표현만을 추구한다. "이따금 약간의 독을 마시고 유쾌한 꿈을 꾼다. 그리고 최후에는 많은 독을 마시고 유쾌한 죽음을 맞는다. 그들에게는 낮의 쾌락과 밤의 쾌락이 따로 있지만, 건강은 챙긴다. '우리는 행복을 발견해 냈어.' 최후의 인간은 이렇게 말하고, 눈을 깜빡인다."[16]

제1세계에 사는 우리가, 기꺼이 생명을 희생할 만한 공적 혹은 보편적 대의를 상상이라도 해 보기란 점점 더 어려워진다. 사실 제1세계와 제3세계 사이의 분열은 따지고 보면 한편에는 물질적이고 문화적인 풍족함 덕분에 수명이 연장되고 만족스러운 삶이 있으며, 다른 한 편에는 초월적인 대의를 위해 헌신하는 삶이 있는데, 이 둘 사이의 적대가 더 두드러지고 있기 때문이다. 이것이야말로 니체의 '수동적' 허무주의와 '능동적' 허무주의 사이의 적대 아닌가? 서구에 사는 우리는 시시한 일상적 즐거움에 빠진 최후의 인간이며, 무슬림 과격주의자들은 스스로를 파괴할 정도로 허무주의적 투쟁에 몸을 바치고 모든 위험을 기꺼이 감수하려 드는 사람들이다. '안'에 있는 사람들, 즉 누구도 침범할 수 없는 빗장 공동체에 거주하는 최후의 인간들과 '밖'에 있는 사람들 간의 이런 대립에서 점차 사라지는 것은 그토록 화려했던 중간계급이다. "중간계급은 자본주의가 더 이상 감당할 수 없는 사치품이다."[17] 〈칠드런 오브 맨〉에 나오는 벡스힐온시 Bexhill on Sea는 유일하게 자유라는 이상한 감각이 느껴지는 곳인데, 이곳은 도처에 만연한 숨 막히는 억압이 미치지 않는 일종의 해방구다. 담으로 둘러싸여 고립된 이 도시는 난민촌이 되었고, 불법 이민자인 주민들에 의해 관리 운영되고 있다. 이곳에서는 이슬람 근본주의자들의 무력시위뿐만 아니라 진정한 연대활동도 빈번하게 일어난다. 희귀한 존재가 되어 버린 갓난아기가 이곳에 등장하는 것도 놀라운 일이 아니다. 영화의 마지막에서 벡스힐은 공군의 폭격으로 무참하게 파괴된다.

'무조無調의 세계' 속 성생활

이런 세상에 어울리는 성생활이란 어떤 것인가? 2006년 8월 6일, 런던에서는 영국 최초로 '자위 마라톤masturbate-a-thon'이 열렸다. 이 행사에서는 수많은 남녀가 모여 성·생식 보건단체를 위한 모금 운동과 자선의 목적으로 자위행위를 한다. 자위행위가 가장 흔하고 자연스러우며 안전한 형태의 성적 활동임에도, 아직도 이를 수치스럽게 여기고 금기시하는 분위기가 남아 있는데, 이런 인식을 타파하고 자각을 불러일으키는 것 또한 그들의 목표이다. 행사를 처음 생각해 낸 것은 '굿 바이브레이션즈'라는 샌프란시스코의 성 건강 관련 회사로, 1995년부터 5월을 '전국 자위의 달'로 정해 행사를 열어 왔는데, 원조 격인 샌프란시스코 자위 마라톤이 개최된 것도 그때이다. 캐럴 퀸 박사는 행사의 취지를 다음과 같이 설명한다.

> 우리 사회에서 성적 표현은 언제나 법으로 규제되고 제한받아 왔으며 순수한 쾌감을 추구하는 행위는 흔히 이기적이고 유치하다는 비난을 받아 왔습니다. 스스로 성적인 제약에 구속받지 않는다고 여기는 많은 이들은, '섹스는 생식을 목적으로 할 때만 좋은 것'이라는 말을 '섹스는 서로 사랑하는 두 사람이 할 때만 좋은 것'이라고 말만 약간 바꿔 등치시켜 놓았을 뿐입니다. … 자위행위는 우리가 최초로 경험하는 성 활동이며, 평생토록 쾌감을 즐기게 해 주는 자연적 근원이고, 독창적인 형태의 창조적 자기표현입니다. 자위를 할 때마다 당신은 당신의 섹슈얼리티와 쾌감을 자아내는 선천적 능력을 찬양하는 셈입니다.

그러니 주저 말고 하십시오! … 자위행위는 급진적 행위일 수 있으며, 자위를 금지하는 문화는 다른 여러 가지 개인의 자유도 억압할 가능성이 높습니다. 전국 자위의 달을 기념하고, 감춰 왔던 당신의 자기애를 드러내도록 노력하는 동안, 어디서건 진정한 행복을 위해서는 성적인 자유가 필수적이라는 점을 명심하시기 바랍니다.[18]

자위 마라톤이라는 개념 기저에 깔린 이데올로기적 태도의 특징은 그 형식과 내용 사이의 충돌이다. 이 대회는 자신의 멍청한 쾌감이라는 유아론적 자기중심벽癖을 다른 이들과 기꺼이 '공유'하겠다는 개인들을 동원해 집단을 조직한다. 이는 실재적이라기보다는 외견상의 모순이다. 프로이트는 나르시시즘과 군중 속으로의 침잠 사이의 연관성을 일찍이 알고 있었다. 이런 연관을 가장 잘 나타내는 것이 '경험을 공유하다'라는 캘리포니아의 관용구이다. 대립적인 두 특성이 이렇게 동시에 나타날 수 있는 것은, 두 특성이 공유하는 배제의 성격 때문이다. 군중 속에서 한 개인은 혼자일 수 있을 뿐만 아니라, 실제로 혼자다. 한 개인이 고립되어 있을 때나 군중 속에 침잠해 있을 때나, 진정한 상호 주체성, 타자와의 대면을 배제한다는 점은 똑같다. 그런 이유로, 프랑스 철학자 알랭 바디우가 명쾌하게 정리했듯, 그 어느 때보다도 오늘날 우리는 단순히 즐기는 것이 아니라 사랑에 그 초점을 두어야 한다. '둘'의 만남인 사랑은 자위에 불과한 멍청한 즐거움의 실체를 변화시켜 진정한 사건으로 만든다.[19] 최소한의 세련된 감성만으로도 상대와 성관계를 맺기보다 상대 앞에서 자위하기가 더 어렵다는 것을 느낄 수 있다. 상대가 나의 행위에 참여하는 것이 아

70

자위 마라톤 포스터

니라 관찰자에 불과하기 때문에 나의 행위는 훨씬 더 '수치스러워'지는 것이다. 자위 마라톤 같은 행사는 진정한 수치심의 종말을 알리는 신호다. 그렇기에 그것은 지금 우리가 어디에 서 있는지를 알려 주며, 우리의 가장 은밀한 자아경험이 어떤 이데올로기를 바탕으로 지탱되는지를 가장 명료하게 드러내는 표지다.

"왜 자위를 하는가?"라는 질문에 대해 퀸 박사는 다음과 같은 이유들을 댄다.

- 성적 쾌감은 각 개인이 타고난 권리이다.
- 궁극적으로 안전한 섹스란 자위뿐이다.
- 자위는 자기애를 즐겁게 표현한 것이다.
- 자위는 여러 면에서 건강에 도움이 된다. 생리통이 완화되고, 스트레스가 줄어들고, 엔도르핀이 분비되며, 골반 근육이 강해진다. 남성의 경우 전립선염에 걸릴 확률이 줄고, 여성의 경우 질염에 대한

　저항력이 생긴다.

　- 자위는 훌륭한 심혈관 단련 운동이다.

　- 자기를 가장 잘 사랑할 수 있는 이는 자기 자신이다.

　- 자위는 성에 관한 인식 수준을 높여 준다.

　모든 것이 여기 담겨 있다. 자기 인식 고취, 건강상의 이점, 사회적 억압과의 투쟁, 가장 급진적인 정치적 올바름의 태도(아무도 괴롭힘당하지 않는다는 점은 확실하다), 그리고 "자기를 가장 잘 사랑할 수 있는 이는 자기 자신이다"에서 드러나는, 가장 기초적인 성적 쾌락에 대한 단언까지. 보통 동성애자들에게만 쓰는 표현이 사용되었는데(자위행위는 "감춰 왔던 자기애를 드러낸다"*), 이를 통해 온갖 타자성에 대한 점진적 배제라는 일종의 목적론이 은연중에 숨어 있음을 알 수 있다. 우선 동성애에서는 이성이 배제된다(동성과 섹스하니까). 그다음으로, 헤겔의 부정의 부정 원리를 흉내 내서 말하자면, 타자성이라는 차원 자체가 사라져 버린다. 섹스를 자기 자신과 하는 것이다.

　2006년 12월 뉴욕시 당국은 자신의 사회적 성별을 선택하는 것이, 그리고 필요하다면 성전환 수술까지 받는 것이, 양도할 수 없는 인간 권리 중 하나라고 선언했다. 따라서 궁극적 차이, 인간의 정체성 그 자체를 기초 짓는 '초월적transcendental' 차이가 조작 가능한 것으로 변한다. 그 대신 인간이 된다는 것은 선택에 좌우되는, 궁극적으로 유연한 것이라고 단언된다. 자위 마라톤은 바로 이 성전환된 주체에게

---

* 여기서 드러낸다는 것은 'out of the closet'를 옮긴 것으로 수치스럽거나 감추고 싶은 것을 밝힐 때 사용하는 말이다. 주로 동성애자의 커밍아웃을 표현할 때 사용된다.

어울리는 성적 활동의 이상적 형식이다. 다시 말해 이는 '당신'에게 이상적인 성적 활동이기도 하다. 2006년 12월 25일자 〈타임〉은 '올해의 인물'로 '당신'을 선정하지 않았던가. 이 영광은 아흐마디네자드, 차베스, 김정일이나 다른 유력한 후보들이 아닌 바로 '당신'에게 돌아갔다. 인터넷상에서 콘텐츠를 이용하거나 만들어 내는 우리들 모두 말이다. 〈타임〉의 표지에는 하얀 키보드가 놓여

2006년 12월 25일자 〈타임〉 커버

있고, 컴퓨터 화면에 해당하는 부분은 거울로 되어 있어 어떤 독자가 보든 자기 얼굴이 비치게 되어 있었다. 이런 선택의 변으로 편집자들은 이제 기관이 아닌 개인들이 새로운 디지털 민주주의의 시민으로 재부상하고 있다고 설명했다.

이런 선택에는 겉으로 보이는 것 이상의, 그리고 그 말의 통상적인 의미 이상의 것이 존재한다. 이데올로기적 선택이라는 게 있었다면 바로 이것이 그렇다. 이는 수많은 이들이 중앙집권적인 국가 통제를 우회하여 직접 소통하고 스스로 조직할 수 있는, 새로운 사이버 민주주의가 도래했다는 메시지를 담고 있다. 그리고 이 메시지는 우리 사회를 불안케 하는 일련의 간극과 긴장들을 은폐한다. 가장 먼저, 그리고 분명히 짚이는 아이러니는 〈타임〉지 표지를 쳐다보는 모든 이가 보게 되는 얼굴이 자신과 직접 교류를 나누게 되는 타인들이 아니

라 자기 자신의 거울상이라는 점이다. 사이버공간 이론가들이 가장 자주 언급하는 철학자가 라이프니츠라는 사실은 당연하다. 사이버공간에 빠져들면서 우리는, 전체 우주를 거울처럼 반영하는 라이프니츠의 모나드monad로 환원되고 있지 않은가? 비록 외부 현실로 직접 통하는 '창문이 없긴without windows' 하지만 말이다. 오늘날 컴퓨터 화면 앞에 홀로 앉아 웹서핑하는 사람의 전형적인 모습은, 점점 더 모나드를 닮아 간다고도 말할 수 있다. 그는 현실로 통하는 직접적 창문 없이 오직 가상의 모사물만을 대면하면서도 전 지구적 커뮤니케이션 네트워크 안에 깊숙이 빠져 있다. 자위 마라톤에서는 각 개인들이 자신의 멍청한 쾌감이라는 유아론을 다른 이들과 기꺼이 공유하고자 집단을 이룬다. 그야말로 사이버공간과 정확하게 맞아떨어지는 성생활이다.

알랭 바디우는 '무조無調'의 세계monde atone라는 개념을 전개한다. 이는 주인기표Master-Signifier*의 개입이 결여된 까닭에 다양성을 가진 혼란스러운 현실에 어떤 의미 있는 질서도 부여하지 못하는 세상을 뜻한다.[20] 주인기표란 무엇인가?[21] 윈스턴 처칠은 그의 기념비적인 저서 『제2차 세계 대전』에서 정치적 결정의 수수께끼에 대해 곰곰이 생각한다. 경제와 군사 분석가, 심리학자, 기상학자 등 전문가들이 다양하고 꼼꼼하고 정교한 분석을 제안하고 나면, 누군가는 최종 결정을 내려야 하는데, 이는 단순하지만 바로 그렇기 때문에 제일 어려운 일이다. 찬성할 만한 이유 한 가지가 있으면 반대할 이유 두

---

* 라캉은 우연적인 표상 체계를 단일한 의미의 체계로 만들어 낼 수 있는 특권적인 중심 기표를 주인기표라 부른다.

가지가 나오는 상황에서 그 복잡하
고 다양한 관점들을 취합하여 단순
하지만 결정적으로 예 혹은 아니오,
라는 결론을 내려야 하는 것이다.
공격할 것인가 계속 기다릴 것인가,
둘 중 하나다. 존 F. 케네디처럼 이
를 간결하게 설명한 이도 없다. "옆
에서 보는 이에게, 최종 결정의 본
질은 이해할 수 없어 보인다. 사실

알랭 바디우(1937-)

은 결정자 자신도 마찬가지로 이해
할 수 없는 경우가 많다." 결코 오로지 이성에만 기초하여 판단할 수
없는 이 결정적 제스처가 바로 주인의 몫이다.

우리가 사는 포스트모던 세계의 근본적 특성은 명령order을 내리
는 주인기표의 이런 작용을 없애려 든다는 점이다. 세계의 복잡성은
무조건적으로 확고히 인정받아야 한다. 그 복잡성에 어떤 질서order
를 부과하려 드는 주인기표는 모두 해체되고 흩어져야 하는 것이다.
"세계의 '복잡성'에 대한 근대의 옹호는 … 사실상 무조성無調性에 대
한 전반적인 욕망과 다름없다."[22] 바디우는 이런 '무조'의 세계의 좋
은 사례로 이원론을 강박적으로 거부하는 젠더 연구자들이 제기하는
정치적으로 올바른 섹슈얼리티의 상을 든다. 이 세상은 다양한 성적
관행이 존재하는 미묘한 차이의 세상이며, 어떠한 결정도, '둘'이 연루
되는 경우도, 그리고 니체가 말하는 가치평가도 용인하지 않는다.

이런 맥락에서 볼 때 미셸 우엘벡의 소설은 흥미롭다.[23] 그는 현대

서구 사회에서 사랑이라는 사건이 실패한다는 모티프를 계속해서 변주한다. 어느 비평가의 말을 빌리면 우엘벡의 소설 속 세계는 "종교와 전통이 붕괴되고, 쾌락과 젊음을 숭배하는 데 거리낌이 없으며, 과학적 합리성에 지배되어 웃음기가 사라진 전체주의 사회의 전망이 보이는 곳"[24] 이다. 여기서 1960년대 '성 해방'의 어두운 면이 드러난다. 성은 완전히

미셸 우엘벡(1956-)

상품화되는 것이다. 우엘벡은 성 혁명 이후의 찜찜한 여파를, 초자아에 의해 내려진 즐기라는 명령이 지배하는 황폐화된 세상을 그려 낸다. 그의 작품은 모두 사랑과 성의 이율배반에 초점을 맞춘다. 섹스는 절대적으로 필요한 것이고, 섹스를 그만둔다는 것은 시들어 소멸한다는 것이기 때문에, 섹스 없는 사랑은 있을 수 없다. 그러나 동시에, 바로 섹스 때문에 사랑이 불가능해진다. 섹스는 "전형적인 후기 자본주의의 지배와 같이 증식하여, 자유주의 사회가 가진 비인간적 본성을 재생산할 수밖에 없기 때문에 인간관계를 영구히 훼손시킨다. 본질적으로 본다면 섹스가 사랑을 파멸시킨 것이다."[25] 따라서 데리다의 용어를 빌리자면 섹스는 사랑을 가능케 하는 조건인 동시에 불가능하게 하는 조건이다.

우리는 헤겔이 말하는 바와 같이 대립물의 사변적 동일성이 이뤄지는 사회에 살고 있다. 어떤 특징, 태도, 삶의 규범들은 이제 더 이상 이데올로기적인 것으로 인식되지 않는다. 그것들은 중립적이고, 이데올로기와 무관하고, 당연하며, 상식적으로 보인다. 이데올로기라 할 때 우리는 이런 배경에서 돌출해 나와 눈에 띄는 것을 지칭한다. 가령 극단적인 종교적 열정이나 특정 정치 성향에 대한 헌신적 지지 등이 그렇다. 이에 대한 헤겔 철학의 입장은 바로 어떤 특징이 중화되어 자발적으로 받아들여진 배경이 될 때 가장 순수하고 가장 효과적으로 이데올로기가 드러나 보인다는 점이다. 이것이 변증법에서 말하는 '대립물의 일치'이다. 가장 순수한 수준에서 이데올로기나 개념이 현실화된다는 것은 그 대립물인 비非이데올로기와 일치하며, 더 정확하게 말하자면 그렇게 나타난다. 필요한 부분만 약간 수정하면, 이는 폭력에도 똑같이 적용된다. 가장 순수한 사회적·상징적 폭력은 그 대립물, 그러니까 우리가 살아가는 환경이나 들이마시는 공기와 같이 자연스러운 것으로 나타난다.

이런 이유에서, 폭력에 겁을 집어먹기도 하고, 폭력을 걱정하기도 하며, 폭력에 맞서 싸우기도 하는 세련된 자유주의적 공산주의자와 분노를 폭발시키는 맹목적 근본주의자는 동전의 양면과 같은 관계라 할 수 있다. 주관적 폭력과 싸우는 자유주의적 공산주의자들은 구조적 폭력의 행위자가 되는데, 이 구조적 폭력이야말로 주관적 폭력을 낳는 원인이다. 관용의 정신으로 에이즈 치료나 교육에 수백만 달러를 내놓는 자선가는 그 자신이 금융 투기로 수많은 이의 삶을 파괴했던 장본인이며, 그리하여 자신이 타파하고자 하는 불관용 그 자체의 원인을 제공한 장본인이기도 하다. 1960년대와 70년대에는 비키니나 이브닝 가운을 입은 여자가 실린 소프트 포르노 엽서를 살 수 있었다. 그런데 이 엽서를 조금 기울이거나 살짝 다른 각도에서 바라보면 여자의 옷은 마술처럼 사라지고 나체가 드러났다. 부채 탕감이니, 위험한 전염병을 근절하자는 대규모 인도주의 캠페인이니 하는 훈훈한 뉴스가 쏟아질 때면, 엽서를 기울이듯 시선을 살짝만 바꿔 보라. 그러면 그 밑에서 자유주의적 공산주의자의 외설적인 모습이 보일 것이다.

환상은 금물이다. 자유주의적 공산주의자들은 오늘날 모든 진보적 투쟁의 적이다. 종교 근본주의자와 테러리스트, 부패하고 무능한 국가 관료 등 다른 모든 적은 우연적인 지역적 상황에 따라 그 흥망이 좌우되는 특수한 인물들일 뿐이다. 전 지구적 자본주의 체제가 제대로 작동하지 않는 원인 중 부차적인 것만을 해결하고자 한다는 바로 그 이유 때문에, 자유주의적 공산주의자들은 체제 자체의 잘못된 점을 직접 구현하는 화신이다. 인종주의, 성차별, 종교적 반계몽주의 등과 싸우느라 자유주의적 공산주의자들과 전략적 동맹을 맺고 타협해야 할 때에는 이 점을 반드시 새겨야 한다.

그렇다면, 우리의 자유주의적 공산주의자를 어떻게 해야 할 것인가? 물론 그는 의심할 여지없이 좋은 사람이고 세계의 빈곤과 폭력을 진심으로 걱정하며, 이런 걱정을 할 만한 능력도 되는 사람이다. 사실 그런 사람에게 뭘 어떻게 할 수 있겠는가. 기업 이익으로 그를 매수할 수는 없다, 그가 그 기업의 공동 소유자이기 때문이다. 또 그는 빈곤과 싸워야 한다는 자신의 주장에 대해 신념을 가지고 있는데, 그건 그가 그 신념을 바탕으로 돈을 벌어들이기 때문이기도 하다. 그는 그럴 만한 권력이 있기에 정직하게 자기 의견을 표현할 수 있다. 그는 용감하고 현명한 태도로 가차 없이 자신의 기획을 밀고 나가며, 개인적 이익을 고려하지 않는다, 필요한 것은 모두 가졌으니까. 게다가 그는 좋은 친구이기도 하다. 특히 다보스의 동료들과는 절친하다. 베르톨트 브레히트의 시 〈선한 자에 대한 심문〉은 우리가 어떻게 해야 할지를 가르쳐 준다.

앞으로 나오라, 우리는
그대가 좋은 사람이라고 들었다.
그대는 매수되지 않지만,
집을 내려치는 번개 또한
매수되지 않는다.
그대는 그대가 했던 말을 지켰다.
그러나 어떤 말을 했는가?
그대는 정직하고, 자기 의견을 말한다.
어떤 의견인가?
그대는 용감하다.
누구에게 대항하는 용기인가?
그대는 현명하다.
누구를 위한 현명함인가?

그대는 자신의 개인적 이익을 돌보지 않는다.
그렇다면 그대는 누구의 이익을 돌보는가?
그대는 좋은 친구이다.
그대는 좋은 사람들에게도 좋은 친구인가?

이제 우리의 말을 들으라, 우리는
그대가 우리의 적임을 안다. 그런 이유로 우리는
이제 그대를 벽 앞에 세우리라. 그러나 그대의 미덕과 장점을 고려하여
우리는 그대를 좋은 벽 앞에 세우고 그대를
좋은 총의 좋은 탄환으로 쏠 것이며 그대를
좋은 삽으로 좋은 땅에 묻어 주리라.[26]

2

Allegro moderato - Adagio
조금 빠르게 - 느리게

네 이웃을 너 자신처럼 두려워하라!

공포의 정치

오늘날은 탈정치적 생명정치post-political bio-politics라는 정치 형태가 지배하고 있다. 이 말은 그야말로 이론적인 전문용어의 기막힌 사례라 할 만하지만, 쉽게 쪼개 볼 수 있다. 먼저 '탈정치'란 낡은 이데올로기적 투쟁을 벗어나, 대신 전문적인 운영과 관리에 초점을 맞춘다고 주장하는 정치이다. 그리고 '생명정치'란 인간 생활의 안전과 복지를 제도화하는 것을 최우선의 목표로 삼는 정치를 가리킨다.[1] 이 두 영역이 어떻게 겹쳐지는가는 자명하다. 일단 거창한 이데올로기적 대의를 버리면 남는 것은 단지 생활을 효율적으로 관리하는 일뿐이다. 대체로 그것뿐이라 할 수 있다. 다시 말해, 탈정치화되고, 사회적으로 객관적인 전문적 관리와 이해 조정을 정치의 기본적 차원으로 삼게 된 이상, 사람들의 열정을 불러일으키고, 적극적으로 동원할 수 있는 유일한 방법은 공포뿐이다. 오늘날 주체성의 기본적 구성 요소로서의 공포 말이다. 이런 이유에서 생명정치란 궁극적으로 공포의 정치라고 할 수 있는데, 이는 부당하게 희생자가 될지도 모른다는, 혹은 괴롭힘을 당할지도 모른다는 공포를 막아 내는 것을 중요시한다.

현재 우리의 정치와 급진적인 해방의 정치를 가름하는 것은 바로 이 점이다. 여기서 내가 말하고자 하는 점은 이 두 가지 정치관, 혹은 그 공리들 사이의 차이가 아니다. 오히려 내가 말하고자 하는 것은 보편적인 공리를 기초로 한 정치와 정치적인 것의 본질적인 부분을 포기해 버리는 정치 사이의 차이다. 왜냐하면 후자의 정치는 다음과 같은 온갖 원리들을 동원하면서 공포에 호소하기 때문이다. 이를테면 이민자들에 대한 공포, 범죄에 대한 공포, 성적인 타락에 대한 공포, 많은 세금을 물릴지도 모른는, 지나치게 개입하는 국가 자체에 대한 공포, 생태적 파국에 대한 공포, 괴롭힘에 대한 공포 등이다. 정치적 올바름은 공포의 정치가 가진 자유주의적 형식을 보여 주는 전형적 사례다. 이러한 (탈)정치는 언제나 피해망상에 사로잡힌 군중ochlos 혹은 다중multitude을 조종하는 수법에 의존한다. 겁에 질린 사람들을 무섭게 몰아대는 것이다.

2006년에 이민자 반대 정책이 사회적 대세가 되어, 극우 정당만의 전유물로서의 지위가 흔들리게 된 일은 바로 이런 이유에서 중대 사건이다. 프랑스에서 독일까지, 오스트리아에서 네덜란드까지, 문화와 역사적 정체성에 대한 자부심이라는 새로운 분위기에 힘입어, 주요 정당들은 이민자들이 주인국의 문화적 가치에 적응해야만 하는 손님이라는 주장을 펼쳐도 이제는 비난받지 않으리라는 사실을 깨달았다. 한마디로, "여긴 우리나라잖소, 따르기 싫으면 떠나시오"인 셈이다.

오늘날 타인에 대한 자유주의적 관용의 태도, 타자성에 대한 존중과 개방적 태도는 괴롭힘에 대한 강박적 공포와 묘한 대조를 이룬다. 요컨대, 타자를 인정하지만, 이 타자의 존재가 우리를 침해하지 않는 한에서만, 그러니까 이 타자가 진정한 타자가 아닌 한에서만 그럴 수 있다는 것이다. 1장에서 예로 들었던 초콜릿 맛 변비약 광고의 역설적인 구조와 완전히 동형적이게도, 관용은 그 대립물과 일치한다. 그래서 사실상 타자에게 관용을 보일 의무가 있다는 것이 의미하는 바는, 그에게 지나치게 가까이 다가가서도 안 되며, 그의 생활 영역을 침범해서도 안 된다는 것이다. 다시 말해 나는 나의 지나친 접근에 대한 그의 불관용을 존중해야 한다. 후기 자본주의 사회에서는 점차 괴롭힘당하지 않을 권리가 중요한 인권으로 부상하고 있는데, 이는 타인과 안전거리를 유지할 권리이다.

게다가 탈정치적 생명정치에는 두 가지 측면이 있는데, 이 두 측면은 이데올로기적으로 서로 반대되는 것처럼 보일 수밖에 없다. 하나는 인간을 '벌거벗은 생명', 즉 호모 사케르Homo sacer로 환원해 버린다는 면이다. 이른바 신성한 존재라고 불리는 호모 사케르란, 전문 지식에 기초하여 관리되어야 할 대상이지만 관타나모의 수감자들이나 홀로코스트 희생자들처럼 모든 권리가 배제된 이들을 일컫는다. 그리고 다른 하나는 취약한 타자에 대한 존중을 극단화하는 것이다. 이와 같은 극단화는 자신을 취약하고, 수많은 잠재적 '괴롭힘'에 줄곧 노출된 존재로 느끼는 자기애적 주체성의 태도를 통해서 이루어진다. 타자가 취약하다는 것을 존중하는 것과 타자를 행정적 지식에 의해 규제되는 한갓 '벌거벗은 생명'으로 환원시키는 것처럼 뚜렷한 대조가 있을까? 그러나 이 두 가지 태도가 동일한 뿌리에서 나온 것이라면 어떤가? 또 만일 근본적으로 동일한 태도이되 동일한 사물의 서로 다른 두 측면이라고 한다면? 그리고 대립물의 일치라는 헤겔의 '무한판단'*에 딱 들어맞는 현대적 사례라면 어떤가? 이 두 극단적

---

* 헤겔의 무한판단: 지젝은 "정신은 뼈다"라는 명제처럼 주어와 술어가 완전히 단절되면서, 동시에 가장 높은 차원의 것과 가장 낮은 차원의 것이 등치되는 것을 헤겔식 '무한

관타나모 수감자들(2002) 미국이 운영하는 쿠바 관타나모 수용소에서 수감자들이 수갑을 차고 눈과 귀와 입도 가린 채 돌바닥에 무릎을 꿇은 상태로 감시받고 있다.

태도의 공통점은, 둘 다 고차원적인 대의를 근원적으로 부정하며, 우리 삶의 궁극적 목적을 생명 그 자체라고 생각한다는 점이다. 바로 이런 이유에서 취약한 타자를 존중한다는 것과 고문을 기꺼이 정당화하려는 태도는 전혀 모순되지 않는다. 고문을 기꺼이 정당화한다는 것은 개인을 호모 사케르로 취급하는 면모가 극단적으로 표출된 것이다.[2]

샘 해리스는 『신앙의 종말』에서 예외적인 경우에는 고문을 할 수 있다고 옹호했다(그러나 당연하게도 고문을 옹호하는 이들은 하나같이 예외적인 수단으로만 그것을 옹호한다. 배가 고파서 초코바 하나를 훔친 어린아이를 고문하자고 진지하게 주장하는 사람은 없다). 그가 고문을 옹호하는 근

─────────

판단'으로 본다. 이 판단은 '불합리'하지만 정신과 뼈라는 대립물의 일치를 보여 준다.

거는 이렇다. 우리는 우리 눈으로 직접 한 개인이 고문당하거나 고통받는 광경을 목격하는 것은 본능적으로 혐오하지만, 집단이 겪는 고통은 우리에게 그저 추상적으로 와닿을 뿐이다. 그러므로 어느 개인을 고문하는 것이 멀리 떨어진 곳에서 폭탄 투하를 승인하는 것보다 우리에게는 훨씬 더 힘든 일이다. 후자가 수많은 사람을 더 고통스런 죽음으로 몰고 가는데도 말이다.

그런 면에서 본다면 우리는 모두, 지각의 착각perceptual illusion과 비슷한 일종의 윤리적 착각에 사로잡혀 있는 셈이다. 우리가 이런 착각에 빠지는 근본적인 이유는, 추상적으로 추론하는 능력이 엄청나게 발전해 왔음에도 불구하고 우리의 정서적-윤리적 대응은 아주 오래된 본능적 반응에 길들여져서 고통받는 장면을 직접 목격하면 동정을 느끼게 되기 때문이다. 그런 까닭에, 우리 대부분은 버튼 하나를 눌러 눈에 보이지 않는 수천 명의 사람을 죽이는 일보다 총으로 누군가를 직접 겨냥해 쏘는 일에 대해 더 큰 거부감을 느끼는 것이다.

우리가 벌이고 있는 테러와의 전쟁에 대해 대부분의 사람들이 믿는 바를 고려해 보면, 특정 상황에서 고문을 하는 것은 그저 허용될 수 있는 정도의 일이 아니라 필요한 일처럼 보인다. 그럼에도, 윤리적인 견지에서 본다면 고문은 여전히 용인받지 못할 일인 듯하다. 내 생각에 이런 불일치의 이유는 전적으로 신경학적인 문제로, 마치 지평선 근처의 달이 하늘 높이 있을 때보다 더 크게 보이는 것과 동일한 착각 때문이다. … 우리는 지금 자를 꺼내어 하늘에 갖다 대봐야 할지도 모른다.[3]

해리스가 고문의 합법화에 대한 앨런 더쇼비츠의 주장을 인용하는 것은 당연하다.[4] 인간은 진화론적으로 그렇게 조건 지어진 탓에 타인의 고통이 생생하게 펼쳐지는 장면에 약해질 수밖에 없으며, 이런 취약성을 유예하는 방안으로 해리스는 이상적인 '진실의 알약'을 제안한다. 이것은 디카페인 커피나 다이어트 콜라와 같은 효능을 발휘하는, 효율적인 고문 도구이다.

> 고문의 도구이면서 동시에 고문이라는 사실 자체를 완전히 감출 수 있는 약. 이 알약은 일시적으로 마비와 끔찍한 고통을 일으킬 텐데, 그 고통이란 어떤 인간도 두 번 다시 겪고 싶지 않을 정도이다. 포로가 된 테러리스트들에게 이 알약을 먹인 후, 그들이 한 시간 정도 낮잠을 자는 것처럼 누워 있다가 일어나자마자 자기 조직에 대해 아는 모든 것을 즉시 털어놓는다면, 우리 고문자들은 기분이 어떨지 상상해 보라. 결국 이 약을 '진실의 알약'이라고 부르고 싶지 않을까?[5]

"고문의 도구이면서 동시에 고문이라는 사실 자체를 완전히 감출 수 있는 약"이라는 첫 문장부터, 초콜릿 맛 변비약 광고에 보였던 전형적인 포스트모던 논리가 등장한다. 말하자면 여기서 샘 해리스가 상상하는 고문은 디카페인 커피와 같다. 달갑지 않은 부작용을 겪어야 할 필요 없이 원하던 결과를 얻게 되는 것이다. KGB의 정신의학 기관으로 악명 높던 모스크바 세르브스키 연구소에서는 정말로 이런 약을 개발하여 반체제 인사들을 고문했다. 죄수의 심장에 약물을 주입하면 맥박이 느려지고 끔찍한 불안 증세가 일어났다. 겉에서 보기에 죄수는 그저 꾸벅꾸벅 졸고 있는 것 같지만, 사실은 악몽 같은 고통을 겪고 있었다.

그런데 9/11 사태에 초점을 맞추고 촘스키를 비판하는 대목에서 해리스는 자기가 세웠던 원칙에 반하는 주장을 한다. 촘스키의 요점은 정확히, 개별적으로 일어나는 인권 위반 사례들은 처벌하면서 누군지 알 수 없는 수천 명의 사람들이 죽어 가는 추상적인 사태에는 관용을 보이는 것이 위선이라는 점이었다. 키신저는 수만 명의 사람들을 죽음으로 몰아넣을 것을 알면서도 캄보디아에 융단 폭격을 명령했다. 그렇다면 그도 9/11 사태를 일으킨 자들보다 나을 게 없는 범죄자 아닌가? 그 점을 간과하는 건 우리가 '윤리적 착각'에 사로잡혀 있기 때문이 아닌가? 9/11 사태의 공포는 미디어를 통해 아주 상세히 방영되었으나, 반면 알 자지라 TV는 미군이 폭격한 팔루자의 상황을 방영했다고 비난받았으며, 테러리스트들과 공모했다고 비난받았다.

그러나 여기에는 훨씬 더 불온한 전망이 깔려 있다. 우리에게 동정을 유발하고 고문을 용인하지 못할 것이라 느끼게 하는 것은 (고문받는 주체와의) 근접성인데, 이 근접성은 피해자와의 단순한 물리적 근접성이 아니다. 가장 근본적인 차원에서 보자면 그것은 '이웃'에 대한 근접성이며, 이때 이웃이라는 말은 유대교와 기독교에서, 그리고 프로이트가 사용했던 모든 의미를 담은 '이웃'이다. 물리적으로 아무리 멀리 떨어져 있다 해도 그 정의상 항상 '너무 가까울' 수밖에 없는 이웃이라는 것에 대한 근접성 말이다. 해리스가 공상적인 '진실의 알약' 이야기를 통해 주장하는 것은 다름 아닌 이웃이라는 차원을 없애 버

미군의 이라크 팔루자 폭격(2004) 미군은 20여 일간 팔루자 지역의 민가와 이슬람 사원 등을 무차별 폭격하여 700여 명을 학살했다.

리는 것이다. 고문받는 주체는 더 이상 이웃이 아니라 고통받는다는 사실이 중화돼 버린 일개 대상으로 전락한다. 합리성을 갖춘 공리주의적 계산, 그러니까 더 많은 양의 고통을 막을 수 있다면 커다란 고통이라도 감내해야 한다는 식으로 계산되어야 할 어떤 속성으로 환원된다. 여기서 주체가 가진 무한의 심연은 사라진다. 따라서 고문을 옹호하는 책 제목이 『신앙의 종말』이란 점은 의미심장하다. "아시겠죠, 궁극적으로 우리에게 사람들을 고문하지 못하게 하는 건 오직 신에 대한 우리의 믿음, 네 이웃을 사랑하라는 신적 명령일 뿐입니다"라는 빤한 의미로서가 아니라, 훨씬 더 근본적인 의미에서 의미심장하다는 것이다. 라캉에게 있어 자신과는 다른 주체(궁극적으로는 주체 그 자체)

90

라는 것은 직접적으로 주어진 것이 아니다. 그것은 오히려 어떤 '가정', 즉 가정된 어떤 것이자 믿음의 대상이다. 내 눈앞에 보이는 것이 내면의 깊이 없는 단순한 생물학적 기계가 아니라 나와는 다른 주체라는 점을, 대체 어떻게 확신할 수 있겠는가?

이웃이라는 사물

따라서 이 가정된 주체는 개인적 이야기로 가득한 풍부한 내면의 삶을 지닌 또 다른 인간이 아니다. 개인적 이야기들은 자기 서사를 통해 의미 있는 삶의 경험을 얻을 수 있게 해 주는데, 그런 풍부한 내면을 지닌 사람은 결국 적이 될 수 없기 때문이다. "적이란, 그의 이야기를 당신이 들은 적 없는 사람이다."[6] 문학에서 이 명제를 가장 잘 보여 주는 예가 메리 셸리의 『프랑켄슈타인』이다. 셸리는 보수주의자라면 결코 하지 않았을 만한 일을 했다. 책의 중심 부분에서 괴물로 하여금 자기 이야기를 하도록, 자기 관점에서 본 이야기를 들려주도록 한 것이다. 셸리의 이런 선택에서는 언론의 자유에 대한 자유주의적 태도가 가장 급진적인 형태로 드러난다. 즉 모든 이들의 입장을 반드시 들어 봐야 한다는 태도다. 『프랑켄슈타인』에서 괴물은 '사물', 즉 누구도 감히 대면하지 못하는 끔찍한 대상이 아니다. 괴물은 완전히 주체화된다. 작가 메리 셸리가 그의 마음속으로 들어가서, 사회에 의해 낙인찍히고, 타인에 의해 정의되고, 억압받고, 추방당하고, 심지어 육체적으로 왜곡되기까지 하는 기분이 어떤지를 묻는다. 그리하여 궁극적 범죄자가 스스로를 궁극적인 희생자라고 드러내 보일 수 있는 기회를 얻는다. 무시무시한 살인자가 드러내 보인 제 모습은 깊은 상처를 받고 절망에 빠진, 벗과 연인을 간절하게 열망하는 개인이다.

그러나 이런 과정에는 분명한 한계가 있다. 같은 논리로 히틀러가 적인 것은 그의 이야기를 들어 준 사람이 아무도 없었기 때문이라고 자신 있게 단언할 수 있는 이가 있을까? 미국 시사주간지 〈뉴요커〉의 편집장, 데이비드 렘닉이 쓴 『레닌의 무덤』에는 렘닉이 1988년 모스크바를 방문했을 때 라자르 카가노비치를 만나려 시도했던 경험이 나온다. 카가노비치는 스탈린의 측근 중 살아 있던 마지막 인물로, 1929-33년의 집산화 계획을 주관했으며 막대한 파괴를 자행하고 고통을 가한 장본인이다. 이제 90세도 넘은 그는 외진 아파트에서 은둔 생활을 하고 있었다. 렘닉은 진정으로 사악한 사람을 보게 되리라는 생각에 흥분했었다.

카가노비치는 아직도 믿고 있을까? 나는 알고 싶었다. 그가 약간의 죄책감이라도, 약간의 수치심이라도 느낄까? 그리고 현재의 서기장인 고르바초프에 대해 그는 어떻게 생각할까? 하지만 정말로 중요한 건 그런 게 아니었다. 내가 가장 원하던 것은 카가노비치와 같은 방에 앉아서, 사악한 사람은 어떻게 생겼는지를 보고, 그가 무슨 일을 하는지, 그리고 그가 어떤 책들을 가까이 두는지 확인하는 것이었다.[7]

렘닉이 정말 카가노비치를 만났다면, 그가 만났을 카가노비치는 십중팔구 꿈속에 갇힌 쇠약하고 선량한 노인의 모습이었을 것이다.

카가노비치(1893-1991)와 스탈린(1879-1953)

스탈린의 딸 스베틀라나 스탈린은 1960년대에 인도를 거쳐 미국으로 이민을 갔으며, 회고록을 집필했다. 회고록에서 그녀는, '안에서 바라본' 스탈린이 다정한 아버지이며 배려심이 많은 지도자라고, 스탈린이 그 책임을 뒤집어쓴 대량학살 중 대부분은 사악한 협력자들, 특히 라브렌티 베리야가 씌운 혐의라고 썼다. 몇십 년 뒤, 베리야의 아들 세르고 베리야도 회고록을 썼는데, 그 내용에 따르면 자신의 아버지는 다정하고 가정적인 사람이었으며 단지 스탈린의 명령만을 따랐을 뿐이었고, 오히려 피해를 줄이기 위해 남몰래 애썼다는 것이었다. 게오르기 말렌코프의 아들 안드레이 역시 자기 이야기를 한다. 스탈린의 후계자인 자기 아버지는 정직하고 성실한 사람으로, 항상 생명의 위협을 느꼈다고 말이다. 한나 아렌트의 말이 옳았다. 이들은 바이런이 말한 숭고한 악마적 악의 화신이 아니다. 그들의 개인적 경험과 그들이 저지른 무시무시한 행동 사이에 막대한 간극이 있으니 말이다. 우리의 내면의 삶에 대한 우리의 경험, 우리의 행동을 설명하기 위해 우리가 스스로에게 들려주는 우리 자신에 대한 이야기는 근본적으로 거짓말이다. 진실은 외부에, 우리가 하는 행동 속에 있다.[8]

똑같은 사람이 어떻게 적들을 향해서는 끔찍한 폭력 행위를 저지르면서 자기 집단에 속한 이들에게는 따뜻한 인간애와 친절을 베풀 수 있는가. 이는 순진한 윤리 의식을 지닌 이가 언제나 놀라워하는 문제다. 무고한 민간인들을 살육한 군인이 자기 부대를 위해서는 기꺼이 목숨을 바칠 준비가 되어 있다는 것은 이상하지 않은가? 인질들을 쏘라는 명령을 내린 사령관이, 바로 그날 밤 자기 가족에게 진심 어린 사랑으로 가득한 편지를 쓰는 것은 또 어떤가? 윤리적 고려를 좁은 반경으로 한정 짓는 것은, 우리가 모두 기초적인 희망·공포·고통의 감정을 공유하고 있으며, 따라서 우리가 모두 존경과 위엄의 태도를 요구할 수 있는 인간이라는, 자연스럽게 우러나오는 통찰에 반하는 것처럼 보인다. 그렇기에 자신의 윤리적 고려의 범위를 제한하는 이들은 깊은 모순, 심지어 '위선'에까지 빠진다. 하버마스의 용어를 빌어 표현하자면, 그들은 화용적 모순pragmatic contradiction에 휘말린다. 자기 자신이 속한 언어 집단을 지탱하는 윤리적 규범들을 위반하기 때문이다. 우리 공동체의 내부에 속한 사람들에게 부여하는 기초적인 윤리적 권리를 그 외부에 속한 사람들에게는 부여하지 않는 것은 인간이 자연스럽게 받아들일 수 있는 것이 아니다. 그것은 인간이라면 누구나 가지고 있는 윤리적 기질에 반하는 것이며, 인정

사정없는 억압과 자기 부정을 겪어야 한다.

공산주의가 몰락한 후, 동독의 온건파 반체제 작가 슈테판 헤름린은 1950년대에 스탈린을 찬양하는 글과 시를 썼다고 비난받았다. 그러자 헤름린은 격분하여, 당시 유럽에서 스탈린이라는 이름은 단지 자유와 정의의 고취를 의미했으며, 소련에서 '아무도 모르게' 일어났던 끔찍한 일들과는 아무런 관련이 없었다고 답했다. 물론 이런 변명은 말만 번지르르할 뿐이다. 스탈린 시대의 폭력에 대한 진실을 다 알아야만 스탈린주의가 뭔가 끔찍할 정도로 잘못되었다는 의심을 품을 수 있는 것은 아니니까. 공개 재판이며 정적을 공격했던 공식 기록, 스탈린을 비롯하여 여타 지도자들에게 바쳐진 공식 찬양문 등, 공개된 자료만 읽어 봤어도 충분했을 것이다. 그저 관찰자에 불과한 서구 공산주의자들의 태도가 진정으로 놀라운 위선인 것은 바로 이런 이유에서다. 그들은 스탈린 시대의 수많은 기소 사건에서 기소당한 자들의 심리를 진실이라고 받아들인다. 1938년 발터 벤야민에게 쓴 편지에서, 테오도르 아도르노는 뉴욕에서 좌파 작곡가 한스 아이슬러와 나누었던 대화를 다음과 같이 적었다.

> 그가 모스크바에서 일어난 재판에 대해 설득력 없이 옹호하는 것을 들으며 나는 적지 않은 인내심을 발휘했고, 그가 부하린의 살해에 대해 농담을 지껄였을 때에는 심한 혐오감을 느꼈네. 그의 말로는 모스크바에서 부하린을 알았다고 하는데, 부하린은 그때 벌써 심한 양심의 가책을 느껴 그의 눈을 똑바로 쳐다보지도 못했다고 하더군.[9]

우리는 여기서 아이슬러의 심리적인 맹목이 비틀거리고 있음을 볼수 있다. 부하린은 자신이 감시당하고 있으며 머지않아 체포될 것을알고 있는 상태에서 외국인과 접촉하게 되어 두려워했는데, 아이슬러는 부하린의 공포를 잘못 해석하여, 그가 자신이 고발당한 범죄들에 대해 내면적 죄책감을 느낀 것이라 받아들였다. 이런 반응을, 그리고 서구의 많은 이들이 정점에 달한 스탈린주의의 문화적 산물들이 진정한 도덕성을 진정으로 표출하는 작품이며 따스한 휴머니즘과인간에 대한 믿음을 발산한다고 받아들였던 사실을 어떻게 이해해야할까?(서구에서 마르크 돈스코이의 영화 〈고리키 3부작〉(1941)을 어떻게 받아들였는지 기억해 보라) 그렇다고 스탈린 시대 소련에서 자행된 무서운일들을 순진하게 받아들인 서양 공산주의 동조자들을 비난하는 데만그쳐서는 안 될 듯하다. 오히려 우리는 더 들뢰즈적인 개념, 즉 교차하며 전혀 다른 의미들을 생성해 내는 우연적 계열contingent series이라는 개념으로 나아가야 할 듯하다. 이는 마치 어느 공상 과학 소설의 이야기와도 같다. 성경에서는 신의 뜻이라고 간주되는 어떤 폭발에 대해 과학자들이 밝혀내 보니 사실은 끔찍한 재난이 일어나 과거 번영했던 외계 문명을 파괴한 흔적이었다는 내용이다. 다시 말해,받아들이기 어려운 점은 바로 〈고리키 3부작〉이 공포의 시대에 탄생했으나 그렇다고 해서 그 작품이 서구 혹은 심지어 러시아의 관객들에게 미친 영향의 진정성은 전혀 훼손되지 않는다는 점이다.

2001년 9월 11일 유나이티드 항공 93편을 비롯하여 다른 세 대의비행기가 납치당했다. 그때, 승객들은 곧 죽게 되리라는 것을 알고가장 가까운 친지들에게 전화를 걸었다. 그 전화 통화의 주된 내용이

"사랑해"였다는 점은 의미심장하다. 마틴 에이미스는 여기에서, 사도 바울에 따르면 궁극적으로 가장 중요한 것은 사랑이라는 점을 강조했다. "사랑이란 하나의 추상명사이며 흐릿한 것이다. 그러나 세상이 거꾸로 뒤집히고 화면이 먹통이 되는 순간, 우리에게 남아 있는 유일하게 견고한 부분은 바로 사랑임이 드러난다."[10] 그러나 이런 관점에는 의심의 여지가 남는다. 이 절박한 사랑 고백은 한편 가식적인 것, 그러니까 갑작스런 위험에 마주하거나 죽음에 가까이 갔을 때에야 갑자기 신을 찾으며 기도하는 거짓된 태도와 같은 것 아닌가? 진정한 회심이 아니라 공포에서 나온 위선적이고 기회주의적인 행동 아닌가? 왜 그토록 절망적인 순간에 우리가 하는 행동은 더욱 진실된 것이어야 하는가? 오히려 그런 순간 우리는 생존 본능에 이끌려 우리의 욕망을 배반하지 않는가? 이런 의미에서 볼 때, 임종 자리에서 개종하거나 사랑을 고백하는 행동은 욕망의 희생이다. 수많은 회고록을 통해 알 수 있듯, 스탈린 시대의 공개 재판에서 유죄 판결을 받은 사람들 대부분은 총살 집행대 앞에 섰을 때 자신은 결백하며 스탈린을 사랑한다고 고백했다. 대타자*의 눈에 비친 자신의 이미지를 만회해 보려는 노력에서 나온 애처로운 행동이었다. 같은 맥락에서 로젠버그 부부의 내심이 담긴 편지는 충격을 금치 못하게 하는 것이었다. 그 편지에서 에셀 로젠버그와 줄리어스 로젠버그는 모두 FBI 음모의 희생자라고 하며 결백한 척 연기하면서 소련 스파이 혐의를 부인했었다. 하지만 그들을 옹호했던 사람들을 당혹케 하는 일이 벌어졌다.

---

* 대타자big Other: 주체의 존재와 행동을 보증해 주는 것으로 가정되는 어떤 것을 가리킨다. 가장 대표적인 대타자의 형상은 '아버지', '신', '이념', '역사' 등이다.

1953년 미국에서 간첩 행위로 사형당한 로젠버그 부부

최근 그들 중 최소한 줄리어스 로젠버그는 스파이였음이 문서상 증거를 통해 밝혀진 것이다(실제 기소된 혐의보다는 하급 스파이이긴 했지만 말이다). 이상한 일은, 지금도 그들의 내면이 담긴 글을 읽다 보면 줄리어스 로젠버그가 정말로 스파이였다는 것을 알고 있는데도 그 글이 전적으로 진실하다는 인상을 떨쳐 버릴 수 없다는 점이다. 그 글 속에서는 마치 로젠버그 자신도 스스로가 결백하다고 확신했던 것 같다. 정말로 소련을 믿었다면, 왜 그는 소련을 위한 스파이 활동을 하면서 그것을 자랑스레 여기지 않았을까? 이런 생각을 하면 사건은 한층 더 이상하게 여겨진다.(말이 난 김에 얘기지만, 우리는 여기서 진정한 윤리적 행위란 무엇이었는지 생각하게 된다. 어떤 아내가 죽기 전 마지막 순간에 남편에게 전화를 걸어 이렇게 말한다고 상상해 보라. "그냥 이 말 하려고 전화했어, 우리의 결혼 생활은 다 거짓이었고, 나는 당신 꼴도 보기 싫다고…")

냉전 시대가 낳은 비극의 또 다른 예들은 서구 좌파들에게서 찾을 수 있다. 병적인 반공산주의 분위기가 자기 나라를 휩쓸었을 때 그들은 용감하게, 그리고 진심을 다해 거기에 맞섰다. 소련을 옹호하고 공산주의에 대한 신념을 위해서라면 그들은 감옥에라도 갈 수 있었다. 그들의 주체적인 자세가 비극적일 정도로 숭고한 이유는 바로 그들이 지녔던 믿음이 본질적으로 착각에 의한 것이었기 때문 아닌가? 스탈린 치하 소련의 비참한 현실 때문에 그들의 내적인 신념은 무너지기 쉬운 아름다움을 가지고 있다. 우리는 이로 인해 급진적이면서도 뜻밖의 결론에 도달한다. 즉, 여기서 문제되는 것은 서구 좌파들이 안타깝게도 윤리적으로 엉뚱한 신념을 가지고 있었다거나, 맹목적인 믿음으로 인해 현실이라는 것이 윤리적 판단 기준이 되어야 하는데도 비참하고 끔찍한 현실과 마주치지 않고자 했다는 사실만이 아니다. 그 정반대로, 바로 그런 맹목적 태도가, 보이는 것을 보지 않으려 하는 격렬한 배제의 제스처가, 현실에 대한 부정이, 그리고 "소련의 상황이 끔찍하다는 것은 잘 알지만, 그럼에도 나는 여전히 소비에트 사회주의를 믿는다"는 물신주의적fetishist 태도가 모든 윤리적 자세의 핵심적 구성 요소라면 어떤가?

칸트는 이미 이 역설을 잘 알고 있었다. 『학부들의 논쟁』(1795)에서 칸트가 프랑스 혁명에 대한 열광을 어떻게 바라봐야 하는지를 펼쳐 보이는 대목에 그 사실이 잘 드러난다. 프랑스 혁명의 진정한 의의는 무시무시하고 살기로 가득 찬 열정이 파리에서 실제로 분출됐다는 데 있는 것이 아니다. 오히려 그 의의는 파리에서 일어난 일련의 사태를 공감의 시선으로 바라보던 유럽 전역의 사람들에게 불러일으킨 열정적 반응에 있다.

영혼이 충만한 사람들이 최근에 혁명을 일으켰다. 이 혁명이 실패하
든 성공하든, 비참하고 잔혹한 사태는 늘어갈 것이다. 그럼에도 불구
하고 그것은 모든 구경꾼들(혁명에 휘말리지 않은 자들)로 하여금 그
들의 가슴 속에 있는 열정이라고 할 수 있는 욕망에 따라 편을 들도록
하였다. 그런데 이 편들기를 밖으로 표현한다는 것은 그 자체가 위험
한 것이기 때문에 이는 인간이 가지고 있는 도덕적 기질에 의해서만
촉발될 수 있는 것이다.[11]

이 말을 라캉의 언어로 풀어 보면 이렇다. 실제 사건, 즉 실재계의
차원 그 자체는 파리에서 벌어진 폭력적 사태라는 직접적 현실 속에
있지 않다. 실재의 차원은 오히려 이 현실이 구경꾼들에게 어떻게 비
쳤는지에 있고, 혁명을 통해 눈뜨게 된 희망 속에 있는 것이다. 파리
에서 벌어진 일들의 구체적 현실은 경험적 역사의 시간적 차원에 속하
지만, 열광을 불러일으킨 혁명의 숭고한 이미지는 영원에 속한다….

조금만 수정하면 이는 소련을 찬양한 서구 좌파들에게도 동일하게
적용할 수 있다. 소련은 '일국 사회주의 건설의 경험'을 했는데, 확실
히 '비참하고 잔혹한 사태는 늘어났다.' 그럼에도 불구하고 소련은
구경꾼들(소비에트 체제에 속하지 않은 이들)의 가슴 속에 열광을 불러일
으켰다…. 문제는 여기에 있다. 정말 모든 윤리가 이런 물신주의적
부인fetishist disavowal이라는 제스처에 의존해야만 하는 것인가? 가장
보편적인 윤리마저도 한계를 설정할 수밖에 없고, 어떤 종류의 고통

은 묵인할 수밖에 없지 않은가? 가령 우리의 식량이 되기 위해 도살당하는 동물들은 어떤가? 공장식 농장에 가서 돼지들이 반쯤 눈멀고 제대로 걷지도 못하는 상태로 오로지 도살을 위해 살찌워지는 광경을 보고 난 뒤에도 계속 돼지고기를 먹을 수 있는 사람이 우리 중에 과연 있을까? 그리고 우리가 알고는 있으나 묵인하는 편을 택한, 고문받고 고통당하는 수많은 사람들은 어떤가? 하루에도 수천 번씩 세계 곳곳에서 일어나는 상황을 스너프 영화*를 통해 지켜보아야만 한다고 상상해 보라. 눈알을 뽑고 고환을 으스러뜨리는 등의 무자비한 고문 행위들, 그 목록은 차마 자세히 열거할 수 없을 정도다. 그 장면을 본 사람이 평소와 같은 생활을 계속할 수 있을까? 그렇다, 하지만 이는 자신이 목격한 장면을 어떻게든 망각할 수 있었을 때만 가능하다. 그것이 가지는 상징적 효력을 유예하는 행동을 통해 말이다. 이렇게 자신이 본 것을 망각하고자 하는 데서 물신주의적 부인이라는 제스처가 나온다. "나는 안다, 하지만 내가 안다는 것을 알고 싶지 않다, 그러므로 나는 알지 못한다." 나는 알지만, 그것을 알게 됨으로써 따라오는 당연한 결과들을 완전히 떠맡기를 거부한다. 그래야만 마치 모르는 것처럼 계속 행동할 수 있으니까.

모든 윤리가 물신주의적 부인이라는 이런 제스처에 충분히 의존할 수 있다는 사실이 명확해지기 시작한다. 모든 생명체와의 연대를 강조하는 불교 윤리 역시, 겉보기에는 명백한 예외 같지만, 여기서 벗어나지 않는다. 사실 불교에서 제안하는 해결책은 모든 것에 대한 보

---

* 스너프 영화snuff movie: 폭력·강간·살인 등의 장면을 연기가 아닌 실제 상황 그대로 필름에 담은 영화.

편적인 무관심, 즉 지나친 감정이입에서 벗어나는 법을 배우는 과정이다. 이런 이유에서 불교는 매우 손쉽게 보편적인 동정의 정반대 자세로 돌아서 무자비한 군사적 정복을 옹호할 수 있다. 선불교의 운명은 이를 입증하는 적절한 사례다.

이와 같은 사실에 놀라는 것은 적절한 철학적 태도라 할 수 없다. 특정한 윤리적 태도에서 모든 결론을 끌어내지 못하는 실패처럼, 불일치처럼 보이는 것이 바로 그 윤리를 가능케 하는 긍정적 조건이라면 어떤가? 그리고 우리의 윤리적 고려의 범위 안에서 어떤 형태의 타자성을 배제해 버리는 것이 윤리적 보편성을 정초하는 표현 그 자체와 일치하는 것이라면 어떤가? 그리하여 보편성을 겉으로 명백히 내세우는 윤리일수록 근원적으로는 더 난폭하게 타자를 배제하고 있다면? 가령 기독교 윤리를 생각해 보라. "너희는 유대인이나 헬라인이나 남자나 여자나 다 그리스도 예수 안에서 하나이니라"는 성 바울의 유명한 말처럼 기독교 윤리는 전 인류를 포용한다는 자세를 취하지만, 그럼으로써 동시에 기독교 공동체 안에 포함되려 하지 않는 이들을 철저하게 배제한다. 다른 '배타적' 종교들에는 그나마 타인들이 설 자리가 있다. 심지어 드러내 놓고 전 지구적 팽창주의적 태도를 보이고 있기는 하지만, 이슬람교에도 타인에 대한 배려는 있다. 그런 종교에서는 속으로는 타인을 자만에 가득 찬 태도로 바라볼지라도 적어도 타인의 존재에 관용을 보이기는 한다. 그러나 "모든 인간은 형제"라는 기독교의 금언은 동시에 형제애를 받아들이지 않은 자는 인간이 아니라는 의미이기도 하다. 이란 혁명 초기에 호메이니는 이와 똑같은 역설을 보여 준 적이 있다. 서양 언론과의 어느 인터뷰 자리에서 그는 이란 혁명이 역사적으로 가장 인간적인 혁명이었다고 주장했다. 혁명가들의 손에 죽은 사람이 단 한 명도 없었다고 말이다. 기자는 깜짝 놀라 언론을 통해 보도된 사형 건에 대해 질문했다. 그러자 호메이니는 태연하게 답했다. "우리가 죽인 것은 사람이 아니라 범죄자 개새끼들이었소!"

기독교도들은 늘 자신들이 '선택받은 민족'이라는 유대인의 배타적 신앙관을 극복하고 전 인류를 포용했다고 자화자찬한다. 그런데 여기에 함정이 있다. 유대인들은 자신들을 신과의 직접 연결이라는 특별한 은혜를 받은 선민選民이라 여기면서, 사신邪神을 숭배하는 다른 민족도 인간이긴 하다고 인정한다. 반면 기독교가 가진 보편주의의 편향적 태도는 비기독교도를 인류의 보편성 그 자체로부터 배제해 버린다.

그렇다면 이와 정반대의 제스처는 어떤가. 프랑스 철학자 에마뉘엘 레비나스처럼, 보편성의 기초가 되는 동일성을 추구하는 대신, 타자성을 존중하자는 입장을 취하는 것은? 레비나스에게 이웃이란 우리의 무조건적인 존중을 받을 자격이 있는, 전혀 헤아릴 수 없는 타자이다.[12] 그런데 페터 슬로터다이크가 지적했듯 레비나스의 이웃 개념에는 이면이 있으며, 그 이면은 앞서 말했던 것보다 훨씬 더 위험하다. 그러니까 이 헤아릴 수 없는 타자는 적이되, 더 이상 '존경받는 적'이 될 수 없는 절대적 타자다. 그런데 이들은 우리로서는 매우 낯선 사고방식을 가진 사람들이다. 따라서 삶이라는 전쟁터에서 이들과 진정한 의미의 대면을 한다는 것은 불가능하다.* 물론 레비나스가

* 레비나스는 전쟁과 서양철학의 전통 사이에 깊은 상관관계가 있다고 생각했다. 전쟁이

에마뉘엘 레비나스(1906-1995)

여기까지 염두에 두었던 건 아니지만, 이웃 개념은 매우 모호하고 정신적 충격이라는 상흔을 남기는 성격이 있기 때문에, 타자에 대한 레비나스의 개념은 전혀 다른 방식으로 이해될 여지가 충분하다. 칸트의 윤리학이 '악마적인 악diabolical evil'이라는 개념의 초석이 된 것과 완전히 똑같이 말이다. 끔찍한 소리로 들리겠지만, 타자를 타자성의 심연으로 간주하며 거기서 윤리적 명령이 나온다고 보는 레비나스의 타자 개념과, 유대인을 인간 이하의 존재인 타자-적으로 보았던 나치의 시선이, 결국 같은 뿌리에서 나온 것이란 얘기다.

프로이트와 라캉은 유대교와 기독교의 기본 가르침인 "네 이웃을 사랑하라"는 명령에는 본성적으로 문제적인 데가 있다고 주장한다. 그들은 보편성이라는 개념이 모두 우리들의 특정한 가치로 윤색돼 있으며, 따라서 암암리에 어떤 것들이 배제된다는, 단순히 비평적이고 이데올로기적인 주장을 하는 것이 아니다. 프로이트와 라캉이 강조한 것은 이웃과 보편성이라는 특징 그 자체가 양립 불가능하다는 점이다. 정확하게 말하자면 이웃이 가진 비인간적 특징으로 인해 이웃은 보편성과 어울리지 않는 것이다. 바로 이런 이유에서, 누군가의

모든 사람들을 복종시켜 복종하지 않는 자들을 무참히 제거해 버리는 것과 마찬가지로 서양철학의 전통은 전체성의 이념에 지배되는 것이었다고 생각했기 때문이다.

사랑을 받는 입장에 선다는 것은 매우 폭력적인 것이며, 심지어 상처를 받는 것이기도 하다. 사랑을 받음으로써 나는 확정적인 존재로서의 나, 그리고 내 안에서 사랑을 유발한 그 깊이를 헤아릴 수 없는 X 사이의 간극을 직접 느끼게 된다. 라캉은 사랑에 대해 "사랑이란 갖고 있지 않은 것을 주는 것"이라고 정의했는데, 이 말에는 "… 원치 않는 이에게"라는 구절을 덧붙여야 한다. 예이츠의 유명한 시구가 너무나도 밀실 공포적인 상황을 묘사하고 있다는 사실을 과연 우리는 알고 있는 걸까?

> 내게 금빛과 은빛으로 만든
> 하늘의 천이 있다면
> 어둠과 빛과 어스름으로 수놓은
> 파랗고 희뿌옇고 검은 천이 있다면
> 그 천을 그대 발밑에 깔아드리련만,
> 나는 가난하여 가진 것이 꿈뿐이라
> 내 꿈을 그대 발밑에 깔았습니다.
> 사뿐히 밟으소서, 그대 밟는 것 내 꿈이오니*

한 마디로, 프랑스 철학자 질 들뢰즈의 말처럼 "만약 당신이 타인의 꿈속에 갇힌다면, 끝장이다!"인 셈이다. 닐 게이먼의 그래픽 노블**『샌드맨』의 다음 대목도 사랑의 이런 속성을 잘 드러낸다.

---

* 예이츠의 시 〈하늘의 옷감 The Cloths of Heaven〉.
** 그래픽 노블 graphic novel: 만화책의 한 형태. 스토리라인이 소설만큼 길고 복잡하다.

사랑에 빠져 본 적 있나요? 끔찍하지 않나요? 사랑은 당신을 상처받기 쉬운 상태로 만들죠, 사랑은 당신의 가슴을 열고 마음을 열어 놓지요. 그건 누군가가 당신 안으로 들어와 당신을 혼란에 빠뜨린다는 의미입니다. 당신은 어떤 것도 당신을 해칠 수 없도록 온갖 방어막을 두르고, 갑옷으로 단단히 무장하지요. 그러고는 어떤 바보 같은 사람이, 다른 어떤 바보 같은 사람과도 다를 바 없는 사람이 당신의 바보 같은 삶 속으로 헤매며 들어옵니다. … 당신은 그에게 당신의 일부를 내줍니다. 그가 원하지 않았는데도 말이죠. 그는 어느 날 당신에게 키스를 한다거나 미소를 지어 준다거나 하는 아무것도 아닌 행동을 했을 뿐인데, 그때부터 당신의 삶은 더 이상 당신의 것이 아니게 됩니다. 사랑은 인질을 필요로 합니다. 사랑은 당신 안으로 들어와 당신을 좀먹고 당신을 어둠 속에서 울게 합니다. 그래서 "아마 우리는 친구로 남아야 할지도 몰라"라는 간단한 말은 유리 파편이 되어 당신의 심장에 파고듭니다. 사랑은 아프게 합니다. 그저 상상 속에서 느끼는 아픔이 아닙니다. 그저 마음이 아픈 것도 아니지요. 사랑은 영혼에 상처를 내고, 당신 안으로 파고들어 당신을 고통 속에 찢어 내 버립니다. 나는 사랑이 싫습니다.[13]

소련의 영화감독 안드레이 타르코프스키는 말년에 스톡홀름에 살면서 영화 〈희생〉을 연출했다. 그가 일하던 작업실은 당시 스톡홀름에 살고 있던 잉마르 베리만의 작업실과 같은 건물에 있었다. 두 감독은 서로를 진심으로 존경하고 높이 샀지만, 한 번도 만나지 않았으며, 오히려 조심스레 서로를 피해 다녔다. 마치 직접 만나게 되면 그 대면이 너무나 고통스러워지고, 두 사람이 같은 분야에 속한다는 바로

안드레이 타르코프스키(1932-1986)　　　　잉마르 베리만(1918-2007)

그 사실 때문에 둘의 만남은 운명적으로 실패로 돌아가기라도 할 것처럼 말이다. 두 감독은 각자의 신중한 행동 규범code of discretion을 만들고 그것을 존중했던 것이다.

언어의 폭력

그렇다면 오늘날 우리는 왜 욕망의 주체로서의 타자와 지나치게 가까워지는 것을 이처럼 두려워하는 것인가? 커피에서 카페인을 제거하듯이 왜 타자에게서 그들이 가진 주이상스*라는 본질을 빼앗으려 하는가? 내가 생각하기에는, 타자와 적절한 거리를 둘 수 있도록

---

* 주이상스Jouissance: 쾌락이 고통을 줄이고 쾌감은 늘리려고 하는 쾌락원칙을 따르는 반면에, 주이상스는 고통마저도 감수하는, 혹은 고통 속에서 느끼는 쾌감을 가리킨다. 따라서 주이상스는 쾌락원칙을 넘어서는 즐김이다.

막아 주던 상징적 방어벽이 붕괴되었기 때문에 그에 대한 반작용으로 이런 현상이 생긴 것 같다. 지나친 자기 고백이 정치적 올바름에 입각한, 그리하여 타자를 멀리하게 하는, 괴롭힘에 대한 두려움과 충돌하는 우리 문화에서, 고어 비달은 우리 문화에 부족한 이런 태도를 아주 잘 표현한 바 있다. 어느 저속하고 거슬리는 기자가 비달에게 첫 섹스의 상대가 남자였는지 여자였는지를 단도직입적으로 물었을 때, 비달은 완벽한 대답을 했다. "나는 워낙 예의 바른 사람이라 그런 걸 물어보진 못했소."

정중함이라는 방어벽의 붕괴가 가장 뚜렷이 드러나는 것은 서로 다른 문화들이 충돌할 때이다. 2005년 가을, 서구 사회는 폭력의 분출에 사로잡혔고, 이 폭력은 흘러넘쳐 글자 그대로 문명의 충돌을 불러일으킬 것만 같았다. 발행 부수도 적은 덴마크의 일간지 〈윌란스-포스텐*Jyllands-Posten*〉에 예언자 무함마드에 대한 풍자 만평이 실렸는데, 아랍 국가들에서 이를 비난하는 시위가 광범위하게 벌어졌던 것이다. 첫 번째로 주목할 만한 점은, 너무도 명백한 사실이라 다들 간과하고 있는데, 그 만평을 불쾌하게 여기고 시위에 나선 수많은 이들 중 거의 대부분은 그 만화를 직접 본 것이 결코 아니라는 것이다. 이로써 우리는 세계화의 또 다른, 별로 달갑지 않은 측면과 마주치게 된다. 덴마크의 한 무명 일간지에 실린 기사 때문에 머나먼 곳의 무슬림 국가들에서 폭력적인 동요가 일어나게 된 건 '정보화된 지구촌' 덕분이라고 할 수 있다. 마치 덴마크와 시리아·파키스탄·이집트·이라크·레바논·인도네시아가 정말로 이웃 나라들인 것처럼 말이다. 세계화를 통해 지구 전체가 하나의 의사소통 공간이 될 수 있는 기회가 생긴다고, 전 인류가 하나가 된다고 보는 이들은 종종 거기에 이런 부정적인 면이 있음을 간과하곤 한다. 오래전 프로이트가 이미 간파한 바와 같이, 이웃이란 본래 하나의 사물이고, 충격을 일으키는 침입자이며, 우리와 생활 방식(즉 저 나름의 사회적 관행과 의례 속에서 구체화된 주이상스)이 달라서, 우리를 불안케 하고, 삶의 균형을 깨뜨리는 자다. 그렇기 때문에, 이웃이 너무 가까워질 경우 우리는 이 거슬리는 침입자를 없애기 위해 공격적으로 반응할 수도 있다. 페터 슬로터다이크는 "더 많은 의사소통이란, 무엇보다도 우선 더 많은 갈등을 뜻한다"[14]고 했다. 그런 이유에서, '서로를 이해하기'라는 태도에 더해 '서로 비켜서기'라는 태도를 지녀야 한다는 그의 주장은 옳다. 적절한 간격을 유지하고, 새롭게 '신중한 행동 규범'을 도입함으로써 서로를 방해하지 않는다는 것이다.

유럽 문명이 다양한 생활 방식을 보다 쉽게 용인하는 것은 사회적 삶의 소외 때문인데, 이 소외는 비평가들이 유럽 문명의 약점이자 실패라고 비난해 왔던 요소다. 소외의 여러 의미 중 하나는 일상적 삶이라는 사회적 직물이 거리감으로 짜여 있다는 것이다. 내가 남들과 나란히 함께 살아가더라도, 평소에는 그들을 신경 쓰지 않는다. 나는 타인들에게 지나치게 가까이 다가가서는 안 된다. 사회적 공간에서 나는 외부적으로는 '기계적인' 규칙을 지키면서 타인들과 소통하지만, 타인과 내면을 공유하지는 않는다. 여기서 배울 점은, 때로는 어느 정도의 소외가 평화로운 공존을 위해 필수불가결하다는 점이다. 가끔은 소외가 문제가 아니라 해결책이 될 때도 있다.

무슬림 군중들은 무함마드를 그린 만평 그 자체에 반발한 것이 아니다. 그들은 그 만평의 뒤에 도사리고 있는 태도에서 서구가 가진 복합적인 모습, 혹은 복합적인 이미지를 알아차렸는데, 그들의 반발은 바로 이 복합적인 이미지에 대한 것이었다. 에드워드 사이드의 '오리엔탈리즘'이라는 용어에 대응하여 '옥시덴탈리즘'이라는 용어를 제안하는 이들이 있는데, 어느 정도까지는 옳은 주장이다. 무슬림 국가에서는 특정한 이데올로기적 시각으로 서구를 바라본다. 그리고 이런 시각은, 방식은 다르지만, 오리엔탈리즘의 시각이 동양을 왜곡하는 만큼이나 서양의 현실을 왜곡한다. 서구의 제국주의, 무신론적 유물론, 향락주의, 팔레스타인인들의 고난 등, 복잡하게 얽힌 상징과 이미지와 태도들이 폭력이라는 형태로 분출돼 나온 것이었으며, 덴마크의 만평에는 이 모든 것이 결부되어 있었다. 증오의 물결이 만평에서 시작되어 덴마크라는 나라 전체로, 스칸디나비아반도로, 유럽으로, 결국은 서구 전체로 확산되어 나간 것은 바로 이런 이유에서다. 만평 안에는 굴욕과 좌절의 급류가 응축돼 있었던 것이다. 이러한 응축은 언어의 기본적 사실로서, 특정한 상징적 영역을 구성하고 부과하는 것임을 명심해야 한다.

일반적으로, 언어와 상징계*는 직접 대립이라는 폭력적인 수단과는 달리 화해와 조정, 평화로운 공존을 가능케 하는 수단이라 생각한다.[15] 그런데 앞서 말한 것처럼 언어가 작동하는 방식에 대해 조금만 생각해 보면 언어에 대한 그런 통념이 문제적임을 알 수 있다. 언어

---

* 상징계: 라캉이 말하는 '상상계-상징계-실재계'라는 3항조의 하나로 객관적 현실real-ity을 가리킨다. 상상계the Imaginary가 주관적인 '옹알이'의 세계라면, 상징계the Symbolic는 언어적 커뮤니케이션의 세계이며, 실재계the Real는 언어로 재현되지 않는 그 너머의 영역이고, 커뮤니케이션의 구멍이다.

를 통해 우리는 서로에게 직접 폭력을 행사하는 대신 토론도 하고 말다툼도 한다. 그리고 이 말다툼은 그것이 아무리 공격적이라 해도, 상대를 최소한은 인정해야만 이루어질 수 있다. 언어를 통해 문제를 해결한다는 것과 폭력을 포기한다는 것은 흔히 동일한 행위의 양면이라 간주된다. 장-마리 뮐레르Jean-Marie Muller가 유네스코에 기고한 글에 나와 있듯, "말은 사회화의 토대이자 구조이며, 말의 특징은 폭력의 포기라 할 수 있다."[16] 인간은 '말하는 동물'이므로, 뮐레르의 말은 폭력의 포기가 '인간되기'의 핵심이라는 뜻이다. 이어서 그는 다음과 같이 말한다. "인간을 인간답게 하고, 신념과 책임감을 바탕으로 하여 일관되고 적절한 도덕적 기준을 세우게 하는 것은 … 사실 비폭력의 원칙과 방식이다." 그러므로 폭력은 "그야말로 완전히 인간성의 전도다"[17] 언어가 폭력에 물들게 된다면 그것은 상징적 의사소통의 고유한 논리가 왜곡되는, 우연적이고 '병리적인' 상황 아래서 일어나는 일이다.

그런데 만일, 바로 인간이 말한다는 그 이유 때문에 폭력을 행하는 인간의 능력이 동물을 능가한다면 어떤가?[18] 헤겔이 이미 잘 알고 있던 바와 같이 어떤 사물을 상징화한다는 것은 그 사물을 억압하는 것과 마찬가진데, 이렇게 상징화하는 과정 자체에 폭력적인 면이 있다. 그리고 이 폭력은 다양한 차원에서 동시에 작동한다. 일단 언어는 그것이 가리키는 사물을 단순화하고, 사물을 단일한 하나의 속성으로 환원해 버린다. 언어는 사물을 부분 부분으로 절단하고, 그 유기적 통합을 파괴하며, 각 부분과 속성을 자율적인 것으로 취급한다. 언어는 사물을 의미의 영역으로 밀어 넣는데, 이 의미 영역은 결국 그 사물에게는 외부적인 것이다. 금을 '금'이라 이름 붙임으로써, 우리는 한 금속을 그 자연 조직으로부터 폭력적으로 적출해 내고, 그 금속에 부, 권력, 영적인 순수함 등 우리의 꿈을 부여한다. 사실 그런 꿈들은 실제 금과 아무 관련이 없는데 말이다.

라캉은 상징계를 '누벼' 결합시키는 주인기표라는 개념으로 언어가 지닌 이런 측면을 요약해 낸다. 설명하자면 이렇다. 적어도 1960년대 말에 발전시킨 네 가지 담론에 관한 이론에서는[19] 라캉은 가장 기초적인 차원에서 일어나는 인간의 의사소통 과정 속에는 평등주의적 상호 주체성의 공간이 없다고 보았다. '평형을 이루고' 있지 않다는 것이다. 그러니까 의사소통 참여자들은 상호 간에 동등한 책임을 부담해야 하는 자리에 있지 않으며, 그렇기에 모두가 동일한 규칙을 따르고 합리적인 근거를 바탕으로 각자의 주장을 정당화하는 것도 아니다. 반대로 라캉은 최초이자 기본적인 담론의 형태로서 주인담론 discourse of the Master이라는 개념을 제시한다. 궁극적으로 이 주인담론이라는 담론 형태는 구체적이고, '실제로 존재하는' 담론의 공간에 주인기표를 폭력적으로 도입하는 것을 통해 가능한 것이다. 그런데 이 주인기표는 엄밀히 말해 '비합리적'인 것이며, 절대로 합리적 근거를 지닐 수 없다. "모든 책임은 내가 진다"고 말할 수밖에 없는 순간이 바로 이 지점이며, 끝날 줄 모르고 처음으로 되돌아가는 대화를 멈추기 위해 누군가가 "내가 그렇다고 말하니까 그런 거야!"라고 말할 수밖에 없는 것이 이 지점이다. 레비나스도 상호 주체성이 근본적으로 비대칭적인 성격임을 강조한 바 있는데, 이 점을 감안하면 그의 주장은 옳은 것이다. 내가 또 다른 주체와 대면할 때, 균형 잡힌

모든 책임은 내가 진다The buck stops here! 미국 대통령 트루먼이
제2차 세계대전 당시 일본에 원폭 투하를 결정하면서 한 말로, 백악관
집무실에 이 문구가 새겨진 표지판을 두었다.

상호 관계란 결코 있을 수 없다. 겉으로 보이는 평등은 언제나 주인
과 노예, 보편적 지식을 소유한 자와 그 가르침의 대상, 도착증과 히
스테리 등 비대칭적인 담론의 대립축에 의해 지탱된다. 물론 이는,
폭력을 '마음에서 우러난 것spontaneous'으로 보면서 폭력이라는 주
제에 접근하는 일반적인 이데올로기와는 거리가 멀다. 이런 식으로
폭력을 바라보는 접근 방식은 뮐레르의 글에 아주 잘 나타나 있는데,
이는 거의 교과서적인 지위가 있는 것이기도 하다.[20] 뮐레르는 '좋은'
폭력과 '나쁜' 폭력을 구분하려는 시도를 완전히 거부해 버리면서 논
의를 시작한다.

폭력을 정의할 때 필수적인 것은 '좋은' 폭력이란 있을 수 없다는 점
이다. '좋은' 폭력과 '나쁜' 폭력을 구분할 수 있다는 주장을 펼치는 순

간, 우리는 폭력이라는 단어의 고유한 용법을 잃고 혼란에 빠져든다.
무엇보다도, '좋은' 폭력을 정의하기 위한 기준을 만들어 내는 순간,
우리는 모두 그 기준을 매우 손쉽게 이용하여 우리 자신의 폭력 행위
를 정당화할 수 있음을 깨달을 것이다.

그러나 투쟁과 공격이 삶의 일부인데 어떻게 폭력을 완전히 거부
할 수 있겠는가? 쉬운 해결책은 '공격aggression'과 '폭력'의 용어상
차이에서 찾을 수 있다. '공격'은 사실상 '삶의 힘'이라 할 수 있고,
'폭력'은 '죽음의 힘'이라 할 수 있다. 여기서 '폭력'이란 공격 그 자체
가 아니라, 그 공격이 과도해져 점점 더 많은 것을 욕망하면서 사태의
정상적 흐름을 교란시키는 경우에 해당한다. 그러니까 이 과도함을
제거해 버려야 한다.

재산과 권력을 욕망하는 것은, 한 사람이 타인들로부터 독립을 얻
는 데 도움이 된다면, 그 한도 내에서는 정당한 일이다. 그러나 갈등
상태에서 대립하는 두 맞수는 둘 다 언제나 더 많은 것을 요구하는
경향이 있다. 아무리 많아도 그들에게는 충분하지 않으며, 그들은 결
코 만족을 모른다. 어느 선에서 멈춰야 할지 그들도 모른다. 한계를
모르는 것이다. 욕망은 필요한 것보다 많이, 훨씬 더 많이 원한다. 프
랑스 사상가 시몬 베유는 "욕망에는 언제나 무제한적인 면이 있다"[21]
고 했다. 처음에, 사람은 다른 이들에게 지배당하지 않기 위해서 권
력을 추구한다. 그러나 주의하지 않으면, 곧 한계를 넘어 남들을 지
배하려 들게 될 것이다. 인간의 경쟁은 각 개인이 자기 자신의 욕망
에 한계를 정할 때에만 극복될 수 있다. 시몬 베유는 "한계가 분명한

욕망은 세상과 조화를 이루지만, 무한한 욕망은 그렇지 못하다"고 지적했다.[22]

이런 관점은 아리스토텔레스 철학이 지배하던 근대 이전에도 굳건히 남아 있다. 욕망에 있어 관건은 적절한 기준을 유지하는 것이다. 그러나 근대성은 "절대적 과잉이야말로 법 그 자체의 특징"이라는 칸트의 철학적 혁명에 의해 정의된다. 법은 쾌락을 추구하는 우리 삶의 '균질적인' 안정성에 개입하여, 그 안정을 산산조각 내는 절대적인 '이질성'의 힘으로 작용한다. G.K. 체스터턴도 그의 유명한 글 「추리소설에 대한 변론」에서 같은 점을 지적한 바 있다.

> 어떤 의미에서 추리소설은 문명 그 자체가 가장 충격적인 이탈이며, 가장 낭만적인 반란이라는 사실을 상기시켜 준다. … 사회의 정의를 대변하는 사람이야말로 독창적이고 시적인 인물인 반면, 깡패와 노상강도들은 그저 유인원과 늑대들의 숭배를 받으며 행복해했던, 낡아 빠진 세계에 사는 평범한 보수주의자에 불과하다. [추리소설은] 도덕성이야말로 가장 음흉하고 대담한 음모라는 사실을 바탕으로 한다.[23]

여기에 헤겔이 말했던 변증법적 과정에 내재된 기본적 구조가 있다. 법과 그 법을 위반한 범죄 행위 대립과 같은 외면적 대립은 그 위반 자체로 들어가 보면 특수한 위반과 절대적 위반 사이의 대립으로 탈바꿈한다. 이때 절대적 위반은 그 자신의 대립물로, 보편적 법으로 나타난다. 그리고 이는 조금만 고치면 폭력에도 똑같이 적용할 수 있다. 우리는 폭력 행위를 인식할 때 '정상적인' 비폭력 상황이 어떤 것인가라는 전제된 기준에 기초하여 판단한다. 그런데 어떤 사건들을 '폭력적으로' 보이게 하는 준거가 되는 이 기준의 도입이야말로 최고의 폭력이라고 할 수 있다. 바로 이런 이유에서 비폭력의 수단이자 상대를 인정하는 수단이기도 한 언어는 그 자체로 무조건 폭력을 필요로 한다. 다시 말해 본디 언어라는 것은 우리의 욕망이 그 적정선을 넘도록 강제하고, '무한한 욕망'으로 탈바꿈하게 하며, 절대로 만족스러운 상태에 다다를 수는 없다는 것을 알면서도, 그곳을 향해 무조건적으로 투쟁하도록 한다는 것이다. 라캉이 말하는 '오브제 프티 아'*라는 것은 바로 이 보이지 않는 '죽지 않는undead' 대상, 그리고 욕망의 과도함과 욕망의 탈선을 유발하는 잉여의 대상이다. 이와 같은 과잉은 없앨 수 없다. 왜냐하면 이 과잉은 인간의 욕망 그 자체와 한 몸속에 있는 것이기 때문이다.

따라서 시몬 베유의 말을 풀어 설명하자면 이렇다. 근대성에서, '세상과 조화를 이루는 제한된 욕망'은 우리의 기회주의적이고 반윤리적 자세를 낳은 궁극적 원인이며, 자기중심주의와 쾌락의 추구라는 타성을 지탱시켜 주는 힘이라고 할 수 있다. 반면 절대적인 것을 추구하는 '무제한적 욕망' 덕분에 우리는 선한 사람이 될 수 있다. 그런데 이와 같은 발상으로 인해 문제는 더 이상 단순화될 수 없을 정도로 모호해지게 된다. 그러니까 선의 근원은 유한한 우리 존재의 좌표들을 산산이 부숴 버리는 힘에 있다고 할 수 있는데, 우리의 유한하고 안정적인 생명 형태의 관점에서 볼 때, 이 파괴적 힘은 악으로 드러날

---

* 라캉은 인간의 욕망이 결코 만족에 이를 수 없다고 봤다. 아무리 채워도 절대로 채워지지 않는 욕망의 심연이 바로 '오브제 프티 아objet petit a'이다.

116

수밖에 없다는 것이다. 필멸성과 불멸성의 관계도 마찬가지다. 전통적이고 이데올로기적인 상투 어구를 따르자면, 불멸성은 선과 관련지어졌고, 필멸성은 악과 관련지어졌다. 우리는 불멸성을 깨달음으로써 선한 사람이 될 수 있다(신의 불멸성, 우리 영혼의 불멸성, 숭고한 윤리적 투쟁의 불멸성…). 반면 악은 우리가 필멸성에 무릎 꿇을 때 발생한다(우리는 모두 죽게 될 터인데 뭐가 중요한가, 가질 수 있는 거라면 뭐든 움켜쥐고, 멋대로 변덕을 부리라…). 하지만 이와 같은 상투성을 뒤집어 근원적인 영원성이 악의 특성이라는 가설을 세워 보면 어떨까? 악은 영원히 되돌아와 우리를 위협하는 것이며, 육체적으로 소멸했어도 마치 마술과 같이 살아남아 우리의 주위를 배회하는 유령과 같은 것이다. 바로 이런 이유에서 선이 악을 상대로 승리를 한다는 것은 죽을 수 있는 능력이고, 자연의 순수성을 되찾을 수 있는 능력이며, 외설적인 악의 무한성으로부터 벗어나 평화를 찾을 수 있는 능력을 의미한다. 오래된 공포영화에 단골로 나오는 장면을 생각해 보라. 대개 악령에 사로잡힌 사람이 등장하는데, 흉측하게 변한 육체는 그가 악령에 사로잡혔다는 징후다. 자신을 지배하던 죽지 않은 망령에게서 벗어나면, 그는 평소의 고요한 아름다움을 되찾고 평온하게 죽는다. 예수가 죽어야만 했던 것도 바로 이런 이유에서다. 죽지 못하는 이교의 신들은 외설적 악의 화신이다. 선과 악의 대립은 영혼과 자연의 대립이 아니다. 원초적 악은 자연을 폭력적으로 탈선시키는 성격을 가진 영혼 그 자체다. 결론적으로 보자면, 자연적인 선보다 더 높게 치켜세워진 인간의 선, 무한한 영적 선은 결국 가면을 쓴 악이다.

이성reason과 인종race이 모두 라틴어인 라티오ratio(사고하고 계량

하다)에서 유래된 단어라는 점은 우리에게 시사하는 바가 있는 듯하다. 즉 인간은 원시적 이해관계가 아니라 언어를 통해 가장 최초로, 그리고 큰 규모로 갈라졌다고 볼 수 있다. 우리와 우리 이웃들이 같은 동네에 살면서도 '각자의 세계에 살고 있는(살 수 있는)' 건 언어 때문이다. 이는 언어적 폭력이 단지 2차적인 왜곡이 아니라 궁극적으로는 인간의 모든 폭력 행위의 원천이라는 의미다. 모든 인종주의적 폭력을 대표하는 유대인 학살을 예로 들어 보자. 학살을 자행하는 이들에게 분노를 불러일으키며 그들이 참을 수 없다고 여기는 것은 무엇이었을까, 그러니까 그들이 무엇에 반응한 것이었을까? 그것은 실제 유대인에 대한 경험과는 상관없이 그들의 전통 속에서 만들어지고 유포된 '유대인'에 대한 이미지/형상에 대한 반응이었다. 물론 여기에 함정이 있긴 하다. 그것은 누구도 실제 유대인과 유대인에 부여된 반유대주의적 이미지를 간단히 구분 지을 수 없다는 것이다. 이 이미지는 우리가 실제의 유대인들을 경험하는 방식을 중층적으로 결정해 버리며, 뿐만 아니라 유대인들이 스스로를 경험하는 방식에도 영향을 미친다. 반유대주의자가 길에서 실제 유대인과 마주쳤을 때 '참을 수 없다'고 여기는 것, 그리고 반유대주의자가 유대인을 공격하면서 살의를 느끼는 것, 또 그가 진짜로 분노하는 것은 이 환상의 차원에 있는 것이다.

모든 정치적 시위에도 같은 원칙이 적용될 수 있다. 노동자들이 착취에 대해 저항할 때, 그들이 항의하는 것은 그저 그들이 겪고 있는 현실이 아니라 언어를 통해 비로소 의미 있는 것이 된 실제 곤경의 경험이다. 현실 그 자체는, 그것이 제아무리 빌어먹을 것이라고 하더라도 결코 견딜 수 없는 것은 아니다. 오히려 우리를 견딜 수 없게 만드는 것은 언어와 언어의 상징화라는 기능에 있다. 그러므로 격분한 군중이 건물과 차를 공격하고 불 지르며 사람들에게 린치를 가하는 장면을 접하는 바로 그 순간, 우리가 결코 잊지 말아야 할 것은, 그들의 행위를 지탱하고 정당화하는 것은 그들이 내건 플래카드며 구호라는 점이다. 하이데거는 이런 특징을 형식 존재론적 차원에서 정교하게 발전시켰다. 하이데거는 '본질essence or Wesen'이라는 단어를 동사essencing(본질을 만들어 내다)로 해석하는데, 같은 맥락에서 그는 고정불변의 본질에서 벗어난de-essentialized 본질 개념을 제시했다. 전통적으로 '본질'이란 어떤 사물의 정체성을 보장해 주는 고정된 핵심을 가리킨다. 그런데 하이데거가 보기에 '본질'은 역사적 맥락에 좌우되는 것이며, 은폐된 존재는 각 시대마다 다른 언어 속에서, 그리고 언어를 통해서 드러나는 것이다. 그는 이것을 '존재의 집'이라 부른다. 하이데거가 말하는 'Wesen der Sprache'라는 표현은 흔히 생각하듯 '언어의 본질'을 의미하는 것이 아니라 언어의 작동에 의해 '본질을 만들어 낸다'는 것을 뜻한다.

> […] 우리는 언어를 통해 사물의 본질에 다다를 수 있으며, 언어는 '우리의 마음을 움직여' 사물로 하여금 특정한 방식으로 중요성을 지닐 수 있도록 한다. 그리고 언어는 개별적인 실체들entities 속에 우리가 따라갈 수 있는 길을 내준다. 그리고 이 개별적인 실체들은 그 모습 그대로 서로 관련을 맺는다. … 세계가 우리에게 같은 모습으로 '절합 節合(articulated)'되고, 우리가 '언어를 들으며', 또 '그것이 우리에게

제 할 말을 하도록' 할 때, 우리는 기원적인 언어를 이해할 수 있게 되는 것이다.[24]

조금 풀어서 설명해 보자. 중세 기독교도가 보기에 금의 '본질'은 그것이 부패하지 않으며 신성한 광채를 지닌다는 점이었고, 그래서 금은 '신성한' 금속이었다. 우리가 보기에 금은 연성이 뛰어나 산업용으로 쓸 수 있는 자원, 혹은 미적인 용도에 적합한 물질이다. 다른 예를 들어 보자. 한때는 카스트라토*의 목소리가 타락 이전 천사들의 목소리 그 자체라 생각했다. 그러나 오늘날 우리에게 그것은 끔찍하고 비인간적인 관습일 뿐이다. 우리 감수성의 이런 변화는 언어에 의해 지탱된다. 언어가 우리가 속한 상징적 세계의 변화를 좌우하기 때문이다. 이처럼 '본질을 분리해 내는' 언어의 능력에 근본적인 폭력이 존재하는 것이다. 결국 우리의 세상은 부분적으로 뒤틀리며, 균형 잡힌 순수성을 잃고, 하나의 부분적 색채가 전체의 색조를 결정하게 된다. 정치철학자 에르네스토 라클라우가 헤게모니의 작용이라 지적했던 것은 언어 고유의 작용이기도 하다. 소포클레스의 『안티고네』에는 인간의 '무시무시한/악마적인' 성격에 대해 말하는 유명한 코러스 대목이 있다. 『형이상학 입문』에서 하이데거는 이 부분을 인용하며 '존재론적' 폭력이라는 개념을 전개하는데, 새로운 공동체를 여는 모든 제스처에는 주로 시인·사상가·정치가들에 의해서 이루어지는 존재론적 폭력이 녹아 있다. 하이데거의 설명을 읽을 때 우리는 언제나 이 '무시무시한/악마적인' 차원이 결국은 언어 그 자체의 성격이라는

---

* 카스트라토Castrato: 높은 목소리를 유지하기 위해 변성기 전에 거세한 남자 가수.

120

사실을 유념해야 한다.

> 폭력은 대개 현존재Dasein의 타협을 통한 일치와 서로 협력하여 만들어진 기준에 비추어 지각된다. 따라서 필연적으로 모든 폭력은 불온 요소이자 위반으로 간주된다. … 폭력적인 자란, 말해지지 않은 영역으로 나아가는 창의적인 자, 사유된 적 없는 영역으로 침투해 들어가는 자, 그때까지 결코 일어난 적 없던 일을 일어나게 하고 보이지 않는 것을 드러나게 하는 자이다. 이 폭력적인 자는 언제나 무모하고 위험한 시도를 한다. … 따라서 폭력을 행하는 이에게는 일말의 친절함도, (일반적인 의미에서의) 회유의 여지도 없으며, 성공이나 명성, 혹은 그런 것들에 대한 보장으로도 그를 달래거나 누그러뜨릴 수 없다. … 그런 이에게 재난이란 너무나 압도적이어서 저항할 수 없는 것에 대한 가장 깊고 넓은 의미의 긍정이다. … 중대한 결정이 이루어질 때, 그리고 그것이 일상적이고 관습적인 삶 속에서 끊임없이 압박을 가하는 덫에 저항하는 결정일 때는, 폭력을 사용해야 한다. 이 폭력 행위는 결연하게 존재자가 존재를 향해 나아가는 출발점이며, 나아가 이 폭력 행위 덕분에 인간은 가장 가까이 있으며 일상적인 것이 주는 안온함에서 벗어날 수 있다는 것이다.[25]

그렇기에, 창조자는 "도시를 갖지 못하는 법이다hupsipolis apolis"(『안티고네』 370행). 창조자는 폴리스polis(도시국가)와 폴리스의 에토스ethos(관습) 외부에, 그리고 그것을 초월하는 곳에 위치하며, 따라서 어떠한 '도덕' 규칙에도 매이지 않는다(도덕이란 '에토스'가 퇴보한 한 형태에 지나지 않으므로). 그리고 창조자가 새로운 형태의 에토스, 즉 폴리스 안의 공동체적 존재의 기반을 세울 수 있는 것은 오직 그런 이유에서이다. 물론 여기서 불거져 나오는 주제는 법이라는 규칙 그 자체의 기반이 되는 '불법적' 폭력이라는 주제다.[26] 하이데거는 곧바로 이런 폭력의 첫 번째 희생자는 창조자 자신이라고 덧붙인다. 그가 정초한 새로운 질서의 출현과 함께 창조주는 사라져야만 하기 때문이다. 창조자가 이렇게 사라진다는 것은 여러 가지 형태로 나타날 수 있다. 그 첫 번째는 육체적인 파괴이다. 모세와 율리우스 카이사르를 비롯해 많은 경우를 통해, 우리는 창시자란 죽음을 당해야만 한다는 것을 잘 알고 있다. 그리고 광기에 빠져드는 경우도 있다. 횔덜린이나 에즈라 파운드 등 위대한 시인들을 보아 알 수 있듯, 시인들은 시적인 통찰력이라는 힘으로 말미암아 눈멀게 된다. 『안티고네』에서 코러스는 인간이 모든 창조물 가운데 가장 '악마적'이라고, 인간은 과도함의 존재이며 올바른 모든 법령을 위반하는 존재라고 탄식한다. 그런데 흥미롭게도 이 대목은, 누군가가 크레온의 명령을 어기고 폴리네이케스의 시신을 장례 치렀다는 사실이 밝혀진 직후에 등장한다.[27] 코러스가 '악마적인' 과도한 행동이라 한 것은 크레온의 금지 명령이 아니라 바로 시신을 묻은 행동이다. 크레온의 신성 모독적 오만함을 대하는 안티고네의 태도는 중용을 지키고 적정선을 존중하는 것과는 거리가 멀다. 그러므로 쉽게 생각할 수 있는 것과는 반대로, 진정한 폭력은 안티고네의 행동인 것이다.

인용한 대목이 소름 끼치는 까닭은, 하이데거가 여기서 단순히 그 특유의 수사학적인 전도 논법을 펼쳐 보이는 게 아니기 때문이다. ("폭력의 본질은 고통·전쟁·파괴 등 실체적 폭력과는 아무런 관련이 없다. 새로운 본질을 부과하고/창시하는 행위 — 공동체적 존재라는 점이 은폐됐다가 드러나는 것 — 그 자체가 폭력적인 성격을 띠며, 폭력의 본질은 거기 있다.") 오히려 하이데거는 실체적 혹은 물리적 폭력은 바로 본질적 폭력을 기반으로 분출된다고, 혹은 최소한 분출될 공간을 열어 준다고 암시적이지만 명백한 해석을 내린다. 따라서 우리는 하이데거가 말하는 폭력을 '단지' 존재론적인 것이라 분류해 버림으로써 그 영향에 눈감아 버리면 안 된다. 세계에 은폐됐던 것을 드러나도록 강제하는 것은 그 자체로 폭력이기는 하지만, 동시에 그 세계에는 이미 권위와 같은 사회적 관계가 있다는 점을 감안해야 한다. 어떤 이들은 하이데거가 헤라클레이토스의 〈단상〉 53번("투쟁[polemos]은 만물의 아버지이자 만물의 왕이다. 투쟁은 어떤 자들은 신이, 어떤 자들은 인간이 되게 하며, 어떤 자들은 노예로, 다른 자들은 자유인으로 만든다.")을 해석하면서 고대 그리스인들이 영위하던 삶의 '잔혹한' 면모(노예제 등)를 고려하지 않았다고 비난한다. 그런데 이런 비난과 반대로 하이데거는 '계급과 지배'가 은폐됐던 존재가 드러나는 데 있어 얼마나 직접적 기반이 되고 있는지 숨김없이 주목하며, 그리하여 그것은 사회적 지배 관계의 직접적인 존재론적 기반이 된다고 밝힌다.

만일 현대인들이 그리스 시대 폴리스에 대해 다소 지나치게 관심이 있다면, 폴리스의 이런 측면을 은폐해서는 안 된다. 그렇지 않으면 폴리스라는 개념은 아무 의미도 없으며 감상적인 것이 되기 쉽다. 계급이 높다는 것은 강하다는 것이다. 따라서 조화롭게 모여 있는 존재와 로고스는 모든 이에게 평등하게 열려 있지 않고 은폐된 상태로 있다.

그래서 바로 이 조화는 단순히 동등하게 한다거나 긴장 상태를 없애 평등한 상태에 있는 것과는 정반대라고 할 수 있다.[28]

따라서 존재론적 폭력과 사회적 폭력의 구조(강압적 지배 관계를 유지하려는)는 언어를 통해 직접적으로 연결되어 있다. 시몬 드 보부아르는 『미국 여행기』(1948)에서 다음과 같이 썼다. "많은 인종주의자들이 엄밀한 과학을 무시하면서 고집스레 주장한다. 심리학적인 근거는 없지만 흑인들이 열등한 것은 사실이라고 말이다. 하지만 미국 여행을 해 보기만 하면 실제로 그렇다는 확신을 받게 된다."[29] 인종주의에 대한 보부아르의 관점은 너무 손쉽게 오해받아 왔다. 스텔라 샌포드의 최근 논평이 한 예인데, 샌포드는 "보부아르가 열등함이라는 '사실'을 받아들인 것은 … 어떻게 해서도 정당화될 수 없다"고 주장한다.

보부아르가 실존주의 철학자인 만큼 생리적인 차이점이 존재한다는 것을 열등함과 우월함으로 해석하는 문제에 대해 지적했더라면 더 좋았을 것이다. … 혹은 인간의 특성이라고 알려져 있는 것에 대해, 마치 '주어진 사실을 확증'하듯이 '열등하다'와 '우월하다'라는 가치 판단을 개입시키는 것은 잘못이라고 지적하거나.[30]

여기서 샌포드가 불편하게 여기는 점이 무엇인지는 명백하다. 흑인들이 실제로 열등하다는 보부아르의 주장은 당시(뿐만은 아니지만) 미국 남부에서 다수를 차지했던 백인이 흑인을 열등한 존재로 취급했고, 어떤 면에서 흑인은 실제로 열등했다는 단순한 사회적 사실을 겨냥한 것이 아니라 그 이상을 의미한다는 점에 대해 샌포드는 이미 알고 있었다. 그러나 흑인이 실제로 열등하다는 인종주의적 주장을 피하려 주의를 기울인 나머지, 샌포드는 흑인이 열등하다는 것을 백인 인종주의자들의 해석과 판단에 의한 상대적인 문제로 치부하면서 그것을 흑인의 존재 자체에 대한 문제로부터 떼어 놓는다. 그러나 그 구분을 이런 식으로 적당히 얼버무리게 되면 인종주의가 가진 날카로운 면을 놓치게 된다. 그것은 바로 흑인이라는 '존재'는 백인을 비롯한 어떤 사람과 마찬가지로 사회적·상징적인 존재라는 점을 말한다. 흑인이 백인으로부터 열등한 존재로 취급당하게 되면, 흑인들은 정말로 사회적·상징적 정체성의 차원에서 열등한 존재가 된다. 다시 말해, 백인 인종주의자의 이데올로기는 수행적 효과performative efficiency를 발휘한다는 것이다. 단지 흑인이 어떤 이들인가에 대한 해석이 아니라, 해석의 대상이 되는 주체를 두고 그들의 존재 자체와 사회적 실존을 결정해 버리는 해석이라는 얘기다.

샌포드를 비롯해 보부아르를 비판한 이들이 정확히 무엇 때문에 "흑인들은 실제로 열등했다"는 보부아르의 표현에 반발하는지, 이제 확실해진다. 이들의 저항은 그 자체로 이데올로기적이다. 그리고 만일 인종주의가 이데올로기적인 것이라는 점을 인정할 수 있다면, 그 이데올로기의 토대에는 개인이 가진 내면적 자유와 자율성, 그리고 존엄성을 잃어버릴지도 모른다는 두려움이 깔려 있다고 할 수 있을 것이다. 바로 그런 이유에서 이들 비평가들은 흑인이 열등한 것이 아니라 단지 백인 인종주의 담론이 행사한 폭력에 의해 '열등화'되었을 뿐이라 주장한다. 다시 말해 그들은 그 폭력의 영향을 받지만, 그 폭력은 그들 존재의 핵심을 전혀 건드리지 못하며, 따라서 자유롭고 자율적인 행위자로서 자신들의 행동과 꿈, 그리고 계획을 통해 저항할 수 있고 저항하고 있다는 주장을 하고 있는 셈이다.

여기서 우리는 이 장의 출발점이었던 '이웃의 심연'으로 돌아가게 된다. 담론을 통해 주체의 정체성의 핵심적인 부분이 구성된다는 주장과, 이 핵심이 '언어라는 장벽' 너머에 있는 헤아릴 수 없는 심연이라는 개념은 모순처럼 보일지 모른다. 그러나 명백한 역설로 보이는 이 문제에는 간단한 해결책이 있다. '언어라는 장벽'은 나와 다른 주체의 심연 사이를 영원히 갈라놓는 벽이기도 하지만, 동시에 이 심연을 열어젖히고 지탱시켜 주는 것이기도 하다. 나와 저 너머를 갈라놓은 장애물 그 자체가, 그것의 신기루를 만들어 내는 것이다.

3

천천히 그러나 지나치지 않게, 감정을 충분히 담아서

피로 물든 조수가 범람하다

교감적 의사소통의 이상한 사례

2005년 가을, 프랑스 파리 교외에서 폭동이 일어나 수천 대의 차가 불타고 대규모 군중 폭력이 발생했다. 흔히 2005년 8월 29일 허리케인 카트리나가 뉴올리언스를 덮치고 간 뒤에 발발한 약탈과 1968년 5월 파리의 68혁명을 이 사건과 비교하곤 한다. 두 경우 모두에서 교훈을 끌어낼 수 있다. 비록 그 교훈이 서로 매우 다르기는 하지만 말이다. 유럽 지식인들은 뉴올리언스 사태를 예로 들며 유럽의 복지국가 모델이 미국의 규제 없는 자본주의보다 이점이 더 크다고 강조하곤 했는데, 그들에게 파리 폭동은 정신이 번쩍 드는 계기가 되었다. 그런 일이 복지 국가인 프랑스에서도 일어날 수 있다는 사실이 명백해졌기 때문이다. 뉴올리언스 폭력 사태가 일어난 것은 유럽식 연대가 없었기 때문이라는 주장은 미국의 자유시장주의와 다를 바 없이 틀렸음이 밝혀졌다. 이때 자유시장주의자들은 기뻐 날뛰며 당한 만큼 반격을 가했는데, 경직된 국가 개입이 시장 경쟁과 그 역동성을 제약했기 때문에 프랑스의 소외된 이민자 계층이 경제적 지위의 상승을 누리지 못한 거라 지적했다. 프랑스와는 대조적으로 미국에서는 많은 이민자 집단이 가장 성공한 계층으로 부상했다면서 말이다.

한편 이 사태를 1968년 5월과 비교해 보면, 시위하는 군중에게 긍정적이고 유토피아적인 전망이 전혀 없다는 점이 뚜렷이 드러난다. 그런 면에서 68혁명을 유토피아적 미래상이 있던 폭동이라 한다면,

2005년 가을에 프랑스 파리의 교외에서 일어난 폭동

2005년의 폭동은 어떤 미래상도 내세우지 않는 단순한 폭발이었다. 흔히 우리가 사는 시대를 두고 탈이데올로기 시대라고들 하는데, 이런 견해에 어떤 의미가 있다면, 그 의미는 바로 여기에 있다. 파리 교외에서 들고일어난 시위대는 어떤 특별한 요구도 하지 않았다. 다만 꼭 집어 표현할 수 없는 막연한 원한에 근거하여 자기들을 인정해 달라고 주장했을 뿐이다. 인터뷰를 한 이들 대부분은 당시 내무장관이었던 니콜라 사르코지가 자신들을 '인간쓰레기'라 불렀던 일을 도저히 받아들일 수 없다고 말했다. 아무 매개항 없이 직접 연결돼 버린 이 기묘한 자기 지시적 행위 속에서 그들은 자신들의 시위에 대한 반응 그 자체에 대해 항의하고 있었던 것이다. 여기서 '포퓰리즘적 이성'은 그 비합리적인 한계에 봉착한다. 우리 앞에 놓인 상황은 백지와 같은 항의, 즉 폭력적이긴 하지만 아무것도 요구하지 않는 항의 행위다. 사회학자·지식인·논평가들이 상황을 이해하고 돕고자 애쓰는 모습 속에 아이러니가 있다. 그들은 나름대로 시위대의 행동에 어떤 의미가 있는지 밝혀내려고 필사적으로 애를 쓰기는 했다. 가령 그들은 "이민자 통합을 위해, 그들의 복지를 위해, 고용 기회를 위해 우리는 무엇인가 해야만 한다"고 선언했는데, 안타까운 건 바로 그 과정에서 폭동이 제기한 핵심적인 수수께끼가 모호하게 돼 버렸다는 것이다.

시위에 나선 사람들은 확실히 혜택받지 못하는 이들이며 사실상 배제된 사람들이다. 그러나 굶주림에 처할 만한 생활을 하는 건 결코 아니었다. 간신히 생명을 부지해 나갈 수준으로 전락한 것도 아니다. 훨씬 더 심한 물질적 곤궁에 처하고, 심지어 물리적이고 이데올로기적인 탄압까지 받는 이들조차 단결하여 분명한 의제를 바탕으로, 혹은 그 의제가 모호하더라도 그것을 바탕으로 정치 조직을 만들었던 사례가 있다. 그런 면에서 본다면 여기서 정말로 해석되어야 할 대상은, 파리 교외의 폭동 뒤에 어떠한 계획도 없었다는 사실 그 자체다. 이 사실은 우리가 봉착한 이데올로기적-정치적 곤경에 대해 많은 것을 말해 준다. 우리가 사는 세상은 과연 어떤 곳인가? 선택의 자유가 있는 사회라고 자화자찬들을 하지만, 강제로 정해진 민주적 합의에 대해 실제로 할 수 있는 일이라곤 맹목적인 행동의 표출뿐인 이 세상은? 안타까운 사실은 체제에 대한 저항이 현실적인 대안을 분명하게 표현하지도 못한다는 점이고, 최소한의 유토피아적 전망도 없이 단지 의미 없는 폭력의 발산과 같은 모양새로 나타날 수밖에 없다는 점이다. 바로 이점, 우리가 처한 곤경을 잘 보여 주고 있다. 정해진 규칙을 따르거나 (자기) 파괴적인 폭력 말고는 다른 어떤 선택의 여지도 없는 상황에서 우리가 자화자찬하는 선택의 자유라는 게 대체 무슨 소용이겠는가. 실제로 시위자들의 폭력은 거의 대부분 자기 자신들을 향해서 저질러졌다. 그들이 불태운 차와 불 지른 학교는 부유한 이웃들의 것이 아니었다. 그것은 시위자들이 속한 바로 그 계층 사람들이 힘들게 일해 장만한 것들이었다.

파리 교외가 불타오르는 충격적인 영상과 그에 대한 보도를 마주했을 때 빠져들지 말아야 할 유혹이 있는데, 나는 이걸 '해석학의 유혹'이라 부르고자 한다. 그러니까 이런 폭력의 발산을 보면서 보다 깊은 의미나 숨겨진 메시지를 찾고자 하는 유혹을 말한다. 우리가 가장 받아들이기 어려워하는 것은, 바로 이 폭동이 의미가 없다는 사실이다. 파리 폭동은 단순한 시위가 아니라 라캉이 '행위로의 이행pas-sage a l'acte'이라 부른 현상이다. 행위로의 이행이란 충동을 행동을 통해 표출하는 것을 뜻하는데, 말이나 사유로는 표현해 낼 수 없는 것이며 견딜 수 없는 극도의 좌절감을 동반하는 것이다. 이는 그것을 저지르는 자가 무력한 상황에 처해 있다는 증거일 뿐 아니라, 문화 분석가 프레드릭 제임슨이 '인식론적 지도cognitive mapping'라 칭했던, 자신이 처한 상황의 경험을 의미 있는 전체 속에 위치시킬 수 있는 능력이 그에게 없다는 증거이기도 하다.

따라서 파리 폭동은 구체적인 사회경제적 주장에 근거한 것이 전혀 아니며, 이슬람 근본주의를 주장하는 것은 더더욱 아니다. 시위대가 처음으로 불을 지른 장소 중에는 모스크도 끼어 있었다. 그래서 무슬림 종교인들이 즉각 이 폭동을 비난하고 나섰던 것이다. 폭동은 단지, 가시성을 얻기 위한 직접적 노력이었다. 한 사회 집단이, 프랑스의 일부이자 프랑스의 시민이었는데도 불구하고, 그들 스스로는 진정한 정치적·사회적 공간에서 배제되어 있다고 느꼈으며, 그래서 자신들의 존재를 대중에게 뚜렷하게 부각시키고자 했던 것이다. 그들은 행동을 통해 대중들을 향해 이렇게 말을 걸었다. "싫든 좋든, 우리는 여기 있다. 애써 우리가 안 보이는 척해 봐야 소용없다." 논평가들은 중대한 사실을 간과했다. 그것은 시위자들이 어떤 종교나 민족 공동체의 일원으로서 공동체의 폐쇄적 생활 방식을 고집하며 특별한 지위를 요구했던 게 전혀 아니라는 사실이다. 정반대로 그들 주장의 대전제는 그들이 프랑스 시민이 되기를 원하며, 실제로 프랑스 시민인데, 시민으로서 완전히 인정받지는 못하고 있다는 것이다.

프랑스 철학자 알랭 핑켈크로트Alain Finkielkraut는 이스라엘 신문 〈하레츠〉에 실린 인터뷰에서 파리 폭동을 두고 '반공화주의적 대학살'이자 '민족 봉기이자 종교 봉기'라 표현했는데, 그의 이 발언은 프랑스에서 정치적 스캔들을 일으켰다. 그는 요점을 놓치고 있었다. 다시 한번 말하지만 폭동 속에 담긴 메시지는 시위자들이 자기들의 민족적·종교적 정체성이 프랑스의 공화주의적 보편주의에 위협받고 있음을 깨달았다는 것이 아니었다. 그 메시지는 오히려 그 보편주의 속에 자기들이 포함되지 않음을, 그러니까 공화주의의 사회적 공간 내에는 가시적인 부분과 비가시적인 부분을 갈라놓는 장벽이 있는데, 자기들은 비가시적인 부분에 있음을 깨달았다는 것이다. 그들은 해결책을 제시하지도, 해결책을 제시할 수 있는 조직적 움직임을 구성하지도 않았다. 그들의 목표는 문제를 발생시켜 자기들의 뜻을 알리는 것이었다. 자기들이 바로 문제이며 더 이상 그 문제를 무시할 수는 없다고 말이다. 폭력이 필요했던 건 바로 이런 이유에서다. 만약 그들이 비폭력 시위를 조직했다면, 신문 귀퉁이에 잠깐 언급되는 결과에 그쳤을 것이다….

물론 폭력 시위자들이 완전한 프랑스 시민으로 인정받기를 원하고 요구했다는 사실은 단지 그들을 통합하려는 시도가 실패로 돌아갔음을 의미하는 것만은 아니다. 동시에 이는 프랑스식 시민 통합 모델이 위기에 봉착했음을 의미한다. 이 모델 속에는 인종주의적인 배제의 규범이 녹아 있다. 프랑스의 국가 이데올로기의 공간 안에서, '시민'이라는 용어는 '원주민indigene'이라는 용어와 대립을 이룬다. 이 점은 아직 성숙하지 못하여 완전한 시민권을 부여받을 자격이 없는 야만적인primitive 사람들이 존재한다는 점을 암시한다. 이런 이유에서 자신들을 인정해 달라는 시위자들의 요구 속에는 그와 같은 인식을 통해 유지되는 구조적 틀 자체에 대한 거부 또한 함축되어 있다. 그들은 새로운 보편적 구조틀을 세울 것을 요구한 것이다.[1]

여기서 우리는 우리 논의의 출발점으로 다시 한번 되돌아간다. 손수레를 훔쳐 가던 일꾼에 대한 이야기로. 손수레의 내용물을 검사하고 폭동 속에 담긴 숨은 의미를 찾던 분석가들은 명백한 것을 놓치고 있었다. 마셜 맥루언이 썼을 법한 표현으로, 여기서는 미디어 그 자체가 메시지였다.

구조주의의 황금기에, 로만 야콥슨은 '교감적phatic' 기능이라는 개념을 전개했는데, 이는 말리노프스키의 교감적 언어 사용phatic communion이라는 개념을 바탕으로 한 것이다. 이는 사회적 관계를 유지하기 위해 구사되는 의례화된 관용어를 말하는데, 대개 인사말이나 날씨 얘기, 사회적 의사소통에 필요한 격식체 말투 등이 이에 속한다. 뛰어난 구조주의자였던 야콥슨은 교감적 기능이 소통을 단절시키기 위한 수단이 될 수도 있다고 보았다. 그의 설명에 따르면, 단지 대화를 계속 이어 나가는 것만이 목적일 때, 그 대화는 공허할 수 있다. 그는 도로시 파커Dorothy Parker 작품에서 대화 한 대목을 인용한다.

> "음, 이제 다 왔네." 그가 말했다.
> "다 왔어." 그녀가 말했다. "그렇지?"
> "다 온 거네." 그가 말했다.

그러니까 이렇게 공허한 대화는 체계 그 자체를 시험해 보기 좋은 기술적 기능이다. 가령 "이봐요, 내 말 들려요?"와 같은 말이 여기에 해당한다. 따라서 교감적 기능은 '언어에 대한 언어meta-linguistic'로서의 기능을 한다고 볼 수 있다. 소통 채널이 제대로 작동하고 있는지를 언어를 통해 확인하는 기능이기 때문이다. 동시에 이는 발신자와 수신자가 자신들이 같은 코드를 사용하고 있는지 확인하는 기능이기도 하다.[2] 파리 교외의 폭력 분출에서 일어났던 일은 정확히 이것 아닌가? 폭동의 근본적 메시지는 "이봐요, 내 말 들려요?"와 같이 채널과 코드 자체를 확인하려는 시험 행위가 아니었던가?

알랭 바디우는 우리가 살아가는 사회적 공간이 점차적으로 '세계 없음worldless'*의 공간space으로 경험된다고 했다.[3] 이런 공간에서,

‘의미 없는’ 폭력은 저항이 취할 수 있는 유일한 형태다. 심지어 나치의 반유대주의조차, 매우 끔찍한 것이긴 하지만, 하나의 세계를 열었다. 그러니까 나치는 ‘유대인들의 음모’라는 적을 상정함으로써 당면한 위태로운 상황을 묘사했는데, 여기서 ‘유대인들의 음모’라는 것은 그들의 목표와 목표를 달성하기 위한 수단에 붙여진 이름이었던 것이다. 나치즘은 나치즘을 수행한 주체들로 하여금 전 지구적인 ‘인식론적 지도’를 그릴 수 있도록 하면서 은폐됐던 현실을 드러냈는데, 바로 거기에 이 주체들이 의미 있게 참여할 수 있는 공간이 있었던 셈이다. 여기서 자본주의의 주요 위험 중 하나를 짚어 낼 수 있다. 자본주의는 전 지구적이며 전 세계를 포괄하지만, 동시에 엄밀한 의미에서 ‘세계 없는’ 이데올로기적 상황을 유지시키며, 따라서 대부분의 사람들은 각자의 인식론적 지도를 그릴 기회가 박탈된 상태로 있다. 그런 면에서 자본주의는 역사상 최초로 의미를 와해시키는detotalises meaning 사회경제 질서다. 의미의 차원에서 보면 자본주의가 전 지구적이지는 않다. (엄밀한 의미의 전 지구적 ‘자본주의적 세계관’이나 ‘자본주의 문명’ 따위는 없다. 세계화가 우리에게 주는 근본적 교훈은 자본주의가 모든 문명에 적응할 수 있다는 바로 그 점이다. 기독교든 힌두교든 불교든, 서양이든 동양이든 말이다.) 자본주의가 가진 전 지구적 차원이라는 것은 ‘의미 없는 진실’의 수준에서만, 그러니까 전 지구적 시장 메커니즘이라는 ‘실재’로서만 정식화될 수 있다.

　파리 폭동에서 이끌어 낼 수 있는 첫 번째 결론은, 사회 불안에 대

---

* 세계 없음worldless: 우리가 예전에는 지향하고자 하는 바가 있는 ‘세계world’에 살고 있었는데, 유토피아적 전망 자체가 사라져 버린 이곳은 이제 세계가 아니라 단순한 장소place에 불과하다는, 바디우의 독특한 조어.

한 보수주의자와 자유주의자 양측의 대응이 모두 완전히 실패했다는 점이다. 먼저 보수주의자들은 빤히 예상할 수 있는 바와 같이 문명의 충돌을 강조하며, 법과 질서를 강조한다. 그들에 따르면 이민자들은 우리의 환대를 남용해선 안 된다. 이민자들은 우리의 손님이니 우리 관습을 존중해야 하는 것이다. 우리 사회는 우리만의 고유한 문화와 생활 방식을 보호할 권리가 있다. 범죄와 폭력적인 행위는 어떤 변명으로도 용납될 수 없다. 이민자 출신 청년들에게 필요한 것은 더 이상의 사회적 도움이 아니라, 규율과 성실한 노동이다…. 한편, 자유주의 좌파들의 의견 또한 쉽게 예상할 수 있는데, 그들은 사회 복지와 국민 통합을 위한 노력이 등한시되어 왔다는 말을 무슨 주문처럼 외운다. 그래서 젊은 이민자들은 경제적·사회적으로 뚜렷한 전망을 박탈당했으며, 이들이 불만족을 표현할 수 있는 유일한 방법은 폭력을 분출하는 것이 되었다고 말이다. 그런데 스탈린식으로 말하자면, 어떤 반응이 더 나쁜지 말싸움하는 건 의미 없는 짓이다. 즉 양측의 의견 모두는 더욱 나쁘다. 그리고 양측이 모두 경고했던 것, 그러니까 프랑스인들이 인종주의적 반응을 보일 것이라는 데 이 폭동의 진정한 위험이 있다는 주장 또한 마찬가지다.

파리 폭동은 오늘날 대부분의 자유주의자들이 우리의 생활 양식을 위협하는 것이라고 간주하는 다른 부류의 폭력과 같은 선상에 놓고 보아야 한다. 직접적인 테러 공격과 자살 폭탄 테러가 그것이다. 두 경우 모두, 폭력과 이에 대한 대항 폭력은 치명적인 악순환 속에서 자신이 싸우는 대상에게 힘을 실어 준다. 둘 다 맹목적인 '행위로의 이행'의 사례라 할 수 있다. 즉 두 경우 모두 폭력은 자기의 무기력함을 암시적으로 인정하는 행위다. 차이점이라면, 파리 폭동이 백지와 같은 항의, 즉 아무것도 원하지 않는 폭력의 분출이었던 반면, 테러 공격은 종교가 가진 절대적인 의미를 위해 저질러진다는 점이다. 그들이 타도하고자 하는 대상은 현대 과학에 기초한 서구의 무신론적 생활 양식이다. 오늘날 과학은 실제로 종교와 경쟁하고 있다. 희망과 검열이라는, 전통적으로 종교의 소관이었던 순수하게 이데올로기적인 욕구needs를 과학이 담당하고 있는 한, 둘은 경쟁 관계다. 존 그레이는 다음과 같이 말한다.

> 과학만이 이단을 침묵케 하는 힘을 지니고 있다. 오늘날 과학은 권위를 주장할 수 있는 유일한 제도다. 과거 교회가 그랬듯, 과학은 독립적인 사상가들을 파괴할 수 있는, 혹은 주류 질서에서 몰아낼 수 있는 힘을 지니고 있다. … 사상의 자유를 중히 여기는 이에게 이는 불행한 일일지 모르나, 바로 이 점은 명백하게 과학이 가진 매력의 주요한 원천이다. 과학은 우리에게 불확실성을 제거해 주고, 사고할 필요도 없어지게 되는 기적을 약속해 주며, 다소간 그 기적은 실현되고 있다. 반면 교회는 우리에게 의심의 성소가 되었다.[4]

여기서 우리는 과학 그 자체에 대해 얘기하는 게 아니다. 따라서 과학 덕분에 '사고할 필요가 없어졌다freedom from thought'는 발상은 '과학은 사고하지 않는다'는 하이데거의 개념을 변형한 것이 아니다. 우리는 지금 과학이 사회적 힘으로서 기능하는 방식에 대해, 그리고 이데올로기적 제도로서 기능하는 방식에 대해 논의하고 있다. 바로 이 차원에서 본다면 과학의 기능은 확실성을 제공하는 것, 우리가 의지할 수 있는 참조점이 되는 것, 그리고 희망을 주는 것이다. 새로운 기술적 발명이 우리가 질병과 싸우고, 생명을 연장할 수 있도록 도와줄 것이다. 이런 차원에서 과학은 라캉이 말했던 '대학 담론'*의 가장 순수한 형태에 속한다. 대학 담론이라는 지식 속에서 주인 기표(권력)는 '진실'이다.[5] 과학과 종교는 서로 자리가 바뀌었다. 한때는 종교가 보장했던 안정을, 오늘날은 과학이 제공하는 것이다. 서로의 자리가 기묘하게 뒤바뀜에 따라, 종교는 오늘날의 사회에 대한 비판적 의문을 제기할 수 있는 장소 중 하나가 되었다. 종교는 저항의 장소가 된 것이다.

자본주의가 가진 '세계 없음'이라는 성격은 근대성의 시대에 과학적 담론이 이렇게 헤게모니를 쥐게 된 일과 관련이 있다. 헤겔은 이미 이런 특성을 분명히 밝힌 바 있다. 우리 근대인에게 예술과 종교는 더 이상 절대적인 존경을 불러일으키지 않는다는 지적을 통해 말이다. 우리는 예술과 종교에 감탄할 수 있으나, 더 이상 그 앞에 무릎 꿇지 않고, 우리의 마음은 진정으로 거기 있지 않다. 오직 개념적 지식인 과학만이 그런 존경을 받을 수 있다. 우리의 정체성은 상징적 동일시에 기초하는데, 근대성(즉 과학적 담론의 헤게모니와 결합한 자본주의)은 이 동일시의 방식에 엄청난 충격을 가져왔다. 그리고 오직 정신분석만이 이 충격의 완전한 윤곽을 드러내 보일 수 있다. 근대성이 이른바

---

* 대학 담론univereity discourse: 라캉에 따르면 의미 활동이 시작되는 담론의 행위자가 누구냐에 따라 담론의 성격이 달라진다. 라캉은 이를 주인 담론, 대학 담론, 히스테리 담론, 분석가 담론 등 4가지로 도식화했는데, 대학 담론은 탄탄한 지식 체계로 무장한 교수들의 '지적' 담론을 순진한 학생들이 전수받는 구조를 띤다.

'의미의 위기'를 불러온 것은 놀랄 일이 아니다. 근대성은 진리와 의미 사이의 관계를 끊어 놓고, 심지어 진리와 의미의 동일성마저 무너뜨렸다.

유럽의 경우, 근대화는 여러 세기에 걸쳐 이루어졌다. 따라서 문화화를 거치면서 이런 변화에 적응하고 그 엄청난 충격을 완화할 만한 여유가 있었다. 서서히, 새로운 사회적 서사와 신화가 탄생했다. 그런데 다른 사회들, 특히 무슬림 사회는 방어벽이나 시간적 여유도 없이 이 충격에 그대로 노출되었고, 그들의 상징적 세계symbolic universe는 훨씬 더 심한 혼란에 빠졌다. 그들은 새로운 (상징적) 균형을 수립할 시간도 없이 (상징적) 기반을 잃어버렸다. 그러니 이런 사회 중 일부가 총체적인 붕괴를 피하기 위해 취할 수 있던 방법은 공황 상태에 빠져 '근본주의'라는 방어벽을 세우는 것뿐이었고, 이는 당연한 일이다. 근본주의는 신성한 실재를 직접 통찰하는 것으로서의 종교를 정신병적–착란적–배타적으로 재천명하는 것인데, 이와 같은 재천명에 따르는 무시무시한 모든 결과도 받아들여야 한다. 그리고 이 속에서 희생을 요구하는 외설적인 초자아적 신성은 복수심을 품고 되돌아온다.

근본주의자들의 '테러리즘적' 공격에 대한 논의 중 첫 번째로 눈에 띄는 것은 도널드 데이비슨에 의해 체계화된, 인간의 행동은 합리적인 의도에 따른 것이며, 행위자가 가진 신념과 욕망의 관점에서 설명 가능하다는 견해가 부적절하다는 점이다.[6] 이런 식의 접근은 '합리성'에 대한 이론들에 인종주의적 편견이 있음을 보여 준다. 이런 식의 발상은 타자를 내재적으로 접근하여 이해하려는 것이었지만, 결국은 타자를 얼토당토않은 믿음을 지닌 자로 단정하고 만다. 가령 이슬람

신자가 천국에 가면 400명의 처녀들이 기다리고 있다는 저질스런 이야기로 기꺼이 자살 폭탄 테러를 감행하는 이유를 '합리적'으로 설명할 수 있다고 보는 것이다. 이렇게 합리성에 대한 이론은 타자를 '우리처럼' 만들려고 노력한 나머지 그를 우스꽝스럽고 이상한 존재로 만들고 만다.[7]

한국전쟁 때 북한이 유포했던 선전문 한 대목을 보자.

> 영웅 강호영은 감악산紺岳山 전투에서 양팔과 양다리에 참혹한 중상을 입었다. 하여 그는 입에 수류탄을 문 채 적진 한가운데로 굴러 들어가, 이렇게 외치며 적들을 쓸어버렸다. "내 팔다리는 부서졌지만, 너희 괴뢰 놈들에 대한 나의 복수심은 오히려 천 배나 강해졌다. 조선로동당원으로서 꺾이지 않는 전투적 기개와, 당과 수령님께 굳게 맹세한 불굴의 의지를 똑똑히 보여 주마!"[8]

터무니없을 정도로 비현실적인 이 묘사를 보며 웃어넘기긴 쉽다. 가련한 강호영은 입에 수류탄을 물고 있었는데 어떻게 말을 할 수 있었을까? 게다가 격전이 벌어지는 와중에 저토록 장광설을 늘어놓을 시간이 어디 있단 말인가? 그런데 이 구절을 읽고 그것을 사실적 묘사라고 여기고, 북한 사람들이 어리석은 믿음을 가졌다고 덧씌우는 것이 잘못이라면 어떨까? 직접 물어본다면 북한 사람들은 당연히 이 이야기가 글자 그대로의 진실이 아니라고 대답할 것이다. 이어서 그들은 조국을 덮친 제국주의의 침략을 격퇴하기 위해 불가능한 일이라도 감행하겠다는 조선 인민의 무조건적인 헌신과 희생정신을 표현하려는 것이라고 대답하리라…. 또 가령 '미개한' 원주민들이 독수리를 자기 부족의 선조로서 경배하는 것을 두고 그들이 정말로 자신들이 독수리의 후손이라 믿는다 간주한다면, 인류학자들도 똑같은 잘못을 저지르는 셈이다. 앞서 언급한 북한의 선전문을 바그너의 〈트리스탄〉 3막을 듣듯 읽어 보면 어떨까?(이 대목에는 오페라와 같은 격정이 있는 게 사실이다.) 〈트리스탄〉 3막에서도 치명상을 입은 주인공이 몹시 부르기 어려운 죽음의 노래를 거의 한 시간 동안 부르는데 말이다. 바그너가 정말 그런 일이 실제로 가능하다고 믿었겠다고 생각할 사람이 있을까? 트리스탄의 죽음을 노래하는 것이 불쌍한 강호영이 했던 일보다 훨씬 더 어려웠을 텐데 말이다…. 우리는 강호영이 탱크 밑으로 굴러 들어 가기 전에 아리아를 부르고 있는 거라 상상하면 된다. 노래에서 주인 공이 자신이 앞으로 할 행동에 대해 생각하는 순간이자, 실제 시간이 정지하는 지극히 오페라다운 순간에.

테러리즘이 가진 원한

윌리엄 버틀러 예이츠의 시 〈재림〉은 현재 우리가 처한 곤경을 완 벽하게 표현하는 듯하다. "가장 선한 자들은 모든 신념을 잃고, 반면 가장 악한 자들은 격정에 차 있다." 이 구절은 무기력한 자유주의자 와 열정적인 근본주의자 사이의 균열을 훌륭하게 묘사해 주고 있다. '가장 선한 자들'은 더 이상 전심을 다해 참여할 수 없게 됐고, '가장 악한 자들'은 광적인 인종주의적·종교적·성차별주의적 신념을 바탕 으로 참여한다.

그런데 테러를 자행하는 근본주의자들은, 기독교가 됐든 이슬람교가 됐든, 정말 진정한 의미의 근본주의자일까? 그들에게 정말 신앙이 있을까? 티베트 불교 신자부터 미국의 아미시 교파*까지, 진짜 근본주의자들에겐 쉽게 알아볼 수 있는 특성이 하나 있다. 원한과 부러움의 감정이 없으며, 믿지 않는 자의 생활 방식에 완전히 무관심하다는 특성이다. 그런데 테러를 저지르는 근본주의자들에겐 이런 특성이 없다. 오늘날, 이른바 근본주의자들이 진리에 이르는 길을 찾았다고 정말 믿는다면, 왜 믿지 않는 자들에게 위협을 받는다고 느끼며, 그들을 부러워한단 말인가? 불교 신자가 쾌락주의자인 서구인을 만났을 때 그를 비난하는 일은 극히 드물다. 다만 쾌락주의자의 행복 추구는 스스로를 갉아먹는 일이라고 인자하게 지적할 뿐이다. 진짜 근본주의자와 달리, 사이비 근본주의자 테러리스트는 믿지 않는 자들의 죄 많은 삶에 몹시 신경을 쓰고, 호기심을 느끼며, 매혹되기까지 한다. 이들이 죄 많은 타자와 싸우면서 자기 자신이 느끼는 유혹과도 싸우고 있음을 느낄 수 있다. 이른바 기독교나 이슬람교의 근본주의자들은 진정한 근본주의에 먹칠을 하고 있는 것이다.

예이츠의 진단은 현재 우리의 곤경을 설명하기에는 불충분한데, 그 지점이 바로 여기다. 군중이 격정적으로 열광하는 것은 진정한 신념이 없다는 증거다. 테러를 자행하는 근본주의자들 역시 마음 깊은 곳에는 진정한 확신이 없다. 그들의 폭력적인 분출이 바로 그 증거다. 발행 부수도 얼마 되지 않는 덴마크 신문에 난 시시한 만평 때문에

---

* 아미시 교파: 개신교에 속하는 보수적인 성향의 교파로, 신식 의복이나 자동차 등 현대 문명을 거부하고 유럽의 옛 풍습을 답습하는 생활을 한다.

신앙의 위협을 느낀다면, 이슬람 신도의 믿음이란 얼마나 무너지기 쉬운 것인가. 이슬람 근본주의자가 테러 행위를 하는 것은, 자신들이 우월하다는 신념에서 비롯된 것이 아니며, 전 지구적으로 만연해 있는 소비주의 문명의 습격으로부터 자신들의 문화적·종교적 정체성을 수호하려는 욕망에 근거한 것도 아니다. 근본주의자들이 가지고 있는 문제는, 우리가 그들을 열등하다고 여긴다는 데 있는 것이 아니라, 오히려 그들도 모르는 사이 그들 스스로 자신들이 열등하다고 생각한다는 데 있다. 그렇기 때문에 우리가 겸손하고, 정치적으로 올바른 태도로 우리는 전혀 우월감을 느끼지 않는다고 확신해 줘 봐야, 그들은 더욱 격분하고 원한을 더 쌓아 갈 뿐이다. 문제는 문화적 차이(자신의 정체성을 보존하고자 하는 노력)가 아니라, 정반대로 근본주의자들이 이미 우리와 같아졌다는 사실, 그들은 이미 우리의 기준을 내재화했으며 자기 자신을 그 기준에 따라 평가하고 있다는 사실조차 모른 채, 실제로는 그렇게 하고 있다는 사실이다.(행복을 추구하고 고통을 피한다는 서구적 언어를 바탕으로 티베트 불교를 정당화하는 달라이 라마야말로 이 점을 가장 분명히 보여 주는 사례이다.) 역설적이지만, 근본주의자들에게 정말로 부족한 것은 바로 진짜 '인종주의자'들이 가지고 있는 자기 우월성에 대한 확신이다.

'테러리스트' 공격이 당혹스러운 이유는 그것이 우리가 흔히 생각하는 선악의 대립의 적절한 사례가 되지 못한다는 사실 때문이다. 우리가 생각하는 악은 이기주의적인 것이거나 공익을 무시하는 것이고, 선은 어떤 높은 차원의 대의를 위해 희생하려는 정신과 실제로 기꺼이 그러려는 자세다. 테러리스트는 밀턴이 그린 사탄과 닮은 존재, 그러니까 "악이여, 그대가 나의 선이 되어라"는 식으로 말하는 존재로 보일 수밖에 없다.[9] 그런데 그들은 악한 수단으로 우리가 보기에 악해 보이는 목적을 추구하지만, 형식적인 차원에서만 놓고 본다면 그들의 행동은 가장 높은 기준의 선에 부합한다. 일찍이 루소가 그 해답을 알고 있었던 것처럼 이 수수께끼의 해결은 그리 어렵지 않다. 이기주의egotism, 즉 자신의 안녕에 대한 관심은 공익과 대립하지 않는다. 따라서 이기적인 관점을 바탕으로 이타적인 규범을 도출해 내는 것도 얼마든지 가능하다.[10] 개인주의 대 공동체주의, 공리주의 대 보편적 규범에 대한 고집이라는 이항 대립은 그릇된 것이다. 두 대립 항이 결과적으로는 결국 같아지기 때문이다. 쾌락주의적이고 이기주의적인 오늘날의 사회에서 진정한 가치들이 없어지고 있다고 한탄하는 비평가들은 완전히 요점을 놓치고 있는 셈이다. 이기주의적인 자기애의 진짜 반대말은 이타주의, 즉 공익에 대한 고려가 아니라 부러움과 원한이고, 바로 이 부러움과 원한이라는 감정으로 인해 나는 나의 이익에 반反하여 행동하게 된다. 프로이트는 이 사실을 잘 알고 있었다. 실제로 죽음 충동은 현실원칙만큼이나 쾌락원칙과도 대립한다.[*] 진정한 악, 즉 죽음 충동은 자기 파괴를 수반한다. 죽음 충동으로 인해 우리는 자신의 이익에 반反하여 행동하게 된다는 것이다.[11]

라캉이 설명했듯, 인간의 욕망이 가진 문제점은 그것이 언제나 '타

---

[*] 프로이트의 현실원칙과 쾌락원칙: 프로이트는 모든 본능적 충동이 쾌락을 추구하고 쾌락원칙을 따른다고 봤다. 하지만 현실적으로 자아가 그렇게만 행동하면 정상적 인간이 될 수 없으니, 그래서 현실원칙이 요구되는 것이다. 그런데 이 현실원칙은 쾌락원칙의 반대라기보다는 그 변형이라고 볼 수 있다. 왜냐하면 인간이 쾌락을 포기했다는 것은 현실 속에서 모종의 보상을 받았다는 것을 의미하는 것이고, 그 쾌락은 현실적으로 양보된 것이기 때문이다.

자의 욕망'이라는 데 있다. 이때 '타자의 욕망'이란 타자를 향한 욕망과 타자의 욕망의 대상이 되고 싶다는 욕망, 그리고 특히 타자가 욕망하는 것에 대한 욕망, 이 세 가지를 모두 포함하는 개념이다.[12] 바로 이 '타자가 욕망하는 것에 대한 욕망'으로 인해 질시가 발생하며, 부러움이라는 감정 속에는 원한의 감정도 들어 있는데, 이는 인간 욕망을 이루는 근본 요소들이다. 성 아우구스티누스는 이런 감정을 잘 알고 있었다. 라캉이 자주 인용하는 아우구스티누스의 『고백록』에는 자기 동생이 어머니의 젖을 빠는 장면을 보며 질투하는 아기 이야기가 나온다. "아기가 말은 하지 못하지만 질투를 느낀다는 점을 나는 직접 보았고 알게 되었다. 아기는 창백해지더니, 제 젖형제를 미움 어린 눈으로 쳐다보았다."

장-피에르 뒤퓌Jean-Pierre Dupuy는 이런 통찰에 기초하여 존 롤스의 정의론에 대한 비판을 설득력 있게 제시한다.[13] 롤스가 제시한 정의로운 사회 모델에서, 사회적 불평등은 사회에서 가장 낮은 지위에 속하는 이들에게도 도움을 주는 한, 그리고 세습된 위계가 아니라 자연적으로 타고난 불평등에 근거하는 한, 용인받는다. 여기서 자연적으로 발생하는 불평등은 공적功績이 아니라 우연에 의한 것으로 간주된다.[14] 영국 보수당조차 이제는 롤스의 정의 개념을 지지할 준비가 된 듯하다. 실제로 2005년 12월 보수당의 신임 당수 데이비드 캐머런은 다음과 같이 선언하며 보수당을 소외 계층의 수호자로 변모시키겠다는 의도를 천명했다. "보수당의 모든 정책 기준은, 가장 적게 가진 이들, 가장 하위 계층에 속한 이들에게 무엇을 해 줄 수 있느냐가 되어야 한다."

146

하지만 롤스가 간과하는 점이 있었으니, 그것은 그가 말하는 정의 사회에서는 원한(이라는 감정)이 걷잡을 수 없이 분출해 나오리라는 점이다. 그런 사회에서 지위가 낮은 사람들은 자신들이 낮은 지위를 갖게 된 데에 '정당한' 이유가 있음을 알게 될 것이고, 그렇게 되면 내가 실패한 것에 대해 사회가 불공평한 탓이라 돌리는 수법조차 쓸 수 없게 될 것이다.

이렇게 본다면, 롤스가 제안하는 사회 모델은 계급 서열이 타고난 속성에 따라 곧장 정당화되는 무시무시한 사회다. 롤스가 간과하는 점이 무엇인지는 어느 슬로베니아 농부에 대한 일화를 보면 뚜렷이 나타난다. 착한 마녀가 농부에게 두 가지 선택권을 주었다. 농부에게 소 한 마리를 주고 농부의 이웃 사람에게 소 두 마리를 주거나, 아니면 농부에게 소 한 마리를 빼앗고 이웃 사람에게는 두 마리를 빼앗겠다는 것이었다. 농부는 즉시 후자 쪽을 택했다.[15] 고어 비달은 이 이야기의 요점을 간결하게 설명한다. "내가 이기는 것만으로는 충분치 않다. 다른 사람이 져야만 한다." 부러움/원한에 대해 오해하지 말아야 할 것이 있는데, 그것은 이런 감정을 갖는다는 것이 단지 내가 이기면 다른 사람은 지게 되는 제로섬 게임의 원칙을 지지하는 것만은 아니라는 점이다. 부러움/원한은 양자 간의 격차를 수반하는데, 이 격차는 긍정적인 것(아무도 지는 일 없이 모두가 이길 수도 있다)이 아니라 부정적인 것이다. 내가 얻느냐 내 적이 잃느냐를 두고 선택해야 한다면, 나는 내 적이 잃는 편을 택한다. 심지어 그것이 나에게 손해가 될지라도 말이다. 마치 내 적의 손해에서 오는 나의 결과적인 이득이 내 승리의 순수성을 더럽히는 병적인 요소가 되기라도 하는 것처럼.

불평등이 비인격적이고 보이지 않는 힘으로 인해 발생한다면, 그 불평등을 받아들이기가 훨씬 더 쉽다. 프리드리히 하이에크는 이 점을 잘 알고 있었다. 자본주의 내에서 시장은 '비합리적'으로 돌아가고, 성공과 실패 역시 '비합리적'으로 이루어지는데, 바로 이것이 시장의 장점이다. 내 성공이나 실패를 '내 책임이 아닌 것', 혹은 우연적인 것으로 받아들일 수 있게 되기 때문이다.[16] 시장에 대한 오래된 모티프가 '예측 불가능한 운명'을 현대적으로 각색한 것이라는 점을 상기해 보라. 이 점을 감안한다면, 대부분의 사람들이 자본주의를 받아들일 만하다고 여기는 가장 큰 이유는 자본주의가 '공정하지' 못하다는 사실에 있다. 사람들은 내가 실패한 것이 나의 열등한 자질 때문이 아니라 우연으로 인한 것이라는 점을 알고 있기 때문에 그 실패를 훨씬 쉽게 견딜 수 있다는 얘기다.

니체와 프로이트는 평등한 것을 정의로운 것이라고 보는 발상의 밑바닥에는 부러움이라는 감정이 있다고 봤다. 이 부러움은 우리가 가지지 못한 것을 가지고 있으며, 그것을 향유하는 타자에 대한 부러움을 뜻한다. 따라서 정의를 추구한다는 것은 결국 모두가 동등하게 주이상스jouissance를 누릴 수 있도록 타자의 과도한 향유가 박탈되어야 한다고 요구하는 것이다. 이런 요구는 필연적으로 금욕주의를 낳는다. 모두가 평등하게 주이상스를 누리도록 강제할 수는 없기 때문에, 대신 모두가 평등하게 금지된 상태를 강제하자는 것이다. 그런데 대개 쾌락에 대해 관대한 사회라고 알려진 오늘날 우리 사회에서 이런 금욕주의는 정반대의 모습으로 드러난다. 그러니까 일반화된 초자아의 명령, 즉 '즐기라!'는 명령으로 그 모습을 드러낸다는 것이다. 우리는 모두 이 명령의 마법에 걸려 있다. 그 결과 우리의 즐거움은 그 어느 때보다도 더 저해에 부닥친다. 가령 나르시시즘적 '자아실현' 을 추구하는 동시에 조깅을 하고, 건강식을 챙겨 먹는 등 금욕주의적 규율을 가진 여피족을 예로 들어 보자. 니체가 '최후의 인간the Last Man'이라는 개념을 제시하면서 염두에 두었던 것이 바로 이런 모습 이었을 것이다. 물론 어렴풋하기만 했던 최후의 인간이라는 존재는 오늘날에 이르러서야 우리가 여피족이 추구하는 쾌락주의적 금욕주 의의 모습을 보면서 알아차리게 됐지만 말이다. 니체가 단순히 삶의 긍정을 촉구하며 금욕주의에 반대했던 것은 아니었다. 니체는 금욕 주의가 어떤 면에서는 퇴폐적이거나 지나치게 관능적인 것과 동전의 양면 관계라는 점에 대해 잘 알고 있었다. 이런 점은 바그너의 오페라 〈파르지팔〉에 대한, 그리고 좀 더 일반적으로는 질척한 관능과 모호 한 유심론 사이를 왔다 갔다 하던 후기 낭만주의의 퇴폐성에 대한 니 체의 비판에 잘 나타난다.[17]

그러면 결국 부러움이란 게 무엇인가? 일단 아우구스티누스가 묘 사했던, 자기 어머니의 젖을 빠는 동생을 부러워하는 아기 이야기로 돌아가 보자. 여기서 주체가 부러워하는 것은 타자가 소중한 대상을 소유하고 있다는 것 그 자체가 아니라, 타자가 대상을 즐길 수 있는 방식이다. 따라서 그 대상을 훔쳐서 제 소유로 삼는 것만으로는 성에 차지 않는다. 그가 가진 진정한 목적은 타자가 대상을 즐기는 능력/ 역량을 파괴하는 데 있는 것이다. 따라서 이 부러움이라는 감정은 부 러움·검약·우울이라는 삼항 관계 속에 배치될 필요가 있다. 이 세 가

〈파르지팔〉 초연 장면(1882) 중세 작가인 볼프람 폰 에셴바흐(1170경-1220경)의
서사시 「파르지팔」을 바탕으로 하여 바그너의 종교적인 이상을 담았다.

지 형태의 감정은 대상을 직접 향유할 수 없는 상태에 있지만, 바로
그 불가능한 상태가 비친 거울상을 향유하는 상태에 있기도 하다. 부
러움의 감정을 가진 주체는 타자가 소유하고 있고/있거나 타자가 주
이상스의 대상으로 삼는 것을 부러워하는데, 이와 대조적으로 구두
쇠는 대상을 소유하긴 하지만, 그것을 향유/소비할 줄 모른다. 구두
쇠는 단지 대상을 소유하는 데에서, 그것을 어떤 상황에서도 소비되
어서는 안 될 신성한 실체, 손댈 수 없는/금지된 실체로 격상시키는
데에서 만족을 느낀다. 지금까지 우리가 봐 왔던 고독한 구두쇠의 전
형적인 모습은 집에 돌아와 조심스레 문을 다 걸어 잠그고 궤짝을 열

150

어 제 소중한 대상을 몰래 훔쳐보며 경탄하는 장면이다. 그가 대상을 소비하지 못하도록 막는 바로 그것이 대상에 욕망의 대상으로서의 지위를 보장한다. 한편, 우울한 주체의 경우는 구두쇠처럼 대상을 소유하긴 하지만, 왜 그것을 욕망하게 됐는지, 그 이유를 잃어버린다. 따라서 우울한 주체는 셋 가운데 가장 비극적이다. 자신이 원하는 모든 것을 마음대로 가질 수 있지만, 거기서 어떤 만족도 느끼지 못한다는 점에서 말이다.[18]

이런 '부러움의 과잉'은 이기주의에 대한 루소의 잘 알려진, 그럼에도 충분히 탐구되지 않은, 두 가지 구분의 바탕이 된다. 루소는 이기주의를 자기애amour-de-soi와 자존심amour-propre으로 구분했다. 전자는 자기 자신에 대한 자연스러운 사랑인데 반해, 후자는 다른 사람들보다 자기 자신을 도착적으로 좋아하는 것을 말한다. 이 상태에서 사람은 목표를 성취하는 것이 아니라 그것을 이루는 데 장애물이 될 법한 것들을 제거하는 데 집중한다.

이 원초적 정념, 오로지 우리의 행복만을 곧장 향하며 우리가 그와 관계있는 대상들만을 대하게 하고, 자기애amour-de-soi가 유일한 원칙인 이 정념은, 본질적으로는 사랑스럽고 다정다감하다. 하지만 대상보다 장애물에 주의가 쏠리는 순간 그 정념은 대상에 닿고자 하는 노력보다 그 장애물을 제거하는 데 더욱 몰두하고, 본성은 바뀌어 성마르고 증오에 차게 된다. 고결하고 순수한 마음인 자기애가 자존심amour-propre으로 바뀌게 되는 건 이런 식이다. 여기서 자존심이란 남과 비교를 위해 동원되는 상대적인 감정이고, 편애를 요구하는 감정이다. 그리고 자존심을 향유한다는 것은 순전히 부정적인 것이다. 그리고 이렇게 되면 자기 자신의 행복에서 만족을 찾으려 하는 것이 아니라 남의 불행에서 만족을 찾게 된다.[19]

따라서 악한 사람은 이기주의자egotist가 아니다 이기주의자는 '오로지 자기 자신의 이익만 생각하는 사람'이다. 진정한 이기주의자는 자기 이익에 신경 쓰기도 너무 바빠서 남들에게 불행을 일으킬 만한 여유가 없다. 나쁜 사람의 가장 중요한 악덕은 바로 그가 자기 자신보다 남들에게 더 몰두한다는 점이다. 여기서 루소가 묘사하는 것은 바로 리비도의 메커니즘이다. 리비도의 투여 대상이 목표물에서 장애물 그 자체로 바뀌는 전도현상이 일어나는 것이다. 이는 근본주의자들의 폭력에도 아주 잘 들어맞는다. 오클라호마 폭탄 테러든, 9/11 테러든 마찬가지다. 두 경우 모두에서 우리는 순수하고 단순한 증오를 볼 수 있다. 그러니까 여기서 정말로 중요한 것은 장애물에 불과한 오클라호마 연방 청사와 세계무역센터를 파괴하는 것이지, 진정한 기독교 사회나 무슬림 사회를 이룩한다는 고귀한 목적이 아니었던 것이다.[20]

평등주의 자체를 액면 그대로 받아들여서는 결코 안 되는 이유가 바로 여기 있다. 평등주의에 기초한 정의라는 개념(과 실행)은, 그것이 부러움이라는 감정에 의해 지탱되는 한, 남에게 이익이 되는 일이라면 포기해 버리는, 거꾸로 뒤집힌 규범에 의존하게 된다. "나는 이것을 기꺼이 포기하겠다, 남들이(남들도) 이것을 갖지 않도록(못하도록)!" 여기서 악은 희생정신과 대립하기는커녕, 희생정신 그 자체로, 자기 자신의 행복을 기꺼이 포기하겠다는 자세로 나타난다. 결국 나의 희생을 통해 타자가 누리는 향유를 박탈할 수만 있다면, 희생을 감수할 각오가 되어 있는 것이다.

약탈과 강간을 저지를 것 같은 주체

미국·이라크 전쟁의 깜짝 스타 중 하나로 잠시나마 유명세를 누렸던 인물이 있는데, 그 사람은 바로 불운한 이라크 공보장관, 무함마드 사이드 알-사하프다. 매일 기자회견을 할 때면 그는 사실이 너무도 분명할 때조차 대담하게 부인하며 충실히 이라크를 지지했다. 미군 탱크가 집무실에서 고작 몇백 야드 남짓한 곳까지 왔는데도 그는 미국 TV에 나오는 바그다드 시가의 탱크 장면이 할리우드 특수효과일 뿐이라고 계속 우겼다. 그런데 이따금 그는 기이하리만치 진실한 말로 심금을 울리기도 했다. 미군이 바그다드 일부를 통제하고 있다는 주장이 제기되자, 그는 이렇게 쏘아붙였다. "그들은 아무것도 통제하고 있지 않소. 그들은 자신들조차 통제 못 한단 말이오!"

마르크스는 비극은 희극으로 다시 한번 되풀이된다는 유명한 말을 했는데, 뉴올리언스가 혼돈 상태에 빠진 것을 보면 이 말은 앞뒤를 바꿔야 할 듯싶다. 이라크의 공보장관, 사이드의 희극적인 응수가 비극으로 탈바꿈한 것이다. 전 세계에서 평화와 자유와 민주주의를 수호하려 노력하는 세계의 경찰 미국이, 자국 내 지역에서 통제 불능 상태에 빠졌다. 며칠 동안 뉴올리언스는 약탈과 살인과 강간이 자행되는 야생 상태로 분명히 퇴보한 듯했다. 뉴올리언스는 죽은 자와 죽

어 가는 자의 도시, 조르조 아감벤이 말한 '호모 사케르'(시민 질서에서
배제된 사람)들이 방황하는, 묵시록 이후의 세상 같은 장소가 되었다.
우리의 삶에는 공포가 스며들었다. 사회 구조 전체가 와해되어 버리
는 이런 사태가 언제라도 일어날 수 있다는 공포, 자연재해나 기술적
사고(지진이나 전기 공급 중단, 한물간 밀레니엄 버그 사건 등)가 일어나기
라도 하면 우리의 세상은 원시적인 야생 상태로 퇴보하리라는 공포
였다. 사회적 유대가 이토록 무너지기 쉽다는 것은 그 자체로 사회적
징후다. 재난은 더 굳은 연대 의식을 기대할 법한 상황인데, 오히려
무자비한 이기주의가 폭발하리라는 공포를 느끼는 것이다. 뉴올리언
스에서 실제로 그랬듯이 말이다.

'미국은 그래도 싸지' 운운하며 남의 불행을 고소해할 때가 아니다.
뉴올리언스의 비극은 엄청났다. 무슨 일이 일어났는지에 대한 분석
이 늦었던 것이다. TV 뉴스의 방영 장면들을 보고 있노라니 온갖 리
얼리티 프로그램을 비롯한 문화 현상들을 떠올리지 않을 수 없었다.
물론 처음으로 연상된 것은 당연히 카불·바그다드·소말리아·라이베
리아 등, 내전의 나락에 떨어진 제3세계의 도시들을 보여 주는 TV
뉴스의 보도들이었다. 그리고 뉴올리언스 사태에 대해 진정으로 놀
라게 되는 것은 바로 이 때문이다. 그곳에서 일어나는 줄만 알았던
일이 이제는 여기서 일어나고 있었던 것이다. 아이러니한 점은 루이
지애나가 종종 '미국의 바나나 공화국',* 즉 미국 속의 제3세계라 불

---

* 바나나 공화국: 바나나 등의 한정된 1차 생산물의 수출에 절대적으로 의존해, 주로 미
국 등의 외국 자본의 도움으로 부패한 독재자와 그 수하가 정권을 장악하고 있는 정치
적으로 불안한 작은 나라를 가리키는 경멸어.

허리케인 카트리나로 침수된 뉴올리언스 인터체인지(2005)

린다는 사실이다. 당국의 대응이 너무 늦었던 이유 중 하나도 분명 여기에 있었을 것이다. 이성적으로 우리는 어떤 일이 일어날지 알고 있었지만, 그런 일이 실제로 일어나거나 일어날 수 있다고 정말로 믿지는 않았다. 생태적 재앙의 위협에 대해 느끼는 것과 같이 말이다. 실제로 우리는 생태적 재앙에 대해 잘 알지만, 어쩐지 그런 일이 일어날 수 있다고 정말로 믿지는 않는다….[21]

그렇다면 도대체 뉴올리언스에서 발생한 재앙이란 무엇이었는가? 자세히 검토해 보면, 첫 번째로 주목할 것은 이 사건의 시간성이 기묘하다는 점, 일종의 지연된 반응이 일어났다는 점이다. 허리케인이 덮치고 간 직후에는 순간적인 안도감이 있었다. 허리케인의 눈은 40

킬로미터 차이로 뉴올리언스를 비껴갔던 것이다. 보도된 바에 따르면 사망자 수는 10명에 불과했고, 따라서 최악의 사태, 두려워하던 재난은 피할 수 있었다. 그런데 그 여파로 상황이 심각하게 악화되기 시작했다. 시의 방어 제방 일부가 무너져 내린 것이다. 도시는 물에 잠겼고 사회 질서는 붕괴되기 시작했다…. 따라서 허리케인이란 자연재해는 사실 여러 가지 면에서 '사회적 책임'을 피할 수 없는 인재임이 드러났다. 첫째, 미국에 허리케인이 평소보다 자주 발생하는 것은 인간이 초래한 지구 온난화 때문이라 의심해 볼 수 있다. 둘째, 허리케인의 즉각적인 재앙적 영향, 즉 도시의 홍수는 상당 부분 인간의 잘못 때문이었다. 방어 제방이 부실했고, 당국은 허리케인이 닥친 후에 무엇이 필요한지 쉽게 예상할 수 있는데도 준비를 소홀히 했다. 그러나 훨씬 더 심각하고 진정한 충격이 일어난 것은 허리케인이 지나간 후였다. 이 충격은 자연재해가 사회에 미친 영향이라는 모습을 가장하고 찾아왔다. 사회적 질서의 붕괴는 일종의 지연된 작용처럼, 마치 자연재해가 사회적 재해로 되풀이되는 것처럼 일어났다.

이런 사회적 와해를 어떻게 해석해야 할까? 첫 번째 반응은 전형적인 보수주의자의 반응이다. "뉴올리언스 사태는 사회적 질서가 얼마나 무너지기 쉬운 것인지, 폭력적 열정의 분출을 예방하기 위한 엄격한 법 집행과 윤리적 강제가 얼마나 필요한지를 다시 한번 확인시켜준다. 인간 본성은 원래 악하며, 사회적 혼돈은 언제나 도사리고 있는 위협이다…." 이런 주장은 인종주의적인 시각으로 다음과 같이 비틀릴 수도 있다. "폭력을 저지른 이들은 거의가 흑인이었다, 그러니 이건 흑인이 정말로 문명화된 것은 아니라는 새로운 증거다. 자연재해가 일어나자 일상적 시기에 감시받으며 겨우 감춰져 있었을 뿐인 인간쓰레기들이 그 정체를 드러낸 것이다."

물론 이런 유의 주장에 대해서는 빤한 대답이 예상된다. 미국에 끈질기게 남아 있는 인종 분열이 뉴올리언스가 혼돈의 나락으로 떨어지자 가시화된 거라고 말이다. "뉴올리언스는 인구의 68퍼센트가 흑인이다. 흑인들은 가난하고 소외받은 이들이다. 그들은 제시간에 도시를 빠져나갈 어떤 수단도 없었다. 그들은 그동안 방치되고 굶주리며 보호받지 못해 왔다. 그러니 폭발한 것도 놀랄 일이 아니다. 그들의 폭력적인 반응은 로스앤젤레스의 로드니 킹 폭동이나, 더 거슬러 올라가 1960년대 말에 디트로이트와 뉴어크에서 일어난 폭동이 다시 나타난 거로 보아야 한다."

그런데 더 근본적인 면에서 뉴올리언스에서 폭발한 것은 '인간 본성'과 그것을 제어하는 문명의 힘 간의 긴장 때문이 아니라, 오히려 우리 문명 내부의 서로 다른 두 측면 사이의 긴장이었다고 한다면 어떻겠는가? 뉴올리언스의 폭동을 통제하려 노력하는 과정에서, 법과 질서의 수호자들은 화장기가 지워진 자본주의의 민낯nature과 직접 마주친 것이 아니었을까? 그러니까 자본주의적 체제 동학이 만들어내는 개인주의적 경쟁의 논리와 가차 없는 자기 내세우기 같은 자본주의의 '본바탕nature'이야말로 그 어떤 허리케인이나 지진보다 훨씬 더 위협적이고 폭력적인 것이 아니었을까?

임마누엘 칸트는 숭고das Erhabene에 관한 이론에서 우리가 폭발적인 자연의 힘에 매혹되는 것은 자연에 대한 정신의 우위성을 부정하지 못하는 증거라 해석한 바 있다. 사나운 자연이 그 힘을 아무리 난폭하게 드러낸다 해도, 그것이 우리 안에 있는 도덕률을 건드리지는 못한다. 뉴올리언스의 재난이야말로 칸트가 말하는 숭고를 설명해 주는 비슷한 사례가 아니겠는가? 말하자면 허리케인의 소용돌이가 아무리 난폭해도, 그것은 자본주의적 체제 동학의 소용돌이를 무너뜨리지는 못한다는 것이다.

그런데 뉴올리언스 사태에는 또 다른 측면이 있다. 이는 우리의 삶을 통제하는 이데올로기적 메커니즘이라는 측면으로서 그 중요성이 전혀 덜하지 않다. 널리 알려진 인류학적 일화에 따르면, 우리는 '미개인'들이 모종의 미신적 믿음을 지니고 있다고 생각하는데(예를 들어 그들이 물고기나 새 등의 후손이라는 믿음), 이런 믿음에 대해 직접 물어보면 그들은 이렇게 대답한다. "당연히 안 믿죠, 우린 바보가 아니라고요! 그런데 우리 조상 중에는 정말 그 얘기를 믿었던 사람들도 있다고 들었어요…." 한 마디로, 그들은 자신의 믿음을 남에게 전가한다. 아이들을 대할 때 우리도 같은 방식으로 행동한다. 가령 우리는 매년 산타클로스 행사를 여는데, 그것은 우리가 아이들은 산타클로스를 믿을 것 같다고 여기고, 따라서 아이들을 실망시키고 싶지 않기 때문이다. 아이들은 우리를 실망시키지 않기 위해, 그리고 아이들이 천진난만하다는 우리의 믿음을 깨뜨리지 않기 위해 (그리고 물론 선물을 받으려고) 산타클로스를 믿는 척한다. 전형적인, 이제는 정직해졌다고 주장하는 부패 정치인이 늘어놓는 흔한 변명도 그렇지 않은가? "저는 그 사실을(혹은 저를) 믿는 평범한 사람들을 실망시킬 수 없습니다." 조금 더 깊이 들어가 보자. 우리가 타자를 (종교적 혹은 민족적인) '근본주의자'로 낙인찍어야 했던 것은, 우리에게는 이렇게 '진짜로 믿는'

타자가 필요했다는 사실을 알려 주는 게 아니겠는가? 기묘하게도 어떤 믿음은 항상 '거리를 두고' 작동하는 듯하다. 믿음이 작동하려면 그것을 궁극적으로 보장해 주는 존재가 있어야 하는데, 이 존재는 늘 등장을 미루고, 다른 것으로 대체되며, 결코 몸소 나타나지 않는다. 물론 여기서 핵심은, 진짜로 믿는 다른 주체가 꼭 존재하지 않아도 그 믿음은 효력을 발휘할 수 있다는 점이다. 그의 존재를 전제하는 것만으로, 즉 원시적인 타자의 모습이든 특정 인물이 아닌 대명사의 모습이든 그것을 믿는 것만으로도 충분하다.

그런데 이런 식의 연기나 대체는 울음과 웃음 등, 우리의 가장 내밀한 감정과 태도에서도 작동하는 게 아니던가? '원시' 사회에서 장례식 때 울어 달라고 고용되는 이른바 '곡하는 여인들'부터, TV 시트콤에서 우스운 장면이 나올 때마다 효과음으로 삽입되는 웃음소리, 사이버 공간의 아바타에 이르기까지, 같은 종류의 현상이 그대로 작동한다는 것이다. 내가 나의 '가짜' 이미지를 만들고 내가 참여하는 가상 커뮤니티에서 그 이미지가 나를 대신하게 되면(예를 들어, 야한 게임에서는 흔히 수줍은 성격의 남자가 매력적이고 성적으로 문란한 여성을 게임 속 페르소나로 삼는다), 내가 화면 속 나의 페르소나의 일부로서 느끼고 '가장하는' 감정들은 단순히 거짓은 아니다. '진정한 자아'로서의 내 경험을 느끼지는 못하지만, 그래도 그 감정은 어떤 의미로는 '진실'하다. 마치 녹음된 웃음소리가 가득한 TV 시리즈를 볼 때, 내가 직접 웃지는 않아도, 힘든 하루 일과에 지쳐 그냥 화면을 쳐다보면서, 방송이 끝나면 좀 편안한 기분이 드는 것과 마찬가지다….

허리케인 카트리나가 뉴올리언스를 강타한 후의 사건들은 이 '~일 것 같은 주체들subjects supposed to…'의 사례에 추가할 만하다. 약탈과 강간을 저지를 것 같은 주체라는 이름으로 말이다. 우리는 모두, 공공질서의 붕괴, 흑인들의 폭력 분출, 강간과 약탈 등에 대한 보도를 기억한다. 그러나 이후의 조사로 입증되었지만, 대부분의 경우 이런 폭력의 아수라장과 같은 사태는 벌어지지도 않았다. 미디어가 근거도 없는 소문을 마치 사실인 양 보도했던 것이다. 실례로 9월 4일 〈뉴욕 타임스〉에는 뉴올리언스 경찰국의 경찰서장의 말이 인용되었는데, 그는 컨벤션 센터의 상황을 이렇게 말했다. "그 주변에 관광객들이 있는데, 관광객들은 이 지역 사람들의 눈에 띄기만 하면 먹잇감이 돼 버립니다. 이 지역 사람들은 대낮에 폭행과 강간을 자행하죠." 그런데 2주 후의 인터뷰에서 그는 자신의 발언 중 가장 충격적인 몇몇 부분은 사실과 다른 것으로 드러났다고 인정한다. "살인이 일어났다는 공식 보고는 전혀 없습니다. 강간이나 성추행에 대한 공식 보고 역시 한 건도 없습니다."[23]

현실 속에서 가난한 흑인들이 버림받고 생존 대책도 없이 방치되었다는 사실은 다음과 같이 폭발적인 흑인 폭력이라는 유령으로 완전히 바뀌었다. 무정부 상태에 빠진 거리거리에서는 관광객들이 귀중품을 털리고, 살해를 당하는가 하면, 슈퍼돔*에는 여성들과 아이들을 강간하는 양아치들이 득실거린다는, 유령과 같은 이야기로…. 이런 보도는 단순한 말에 불과한 게 아니라, 명확한 실질적 효과를 지닌 말들이었다. 이런 말들은 공포를 낳았는데, 이로 인해 당국은 경찰대

---

* 슈퍼돔: 뉴올리언스에 있는 실내 종합 경기장 겸 전시 시설. 카트리나 사태 때 이재민 대피 사설로 사용됨.

배치를 바꿔야 했으며, 이 때문에 의료 호송이 지연되고, 경관들은 사직하고, 헬리콥터 이륙이 금지되었다. 실제로, 무장 강도들이 코빙턴의 한 소방서를 습격해 물을 몽땅 빼앗아 갔다는 말이 돌자, 아카디안 응급 호송 서비스회사의 차량은 운행이 중지되기도 했다. 그런데 그런 보도는 완전히 근거 없는 것으로 밝혀졌다.

물론, 진짜 무질서와 폭력이 위기의식을 촉발시켰다는 점은 틀린 말이 아니다. 폭풍우가 뉴올리언스를 휩쓸고 지나가던 순간에는 정말로 약탈이 시작되긴 했다. 그 양상은 좀도둑질에서 생필품 조달을 위한 약탈에 이르기까지 다양했다. 그러나 (제한적이긴 하지만) 실제로 범죄가 발생했다 해서 법과 질서가 완전히 붕괴했다는 '보도들'이 용서받을 수 있는 건 결코 아니다. 그런 보도가 '과장된' 것이라서가 아니라, 훨씬 더 근본적인 이유 때문이다. 자크 라캉의 주장에 따르면, 환자의 아내가 다른 남자들과 외도했다는 게 사실이라 해도 환자의 질투는 병리적인 것으로 다뤄져야 한다. 마찬가지로 가령 1930년대 초 독일에 거주하던 부유한 유대인들이 '실제로' 독일 노동자들을 착취하고, 그 딸들에게 추근대며, 대중 언론을 장악했다 해도, 나치의 반유대주의는 분명한 '허위'이며, 병리적이고 이데올로기적인 것이다. 왜냐고? 반유대주의가 병리적인 이유는 '부인된disavowed'[억압된] 리비도를 유대인이라는 형상에 투여한 것이기 때문이다. 유대인은 도착된 애증의 대상이었고, 매혹과 혐오감이 뒤섞인 유령 같은 형상이었는데, 아무튼 모든 사회적 적대감의 원인은 '유대인'에게 투사되었다. 뉴올리언스의 약탈 사태도 이와 똑같다. 설사 폭력과 강간에 대한 '모든' 보도가 실제 사실로 밝혀졌다 할지라도 폭력에 대해 떠돌던 이야기들은 여전히 '병리적'이고 인종주의적이다. 이런 이야기들을 유발한 것은 사실이 아니라 인종주의적 편견이며, "그것 봐, 흑인들은 정말 그렇다니까. 문명이라는 얄팍한 껍질에 덮인 폭력적인 야만인들이야!"라고 말하는 이들이 느낀 만족감에서 비롯된 것이기 때문이다. 다시 말해, 여기서 우리는 진실을 가장한 거짓말이라 부를 만한 현상과 마주친 셈이다. 내가 말하는 것이 실제로 진실이라 해도, 내가 그런 말을 하는 동기가 거짓인 경우이다.

그렇다면 우파 포퓰리스트는 분명 이런 반론을 제기할 것이다. 만일 실제 진실을 말하는 행동 속에 인종주의적 태도와 같은 주관적 거짓말이 녹아 있다면, 우리는 정치적 올바름에 입각해 흑인들이 범죄를 저질러도 그 분명한 사실조차 말하면 안 된다는 것인가? 답변은 명쾌하게 해 줄 수 있다. 요점은 어떤 높은 차원의 정치적 진리를 위해 거짓말을 하거나, 사실을 왜곡 혹은 묵살하라는 게 아니다. 주관적 입장을 바꾸어 실제 사실을 말하는 행동에 발화 행위의 주관적 입장에서 나오는 거짓말을 포함하지 않도록 하라는 것이다. 물론 이렇게 하는 게 아주 어려운 일이긴 하다. 전형적인 정치적 올바름의 한계가 바로 여기에 있다. 정치적 올바름은 어떤 입장에서 발언할 것인지에 대한 주관적 입장을 바꾸려 하지 않고 단지 발언 안에 무엇이 담길 수 있는지/없는지에 관한 규칙을 강제하려고만 한다. 가령 흑인들이 범죄를 저질렀다고 지적하지 말아라, 레즈비언 커플이 자녀를 학대한다고 지적하지 말아라, 가난하고 소외된 이들이 여성과 아이를 난폭하게 대해도 그 점을 물고 늘어지지 말아라…. 그러나 이처럼 말하는 내용에 제약을 걸어도 우리의 주관적 입장은 전혀 변함이 없다.

물론 우리는 그런 동기가 있음을 대놓고 인정하지는 않는다. 그럼에도 그것들은 우리가 사는 공공의 공간에서 끊임없이 튀어나온다. 때로 그것은 검열을 거치고 나오기도 하며, 부인否認의 탈을 쓰기도 하며, 하나의 선택지처럼 언급되었다가 즉각 폐기되기도 한다. 『미덕의 책』의 저자로, 신보수주의 정치인이자 도박꾼이기도 한 윌리엄 베넷이 2005년 9월 28일 자신이 진행하는 라디오 토크쇼 프로그램 〈미국의 아침〉에서 했던 말을 상기해 보라. "그런데 만일 범죄를 줄이고자 한다면, 단지 그것 말고 다른 목적이 없다면, 이 나라의 흑인 아기를 몽땅 낙태시킬 수 있을 겁니다. 그러면 범죄율이 내려가겠죠. 도저히 말도 안 되는 일이고 도덕적으로도 비난받을 일이지만, 범죄율은 확실히 줄어들 거예요." 백악관은 즉각적인 반응을 보였다. "대통령은 그런 말이 부적절했다고 생각합니다." 이틀 후, 베넷은 자신의 발언을 수정했다. "저는 가상의 제안을 했던 거고, … 그 얘기 후에는 특정한 인종 전체에 낙태를 권한다는 것은 도덕적으로 비난받을 만한 일이라고 덧붙였습니다. 하지만 목적이 수단을 정당화할 수 있다고 주장한다면 그런 일이 생깁니다." "무의식은 부정negation을 모른다"는 프로이트의 견해는 바로 이런 경우를 두고 하는 말이다. 공식적 담론(기독교의 담론, 민주당의 담론 등)은 온갖 외설적이고 난폭하며 인종주의적이고 성차별적인 환상을 수반하며 그것들에 의해 지탱되는데, 그 환상들은 오직 검열을 거친 형태로만 허용된다.

하지만 오래되고 익숙한 인종주의만이 문제가 아니다. 더 위태로운 문제가 있다. 이는 떠오르는 우리 '세계화' 사회의 근본적인 특징이다. 2001년 9월 11일 세계무역센터가 공격받았다. 그 12년 전인

1989년 11월 9일에는 베를린 장벽이 무너졌다. 베를린 장벽이 무너진 날은 '행복한 90년대'의 시작을, 프랜시스 후쿠야마가 꿈꾼 '역사의 종말'을 선포하는 날이었다. 원칙상으로 자유 민주주의가 승리했다는 믿음, 그리고 탐색의 과정은 끝났다는 믿음, 자유로운 전 지구적 공동체가 바로 가까이에서 기다리고 있다는 믿음, 이 너무도 할리우드적인 해피 엔딩을 가로막는 장애물은 단지 경험적이고 우연적인 것이라는 믿음(아직도 제 시대가 끝났음을 깨닫지 못하는 지도자들이 국지적 저항을 할 테니까). 반대로 9/11은 클린턴의 '행복한 90년대'에 종말을 고하는 커다란 상징이었다. 이 시대는 여기저기서 새로운 장벽이 솟아오른 시대이기도 하다. 이스라엘과 서안지구 사이에, 유럽 연합을 둘러싸고, 그리고 미국과 멕시코의 국경 등에 말이다. 포퓰리스트 신보수주의 세력의 부상은 새로운 장벽을 세우고자 하는 충동을 가장 두드러지게 보여 주는 예이다.

몇 년 전, 유럽 연합은 거의 아무도 주목하지 않는 가운데 불길한 결정을 통과시켰다. 유럽 전체를 지키는 국경 경찰 수비대를 창설하여 유럽 연합 내 영토를 차단하여 안전을 보장하고 이민자의 유입을 막자는 결정이었다. 바로 이것이 세계화의 본모습이다. 새로운 장벽을 쌓아 올려 번영하는 유럽에 이민자들이 유입하지 못하게 막자는 것이. 여기서 '사물들 사이의 관계'와 '사람들 사이의 관계'를 대립시킨 마르크스의 오래된 '인간주의적' 대립을 되살리고 싶어진다. 전지구적 자본주의는 그 유명한 '자유로운 순환'의 물꼬를 텄지만, 여기서 자유롭게 순환하는 것은 '사물들'(상품들)에 국한되며, '사람들'의 순환은 점점 더 많은 통제를 받고 있다. 우리는 지금 '미완의 기획'

으로서의 '세계화'가 아니라 진정한 '세계화의 변증법'에 대해 얘기하고 있다. 사람들을 분리하는 것이야말로 경제적 세계화의 현실이다. 선진국의 이런 새로운 인종주의는 어떤 면에서 과거의 인종주의보다 훨씬 더 잔혹하다. 이 새로운 인종주의가 은연중에 합리화하고자 하는 것은 자연주의적 태도(서구 선진국이 '자연적으로' 우월하다는 생각)도 아니고, 더 이상 문화적인 태도('우리 서구에서도 우리의 문화적 정체성을 지키고 싶다'는 생각)도 아니다. 그저 그 뻔뻔스런 경제적 이기주의를 합리화하고 싶은 것이다. 그래서 근본적인 구분선은 (상대적으로) 경제적 번영을 누리는 영역에 포함된 이들과 거기서 배제된 이들 사이에 있다고 볼 수 있다.

여기서 우리는 '약탈과 강간을 저지를지도 모르는 주체들'에 대한 소문과 '보도'라고들 일컫는 것에 대해 다시 생각하게 된다. 뉴올리언스는 부유한 이들과 빈민가 흑인들을 갈라놓는 미국 내의 내부적 장벽이 가장 두드러지게 존재하는 곳이다. 그리고 이 벽 너머에 있는 사람들에 대해 우리는 환상을 품는다. 벽 너머는 점점 더 또 다른 세계가 되어 가며, 우리의 공포와 불안과 은밀한 욕망이 투사될 수 있는 텅 빈 스크린이 되어 간다. '약탈과 강간을 저지를지도 모르는 주체들'은 이 장벽 건너편에 있다. 윌리엄 베넷이 그 혀를 잘못 놀릴 수 있었고, 검열된 방식으로 자신의 그 끔찍한 꿈을 털어놓을 수 있었던 것은, 바로 이런 주체에 대해서다. 카트리나의 여파에 대한 온갖 소문과 거짓 보도들은 그 무엇보다 뚜렷하게 미국 사회의 뿌리 깊은 계급 분열을 증명해 준다.

2005년 10월 초, 아프리카 이민들이 계속해서 아프리카 모로코

스페인령 멜리야에서 바라본 스페인과 모로코의 장벽

리프 해안의 스페인령 소도시 멜리야로 필사적 잠입을 시도하자, 이들의 유입을 어떻게 막을까 궁리하던 스페인 경찰은 스페인 영토와 모로코 사이에 장벽을 세우겠다는 계획을 표명했다. 이 장벽의 이미지, 전기 시설로 빈틈없이 무장한 복잡한 구조물의 이미지는 베를린 장벽과 섬뜩하리만치 닮았다. 다만 그 기능이 정반대일 뿐이다. 이 벽의 목적은 사람들이 나가지 못하게 하는 게 아니라 들어오지 못하게 하는 것이었다. 이런 분리 조치를 강행해야만 했던 스페인의 호세 사파테로 정부가 당시 유럽에서 가장 반인종주의적이고 관용적이라 평가받던 정권이었다는 점에서 이는 매우 잔인한 역설이라 할 수 있다. 이는 국경을 열고 이민자를 받아들이자고 설교하는 다문화주의적인 '관용적' 접근 방식의 한계를 드러내는 뚜렷한 징표다. 국경을

166

연다면 가장 먼저 들고 일어날 것은 현지의 노동계급일 것이다. 그러므로 '벽을 무너뜨리고 그들을 모두 들여보내라'는 유약한 자유주의 '급진 세력'의 손쉽고 공허한 주장은 해결책이 될 수 없다는 점이 명백해진다. 오직 진정한 해결책은 진정한 장벽을 무너뜨리는 것, 이민 관리국의 벽이 아니라 사회경제적 벽을 무너뜨리는 것이다. 사람들이 더 이상 자기가 속한 세계에서 필사적으로 탈출할 필요가 없도록 사회를 변화시키는 것이 해결책이다.

4

관용적 이성의 이율배반

자유주의냐 근본주의냐?

'두 가문 모두에 저주 있으라!'

임마누엘 칸트는 '순수 이성의 이율배반'이라는 개념을 전개한 바 있다. 인간의 이성에는 한계가 있기 때문에 구체적 감각의 경험을 넘어 "우주에는 시간적인 시초, 공간의 한계, 최초의 원인이 있는가, 아니면 무한한가?"와 같은 질문을 제시하는 순간, 자기모순에 빠져들 수밖에 없다. 이율배반이 생기는 이유는 문제의 양면 모두에 대해 타당한 증명을 할 수 있기 때문이다. 우리는 우주가 유한하고 동시에 무한하다는 것을 확실하게 입증해 보일 수 있다. 칸트는 이성의 이런 대립이 해결되지 않으면 인간성은 황량한 회의주의에 빠지게 된다고 주장했고, 그 상태를 '순수 이성의 안락사'라 칭했다.[1] 덴마크 일간지에 실린 무함마드 만평에 대한 무슬림들의 폭력에 대응했던 서구인들의 반응, 그러니까 2005년 가을, 서구 여론에 자극받아 벌어진 또 다른 폭력은 우리에게 '관용적 이성의 이율배반'과 유사한 사례를 제시하는 듯하다. 우리는 무함마드 만평에 대해 상반되는 두 가지 이야기를 할 수 있으며, 둘 다 설득력 있고, 훌륭한 논증이기도 하다. 두 이야기 간의 타협이나 중재의 가능성은 전혀 없이 말이다.

언론의 자유를 최고선 중 하나라고 믿는 서구 자유주의자에게, 이 사건은 명확하다. 우리가 만평에 혐오감을 느끼며 거부한다 해도, 그것을 신문에 실었다고 해서 살기 등등한 군중 폭력을 일으키고 덴마크라는 나라 전체를 낙인찍는 일은 결코 정당화될 수 없다. 만평이 모욕적이라 느낀 이들은 언론 자유를 채택했을 뿐인 한 국가에 사과를 요구할 것이 아니라, 법정에 문제를 제기해 모욕감을 준 장본인을 고소했어야 했다. 무슬림들의 반응은 그들에게 독립적인 시민 사회라는 서구 원칙에 대한 이해가 부족함을 노골적으로 드러낸다.

무슬림 사회의 태도 이면에는 글로 쓰인 것을 신성하게 여기는 무슬림의 믿음이 깔려 있다(전통적으로 무슬림들이 화장실에서 종이를 쓰지 않는 것은 이 때문이다). 완전히 세속적인 글이라는 발상은 이슬람 문화권에서는 상상조차 할 수 없는 일이고, 하물며 몬티 파이썬* 풍의 〈무함마드의 일생〉 같은 것은 말할 것도 없다. 사실은 언뜻 생각하는 것보다 훨씬 중요한 의미가 있다. 신성神性에 대한 조롱은 유럽의 종교적 전통에 속하는 것인데, 실제로 고대 그리스 시대부터 올림포스의 신들을 희화화하던 의식이 있었다. 이런 전통에 전복적이거나 무신론적인 면이라고는 전혀 없다. 조롱하는 것은 종교적 삶의 본질적 일부였던 것이다. 기독교의 경우, 그리스도가 등장하는 우화와 수수께끼 속에 카니발과 같은 역설이 있었음을 잊어서는 안 된다. 십자가형 그 자체에도 조롱의 요소가 녹아 있다. 이 신성 모독적 광경에서 나귀를 탄 왕은 그리스도이며, 그의 왕관은 가시 면류관이다. 이교 신앙에는 잠깐이나마 바보를 왕으로 뽑아 찬양하는, 평상시의 권력 관계를 익살스럽게 뒤집는 전통이 있는데, 기독교는 이 개념을 무너

---

* 몬티 파이썬Monty Python: 영국의 코미디 그룹. 1969년 5월 BBC의 〈몬티 파이썬의 플라잉 서커스〉로 데뷔했고, 주로 사회 풍자적인 코미디로 인기를 얻었다. 이들의 작품 중에는 예수의 일생을 풍자하고 패러디한 영화 〈브라이언의 일생〉이 있다.

뜨린다. 기독교에서 '진짜' 왕은 신성 모독자, 즉 가짜 왕*이나 바보임이 드러난다. 그런 이유에서, 2006년 12월 예수 그리스도를 폴란드 왕으로 선언하자는 진지한 제안을 했던 폴란드 의회의 보수주의-민족주의적 의원들은, 종교적 질서와 정치적 질서를 혼동했을 뿐만 아니라 기독교 자체의 농담을 놓친 채 매우 이교적이고 반기독교적이기도 했다.

서구 자유주의자가 지적할 만한 문제는 또 있다. 무슬림 국가의 언론매체와 교과서에는 반유대주의적이고 반기독교적인 비속한 풍자화가 넘쳐 난다는 점이다. 여기서는 다른 민족과 그들의 종교에 대한 존중을 찾아볼 수 없으며, 이런 존중을 요구하는 쪽은 물론 서구다. 게다가 그들은 다음 사례에서 알 수 있듯이 자기 민족을 존중할 줄도 모른다. 2006년 가을, 오스트레일리아 최고의 무슬림 성직자, 셰이크 타즈 딘 알-힐랄리의 발언을 듣고 많은 사람들은 격분했다. 무슬림 남성들이 집단 강간을 저질렀다가 수감된 사건을 두고, 그는 이렇게 말했던 것이다. "만일 고기를 포장도 하지 않고 길거리에 내놓았다가 … 고양이들이 그 고기를 먹었다면 … 누구의 잘못인가, 고양이들인가 고기인가? 포장되지 않은 고기가 문제다." 베일을 착용하지 않은 여성을 포장하지 않은 날고기에 비유한 자체가 엄청나게 도발적인 것이었기에, 알-힐랄리의 주장에 훨씬 더 놀라운 전제가 숨어 있었음에도, 이 전제는 거의 주목받지 못했다. 그의 주장에 따르면 남성의 성적 행위는 여성의 책임인데, 그렇다면 성적 유혹이라 인식하는 것을

---

* 가짜 왕Lord of Misrule: 중세 크리스마스 때 평민이나 노예 중 한 사람을 가짜 왕으로 뽑아서 광란의 축제를 즐기는 전통이 있었다.

접했을 때 남성들은 완전히 무력하고, 그 유혹에 전혀 저항할 수 없으며, 날고기를 본 한 마리 고양이와 똑같이 완전히 성적 욕구의 노예가 된다는 말인가?[2] 남성은 자기 자신의 성적 행동에 책임이 전혀 없다고 가정하는 이런 태도와 대조적으로, 서구에서는 여성의 에로티시즘을 대놓고 강조하는데, 이는 남성이 성욕을 자제할 수 있으며, 성적 충동의 맹목적인 노예가 아니라는 전제에 기초한다.[3]

다문화주의적 관용의 정신을 열렬히 주장하는 일부 서구인들은 무슬림 사회의 반응을 '이해'한다는 태도를 과시하려 든다. 그들은 무함마드 만평에 대한 심한 과잉 반응에는 근본적인 이유가 있다고 지적한다. 격렬한 폭력은 처음에는 덴마크를 겨냥했다가 이후 유럽과 서구 전체로 퍼져 나갔는데, 이는 무슬림의 항의가 사실은 특정한 만평이 아니라 서구의 제국주의적 태도 전체와 연관된 굴욕과 좌절의 감정을 향한 것임을 보여 준다는 것이다. 시위가 있은 몇 주 후, 기자들은 앞다투어 가며 폭동의 '진정한 이유'를 늘어놓았다. 이스라엘의 점령, 친미 성향의 파키스탄 무샤라프 정권에 대한 불만, 이란의 반미주의 등등이 진정한 이유라고. 그런데 이와 같은 변명에는 문제가 있다. 이는 그 논의를 반유대주의 자체로 넓혀 보면 확연히 드러난다. '실제로' 무슬림의 반유대주의는 유대인에 대한 것이 아니라 자본주의적 착취에 대한 항의를 대신하는 것이다. 하지만 그런 변명은 무슬림들에게 오히려 더 해가 되며, 논리적으로는 결국 다음과 같은 질문을 낳을 뿐이다. "그렇다면 왜 그들은 그 진정한 이유를 직접 다루지 않는가?"

다른 한편, 서구에 반대하는 입장에서도 그만큼 설득력 있는 사례를 들 수 있다. 곧이어 알려진 일이지만, 무함마드 만평을 실은 덴마크 신문은 예전에 그리스도에 대한 만평들이 지나치게 모욕적이라며 그 게재를 거부했던 적이 있다. 노골적인 편견이 드러나는 태도다. 게다가 덴마크의 무슬림들은 집단 시위를 벌이기 전에 실제로 '유럽다운' 대화의 길을 통해 문제를 해결하기 위해 정부 관계자와 면담을 요청하는 등 몇 달 동안이나 노력했다. 그러나 무시당했다. 이 모든 일의 이면에는 덴마크에서 외국인 혐오 풍조가 치솟고 있으며, 관용의 땅이라는 스칸디나비아의 신화도 이제 종말을 고했다는 슬픈 사실이 자리하고 있다. 마지막으로 우리는 서구의 이른바 언론의 자유라는 것 안에 잠재된 여러 가지 금지와 제한을 검토해 보아야 한다. 홀로코스트는 비판이 금기시되는 성역이 아닌가? 무슬림 폭동이 일어나던 바로 그때, 영국 역사학자 데이비드 어빙은 오스트리아 감옥에서 3년 형을 살고 있었다. 15년 전에 출간한 한 논문에서 홀로코스트에 대해 의문을 제기했기 때문이었다.[4]

홀로코스트를 둘러싼 사실(들)에 대한 의문을 (공개적으로) 제기하는 일에 이처럼 법적인 금지가 따른다는 점을 우리는 어떻게 이해해야 할까? 상식적인 도덕관념으로 생각해도 이는 뭔가 잘못된 일이고, 그 느낌이 옳다. 홀로코스트에 신성불가침의 지위를 부여하고 그것을 법적으로 보장하는 것은 어떤 의미에서 가장 교묘하고 도착적인 방식으로 홀로코스트를 부정하는 일이다.[5] 홀로코스트에 대한 사실(들)을 완전히 인정하는 반면, 그와 같은 법들은 홀로코스트가 가진 상징적 효력symbolic efficiency을 무력화해 버린다. 또 그런 법들 때문에 홀로코스트에 대한 기억은 껍데기만 남게 되며, 결국 홀로코스트에 영향을 줬던 개인들의 책임은 면제돼 버린다. 나는 비평가들에게 침착하게 답할 수 있다. "그건 이미 우리 법에 적혀 있고 다뤄졌잖소. 그러니까 문제는 해결된 거요 뭘 더 바라시오? 이젠 내가 조용히 살도록 좀 내버려두시오!" 물론 이는 홀로코스트에 대한 우리의 역사적 기억을 되살리기 위해, 그리고 껍데기만 남은(껍데기가 되고 있는) 공식적 기억에 의존하는 독단의 잠에서 우리를 일깨우기 위해 데이비드 어빙과 같은 존재가 필요하다는 뜻이 아니다. 여기서 요지는, 어떤 때에는 범죄를 직접 인정하는 것이 그 책임을 회피하는 가장 효과적인 방법이 될 수 있다는 점이다.

서구의 이런 법률 만능주의적 위선에 해당하는 태도는 무슬림 측에서도 찾아볼 수 있다. 그들이 홀로코스트를 언급하는 방식에 이상한 모순이 있다는 점이다. 2003년 10월 19일 요르단 신문 〈아드-두스투르Ad-Dustour〉에는 아우슈비츠-비르케나우에 있는 죽음의 수용소로 가는 철도를 그린 만평이 실렸는데, 나치 깃발 대신 이스라엘 국기가 등장했다. 만평에는 아랍어로 "가자지구 혹은 이스라엘의 절멸 수용소"라 적혀 있다. (신문은 이스라엘군을 나치와 동일시하고 있는데, 흥미롭게도 가자지구 주민들 역시 같은 식으로 비교했다. 이스라엘 방위군 IDF에 의해 강제 소개疏開를 당하면서 가자 주민들 역시 IDF가 제공한 버스와 트럭이 유대인들을 아우슈비츠로 실어 나른 기차와 마찬가지라 보았으며, 이 새로운 강제 호송이 멈추지 않는다면 또 한 차례의 홀로코스트가 일어날 거라고, 유대인들의 나라가 다시 한번 파괴될 거라고 주장했다. 홀로코스트를 멋대로 도구화한, 정반대이면서도 닮은꼴인 두 가지 사례는 여기서 마주친 셈이다.) 팔레스타인인에 대한 이스라엘의 정책이 유대인에 대한 나치의 행동과 비교할 만하다는 생각은 홀로코스트 부정과는 이상한 모순을 이룬다. 프로이트가 꿈의 기묘한 논리를 설명하기 위해 예로 든 농담이 있는데, 이 농담은 여기서 펼쳐지는 기묘한 논리를 이해하는 데 유용한 도움을 준다.

> 1) 나는 당신에게 주전자를 결코 빌리지 않았다.
> 2) 나는 주전자를 망가지지 않은 상태로 당신에게 돌려주었다.
> 3) 내가 빌려 왔을 때 주전자는 이미 망가진 상태였다.

물론 이처럼 서로 모순되는 주장들의 나열은, 부정에 의해 그것이 애써 부인하고자 하는 바를 확증하고야 만다. 내가 당신의 주전자를 망가뜨려서 돌려주었다는 사실을…. 과격파 이슬람주의자들이 홀로코스트에 대응하는 방식의 특징도 바로 이런 모순 아닌가?

> 1) 홀로코스트는 일어난 적이 없다.
> 2) 홀로코스트가 일어나긴 했지만, 유대인들은 그런 짓을 당해도 마땅했다.
> 3) 유대인들이 홀로코스트를 당한 것은 부당했다, 하지만 나치가 했던 짓을 팔레스타인인들에게 똑같이 하고 있으니, 그들은 홀로코스트에 대해 불평할 권리를 잃었다.

이란의 아마디네자드 대통령은 2005년 메카 연설에서 유럽 국가들이 이스라엘의 국가 수립을 지원하는 것은 홀로코스트에 대한 죄의식 때문이라는 주장을 내비쳤다.

> 몇몇 유럽 국가는 히틀러가 수백만 명의 무고한 유대인을 불태워 죽
> 였다고 주장한다. 그리고 그 말에 반대되는 사실을 밝혀내는 이가 있
> 으면 그 사람을 비난하고 감옥에 처넣을 정도다…. 우리는 그런 주장
> 을 인정하지 않지만, 그것이 사실이라고 치면, 우리는 유럽인들에게
> 이런 질문을 던지고 싶다. 그들이 예루살렘 점령자들을 지지하는 이
> 유는 히틀러가 무고한 유대인들을 학살했기 때문인가? … 유럽인들
> 이 진심이라면, 그들은 독일이나 오스트리아 등 자기들 유럽의 영토
> 일부를 시오니스트들에게 주어야 한다. 그러면 시오니스트들은 유럽
> 에 자기 나라를 수립할 수 있지 않은가. 당신들이 유럽 영토를 내어준
> 다면, 우리도 이스라엘 국가 수립을 지지할 것이다.

이는 매우 역겨운 주장이지만 한편으로는 통찰력을 담고 있다. 이 연설의 역겨운 부분은 물론 홀로코스트를 부인하는 대목이며, 더 문제적인 부분은 유대인들이 홀로코스트를 당해도 마땅하다는 대목이다. ("우리는 그런 주장을 인정하지 않지만"에서 '그런 주장'은 무엇을 말하는가? 히틀러가 수백만 명의 유대인을 학살했다는 주장인가, 아니면 유대인들은 무고했으며 학살당할 이유가 없었다는 주장인가?) 그리고 인용한 연설에서 옳은 부분은 유럽의 위선을 지적하는 대목이다. 유럽의 계략은 사실상 남의 손을 빌려 자기 죗값을 치르고자 하려는 것이다. 이스라엘 정부 대변인 라난 기신은 이 말에 대해 "아마디네자드 대통령에게 일깨워 드리자면, 우리는 그의 조상들이 여기 살기 한참 전에 이곳에 있었다.

따라서 우리에게는 우리 조상들의 땅인 이곳에 머무르고 살아갈 수 있는 생득권이 있다"고 응수한 바 있다. 기신은 자기 말의 근거로 역사적인 권리를 내세우고 있지만, 이 역사적인 권리를 보편적으로 적용하면 보편적인 학살로 이어질 수도 있다. 한번 상상해 보라. 민족 집단마다 끊임없이 이웃 민족에게 "'우리'가 당신들보다 이 땅에 먼저 있었소"라고(심지어 그게 몇천 년이나 오래전 일이라 해도) '일깨워' 주며, 그 사실을 근거로 삼아 이웃 민족의 영토를 탈취하는 행위를 정당화한다면 어떻겠는가? 프랑스계 유대인 작가 세실 윈터Cecile Winter는 이런 방면에서 흥미로운 생각할 거리를 던져 주었다. 현재의 이스라엘과 지난 50년간 이스라엘의 행적을 생각해 보는 것이다. 단 유대인들이 절대적 희생자라는 기표를 지닌 채, 따라서 도덕적 비난을 초월할 수 있는 입장에서 그곳에 왔다는 사실을 무시하고 말이다. 그러면 이스라엘의 역사는 전형적인 식민 지배의 이야기일 뿐이다.[6]

그렇다면 우리는 왜 팔레스타인인들에 대한 이스라엘 정책을 판단할 때 홀로코스트라는 문제와 거리를 두어야 하는가? 그것은 그 두 가지를 비교할 수 있기 때문이 아니라, 바로 홀로코스트가 비교할 수 없을 만큼 훨씬 더 심각한 범죄였기 때문이다. 이스라엘 측의 행동을 옹호하기 위해 홀로코스트를 들먹여야 할 필요가 있다면, 그것은 그 자체로 이스라엘이 그만큼 끔찍한 범죄를 저지르고 있음을, 그리고 그 범죄 행각을 벌충하기 위해서는 홀로코스트라는 최고의 패가 필요하다는 점을 은밀하게 암시하는 것이다. 그렇다면, 정치적 행위를 정당화하기 위해 홀로코스트를 이용하는 것은 모두 그것을 외설적으로 도구화하는 짓이며, 그런 이유에서 현실 정치 속에서는 홀로코스트라는 사실에 대해 입 다물고 있어야 한단 말인가? 그러나 이는 오늘날의 정치 담론 속에서 홀로코스트를 언급하는 행위는 모두 거짓이며, 이스라엘이 팔레스타인인들에게 저지르는 범죄를 얼버무리려 드는 짓이라 주장하는 (사이비) 좌파적 외설로 지나치게 기울어지는 자세다. (혹은, 더 일반적인 견지에서, 팔레스타인의 사정 못지않게 끔찍한 제3세계의 고통을 과소평가하는 짓이라는 주장. 식민 지배자들이 제3세계의 고통에 대해 홀로코스트를 내세움으로써 자신들이 진정한 궁극적 희생자라 나설 수 있기 때문이다.) 결과적으로 우리는 칸트가 말한 이율배반에 빠진다 (이것을 '홀로코스트 이성의 이율배반'이라 부른다면 너무 외설적인 짓이겠지만). 즉 홀로코스트에 대한 긍정적 언급은 언제나 홀로코스트를 도구화하는 일이 되며, 한편 홀로코스트에 대한 언급을 그런 도구화로 치부해 버리는 일(예를 들어 정치적 담론의 장에서 홀로코스트에 대해 완전한 침묵을 지킬 것을 강요하는 일) 또한 용납할 수 없기는 마찬가지다.

그러나 일단 칸트의 개념을 끌어왔으니 해결책 또한 거기서 찾을 수 있을지 모른다. 칸트의 논의 속에서 이성 개념을 부정적인 용법으로 사용할 때는 예지계적 대상noumenal objects에 한정되며, 우리 또한 이성 개념을 부정어법으로만 사용해야만 한다. 홀로코스트도 마찬가지다. 이는 반드시 부정어법으로만 언급되어야 한다는 것이다. 홀로코스트를 끌어들임으로써 어떤 정치적 수단을 정당화/합법화하고자 하면 안 된다. 반대로 그것은 오직 그 정치적 수단을 비합법화하기 위한, 즉 우리의 정치적 행위에 일정한 제한을 가하기 위한 것이어야만 한다. 그러므로 우리는 당연히 홀로코스트와 같이 극단적으로 표출된 오만한 행동을 비난할 수 있는 것이다.

그렇다면, 이슬람에 대한 서구 측 고정관념에 정확히 부합하는 우스꽝스런 이미지를 스스로 내보인, 폭력적인 반덴마크 시위야말로 이슬람에 대한 충실한 만평이 아닐까? 물론 가장 근본적인 역설은 무슬림 군중들의 분노가 유럽을 향하게 되었다는 점이다.

오리아나 팔라치(1929-2006)

2006년 9월에 사망한 그 악명 높았던 기자, 오리아나 팔라치Oriana Fallaci와 같은 완고한 반이슬람주의자들이 보기에 유럽은 이슬람에 대해 한없이 관대하고, 이슬람의 압력에 이미 투항한 듯한데 말이다. 게다가 그 대상은 유럽 내에서도 관용 정신의 대표 격인 스칸디나비아에 속한 덴마크였다. 이와 같은 상황은 초자아의 역설을 완벽하게 재현해 보이는 것이라 할 수 있겠다. 타자가 요구하는 바에 복종하면 할수록, 죄의식은 더 커질 수밖에 없는 역설 말이다. 그러니까 이는 마치 이슬람에 더욱 관용적인 태도를 보일수록 이슬람이 당신에게 가하는 압력은 더욱 강해질 수밖에 없다는 것과 같은 이치다.

오리아나 팔라치는 정치적 입장이 편협한 여성이었다. 이는 관용 정신을 가진 남성의 징후symptom였다고 할 수 있다. 팔라치가 쓴 말년의 글들은 그것이 감정적이었다는 점이나 지나치게 맹목적이었다는 점에서 글쓰기의 두 가지 기본 원칙을 어긴 것을 확인할 수 있다. 먼저 그녀는 타자를 존중하는 정치적 올바름의 원칙을 완전히 무시했다.[7] 팔라치의 주장에 따르면, 오늘날 진행 중인 테러와의 전쟁은 문명과 문명의 충돌이 아니라 문명과 야만의 충돌이다. 이 전쟁은 정치적으로 오용되는 이슬람이 아니라 이슬람 그 자체를 적으로 삼는다. 그래서 유럽에 널리 퍼져 있는 타협적 태도야말로 안으로부터의 위험이라고 보는 것이다. 팔라치는 유럽이 이미 정신적으로 굴복했다는 논지를 전개한다. 유럽은 자신의 문화적·정치적 정체성을 강력히 주장하지 못하며 이슬람의 속주처럼 행동한다는 것이다. 그녀는 거듭해서 관용의 불균형을 지적한다. "유럽은 언제나 사과만 하고, 새로운 모스크를 짓도록 지원하고, 존중을 촉구한다. 반면 일부 무슬림 국가에서는 이슬람교에서 기독교로 개종하기만 해도 사형에 처해질 수 있다." 아마 팔라치의 책들이 무시당하고, 용납할 수 없다고 여겨지는 이유는 그녀의 완강한 태도 때문일 것이다. 가령 부시, 블레어, 심지어 이스라엘 전 총리 샤론까지도, 이슬람 근본주의의 위협에 맞서 단결하자는 연설 뒤에는 반드시 정치적 수사를 덧붙였다. 이슬람은 사랑과 관용의 위대한 종교이며, 이슬람의 이름을 걸고 자행되는 혐오스런 테러 행위와는 아무 관련이 없다는 식으로 말이다.

사실 팔라치는 기독교 근본주의자가 아니라 총명한 자유주의 무신론자였다. 말년에 집필한 책들 덕분에 단지 인종주의적 히스테리를 분출했을 뿐이라는 식으로 과소 평가되기 십상이지만 말이다. 과거에 그녀가 거둔 엄청난 성공은 이제 '더러워서 피해야 하는' 배설물과 같은 대상이 되었다. 그런데 문화적 다양성을 주장하는 자유주의자들에게 그녀가 당혹스러운 데는 다 이유가 있다. 그것은 자유주의 스스로가 '억압해 왔던' 약점을 그녀가 건드렸기 때문이다.

그러나 설사 비굴하더라도 무슬림이라는 타자를 '존중'해야 한다는 다문화주의적 태도를 '진지하게' 받아들인 것은 팔라치의 패착이었다. 이런 '존중'이 사실은 거짓이며, 또 그 '존중' 속에는 선심을 쓰는 척할 뿐, 실제로는 더 인종주의적인 것이 담겨 있다는 사실이 은폐되어 있음을 꿰뚫어 보지 못했던 것이다. 다시 말해, 팔라치의 입장은 문화적 다양성에 기초한 관용의 정신을 단순하게 반대한 것이 아니었고, 오히려 그 관용의 정신에 의해 부인된disavowed 핵심적인 문제를 제기한 것이었다.

프랑스 철학자 알랭 핑켈크로트는 2005년 11월 18일 〈하레츠〉지에 실린 인터뷰에서 2005년 프랑스 교외 폭동에 대해 다음과 같이 논평한 바 있다. "아랍인이 학교에 불을 지르면 그건 반란이다. 백인이 같은 일을 하면, 그건 파시즘이다. … 인종주의와의 전쟁이라는 관대한 생각은 점차 기괴하게 변해 거짓 이데올로기가 되어 가고 있다. 21세기의 반인종주의는 20세기의 공산주의와 같은 운명을 맞게 될 것이다. 폭력의 원천이 되고 말 것이라는 얘기다." 여기서 핑켈크로트의 말은 옳지만, 그 근거는 틀렸다. 정치적 올바름이라는 원칙에 기초하여 인종주의에 맞서 문화적 다양성을 주장하는 투쟁에는 맹점이 있다. 그것은 이 투쟁이 과도하게 반反인종주의적이라는 점이 아니라 인종주의의 입장을 은폐하고 있다는 점이다.

이를 확인하기 위해 조지 W. 부시의 두 발언을 비교해 보자. 2005년 2월 취임 연설에서 부시는 다음과 같이 선언한 바 있다. "미국은 감옥에 갇힌 반체제 인사들이 구속 상태를 좋아한다거나 여성들이 굴욕과 노예 같은 대접을 반긴다는 거짓 주장을 하지 않을 것입니다." 이와 나란히 놓고 보아야 할 것은 "이슬람은 평화를 사랑하는 위대한 종교이며 단지 근본주의자들에 의해 악용되고 있을 뿐"이라는 부시의 반복적인 주장이다. 문화적 다양성을 존중하는 자유주의자라면 첫 번째 주장에 대해서는 문화적 제국주의의 면모가 드러난다며 비난할 것이고, 두 번째 주장에 대해서는 사실 위선의 가면을 쓰고 있긴 하지만 받아들일 수 있다고 평가할 것이다. 우리는 이런 판단을 명확한 결론이 날 때까지 따라가 봐야 한다. 우선 '이슬람을 존중한다'는 부시의 주장에 담긴 문제는 그 주장이 위선적이라는 데 있지 않다. 오히려 문제는 그 주장 속에 잠재되어 있는 인종주의와 유럽 중심적 문화제국주의를 은폐해 버린다는 데 있다. 그러니까 그가 주장한 내용 그 자체가 문제라는 것이다. 한 종교나 이데올로기에서 내면적 진실만을 구해 내고, 이 진실과 정치적인 차원에서 차후에 혹은 보조적으로 이용되는 것을 구분하는 것은 그릇되었고, 철학적이지도 않다. 여기서 우리는 가차 없는 평가를 내려야 한다. 그 대상이 이슬람교든 기독교든… 혹은 마르크스주의라 해도 마찬가지다. 사실 위선적인 것은 부시의 첫 번째 발언이다. 그 내용은 완전히 지지할 만하지만, 부시의 정치적 행위는 그와 일치하지 않는다는 점을 주목해야 한다.

예루살렘의 백묵원

그러나 이 논쟁에서 재치 있는 반대 논거를 끝없이 들어가며 점수를 따는 건 너무 쉬운 일이다. 그러니 상상 속의 논쟁을 늘어놓는 건 그만두고 중동 분쟁의 '암흑의 핵심'으로 직접 들어가 보자. 블레즈 파스칼에서 임마누엘 칸트와 조제프 드 메스트르에 이르기까지, 많은 보수주의(뿐만은 아니지만) 정치 사상가들은 권력이 불법적인 기원을 가진다는, 즉 국가의 기초를 이루는 '시초의 범죄'라는 개념을 제시한 바 있다. 국가의 기원에 대한 '고귀한 거짓말'을 영웅담의 형태로 인민들에게 제시해 주어야 하는 건 바로 이 때문이다. 흔히 이스라엘을 두고, 민족 국가로 수립된 시기가 한 세기에서 두 세기 정도 너무 늦어진 것이 이스라엘의 불운이라고 하는데, 이런 견지에서 상당히 옳은 말이다. 즉 이스라엘은 '시초의 범죄'가 더 이상 용납되지 않는 시대에 국가를 수립했다. 여기서 근본적인 역설은, 그런 범죄를 용납하지 않는 분위기가 우세해진 건 바로 유대인 지식인들의 영향 때문이었다는 것이다!

지난번 이스라엘을 방문했을 때 나는 한 이스라엘 지식인과 만났다. 그는 내가 팔레스타인 측에 동조한다는 걸 알고서 조롱하듯 물었다. "여기 이스라엘에, 이 불법적인 범죄 국가에 있다는 게 수치스럽지 않으시오? 당신이 여기 있으면 좌파로서의 당신 신뢰에 흠집이 날 거고 당신도 범죄 공모자가 되는 건 아닐까 두렵지 않으시오?"

아주 솔직하게 인정하자면, 매번 이스라엘을 찾을 때마다 나는 불법적 폭력이 이루어지는 금단의 땅에 들어간다는 묘한 스릴을 느낀다. 이는 내게 은밀한(그리 은밀하지도 않지만) 반유대주의 성향이 있다는 의미인가? 그러나 정말로 나를 불안하게 하는 건 따로 있다. 내가 방문한 이 나라가 그 '불법적' 기원이라는 '시초의 범죄'의 흔적을 아직 지우지 못한 곳이며, 그 흔적을 영원한 과거 속에 억압해 둔 곳이라는 느낌이다. 이런 의미에서 이스라엘이라는 국가가 우리에게 보여 주는 건, 모든 국가 권력의 지워진 과거이다.

왜 우리는 오늘날 이런 폭력에 더 민감하게 반응하는가? 바로 전 지구적인 도덕성을 통해 스스로의 정당성을 입증하는 전 지구적 세계에서, 주권 국가들 또한 더 이상 도덕적 심판으로부터 면제되지 않고, 자신들의 범죄에 대해 처벌받아야 할 도덕적 행위자로 간주되기 때문이다. 비록 누가 정의를 집행하며, 심판관은 과연 누가 심판하는가라는 문제에 논란의 여지가 남더라도 말이다. 따라서 국가 주권에는 엄한 제약이 가해진다. 중동 분쟁이 상징적 가치를 지니는 것은 이 때문이다. 중동 분쟁을 통해 우리는 '불법적인' 비국가 권력과 '합법적인' 국가 권력을 구분하는 경계선이 얼마나 취약하고 무너지기 쉬운지 알 수 있다. 이스라엘이라는 국가는 그 '불법적인' 기원을 아직 지워버리지 못한 경우에 해당한다. 그 영향은 오늘날 완연히 느낄 수 있다. 베르톨트 브레히트가 『서푼짜리 오페라』에서 제시한 교훈을 생각해보라. 은행을 새로 설립하는 것에 비하면 은행을 턴다는 게 뭐가 대수인가? 다시 말해, 법을 위반하는 강도질과 법의 한계 안에서 이루어지는 강도질은 뭐가 다르냐는 말이다. 이 교훈을 살짝 변형시키면 이렇게 된다. 즉 국가 권력이 벌이는 대테러 전쟁에 비하면 테러 행위는 뭐가 대수인가?

이 사태를 절망스럽게 바라보는 서구인들은 팔레스타인인들이 자기들 땅에 왜 그토록 고집스런 애착을 보이며, 또 이들은 왜 아라비아해 근방 다른 국가들로 흩어지지 않으려 드는지 의아하게 여긴다. 하지만 이런 의문은 팔레스타인인들에게 이스라엘의 '불법적인' 국가 창시의 폭력을 무시하라 종용하는 것과 마찬가지다. 팔레스타인인들은 이스라엘이 보내온 메시지를 거꾸로 뒤집어서, 하지만 동시에 당한 대로 돌려주고 있는 셈인데, 그야말로 자업자득poetic justice이라 할 역사의 아이러니라 하지 않을 수 없다. 메시지에는 땅에 대한 병리적인 애착이 담겨 있고, 이 속에는 또 수천 년이 지난 후 그 땅으로 돌아갈 권리가 있다는 생각이 녹아 있다. 흔히 오늘날 전 지구적 자본주의의 특징이라 하는 탈영토화를 사실상 부인하는 주장이다. 그러나 이 전도된

메나헴 베긴(1940년대 중반)

메시지에는 그 이상이 담겨 있다. 오늘날의 언론매체에서 다음과 같은 글을 읽는다고 생각해 보라.

> 적들은 우리를 테러리스트라 불렀다. … 우리의 동지도 적도 아니었던 이들까지 … 우리를 테러리스트라는 호칭으로 불렀다. … 그러나 우리는 테러리스트가 아니었다. … '테러'라는 정치적 용어 속에 담긴 역사적이고 언어학적인 기원을 살펴보면 그 말이 혁명적인 해방 전쟁에 대해 쓰일 수 없음을 알 수 있다. … 자유를 위해 투쟁하는 전사들은 무장해야만 한다. 그렇지 않으면 하룻밤 새 궤멸당하고 만다. … 인간의 존엄성을 위한 투쟁, 억압과 종속에 대항하는 투쟁이 도대체 어째서 '테러리즘'이란 말인가?

아마 반사적으로 이 글을 이슬람 테러리스트가 쓴 것이라 여기고

비난할 것이다. 그러나 이 글은 바로 하가나*가 팔레스타인의 영국군과 싸우던 시절 메나헴 베긴**이 쓴 것이다.[8] 주목할 만한 점은 유대인들이 팔레스타인을 통치하던 영국군에 맞서 싸우던 그 시절 '테러리스트'라는 용어 속에는 흥미롭게도 긍정적인 의미가 함축되어 있었다는 사실이다. 이번에는 이런 생각을 해 보자. 요즘 우리가 읽는 신문에서 '팔레스타인의 테러리스트들에게'라는 제목이 붙은 다음과 같은 공개서한을 접한다면 어떨까.

> 내 용감한 벗들이여. 그대들은 이 글을 믿지 않을지도 모릅니다. 지금 분위기가 워낙 고약하기 때문입니다. 그러나 원로 기자로서 보증하건대, 내가 쓰는 이 글의 내용은 진실입니다. 미국의 팔레스타인인들은 그대들 편입니다. 그대들은 그들의 영웅입니다. 그대들은 그들이 짓는 미소이며, 눈부신 자랑거리입니다. 그대들은 이 신세계에 처음으로 납득할 만한 응답을 한 셈입니다. 그대들이 이스라엘 무기고를 폭파하거나, 이스라엘 감옥을 파괴하거나, 이스라엘 철도를 산산이 날려 버리거나, 이스라엘 은행을 털거나, 총과 폭탄으로 조국의 이스라엘 침략자와 배반자를 처치할 때마다, 미국의 팔레스타인인들 마음속에는 자그마한 경축일이 찾아옵니다.

실제로 이와 거의 똑같은 공개서한이 1940년대 후반 미국 신문에 실린 적이 있다. 서한을 쓴 이는 다름 아닌 할리우드의 유명 시나리오

---

* 하가나Haganah: 팔레스타인의 유대인 지하 민병대. 1948년 이스라엘군으로 개편됨.
** 메나헴 베긴Menachem Wolfovitch Begin(1913-1992): 이스라엘의 전 총리. 1978년 노벨평화상 수상.

벤 헥트의 공개서한 1947년 5월 14일자 〈뉴욕 포스트〉에 실렸다.

작가 벤 헥트Ben Hecht였다. 나는 다만 그 서한 속의 '유대인'이라는 말을 '팔레스타인인'이라 바꾸고 '영국'을 '이스라엘'로 바꿨을 뿐이다.[9] 1세대 이스라엘 지도자들은 팔레스타인 땅에 대한 자신들의 권리 주장이 보편적인 정의와는 전혀 상관없다고 공공연히 인정하는데, 이는 매우 흥미로운 일이다. 즉 그들이 보기에 이스라엘과 팔레스타인의 분쟁은 두 집단 간의 단순한 정복 전쟁이며, 그 두 집단 사이의 중재란 불가능하다는 것이다. 이스라엘의 초대 총리 다비드 벤-구리온David Ben-Gurion은 다음과 같이 썼다.

아랍인과 유대인의 관계에 얼마나 심각한 문제가 있는지는 모두가 안다. 그러나 이런 문제에 해결책이 없다는 점을 아는 이는 아무도 없다. 해결책은 없다! 여기에는 심연이 있고, 그 무엇도 이 심연의 양편을 연결할 수 없다. … 한편에는 이 땅이 우리 것이 되기를 원하는 우리 민족이, 다른 편에는 이 땅이 자기들 것이 되기를 원하는 아랍 민족이 있는 것이다.[10]

이런 발언이 오늘날 지니는 문제점은 확연하다. 이제는 영토를 둘러싼 민족간 갈등에서도 도덕적인 면을 고려하지 않을 수 없게 된 것이다. 나치 사냥꾼으로 유명한 시몬 비젠탈이 그의 저서 『복수가 아니라 정의다』에서 보여 준 이 문제에 대한 접근법에는 심각한 문제가 있어 보이는데, 그 까닭도 바로 이 점과 무관하지 않다.

언젠가는 깨달아야만 할 사실이 있다. 어떤 지역에서 국가를 수립할 때 그 지역에 원래 살고 있었던 사람들이 있어서 그들에게 자신들의 권리가 박탈당했다는 느낌을 주지 않는 것은 불가능하다는 사실이다. 국가 수립 이전에 아무도 살았던 적 없는 곳이라면 사람이 살 수 없는 장소일 게 분명하기 때문이다. 그저 이런 침해 행위가 도를 넘지 않고, 그로 인해 영향받는 사람의 수가 상대적으로 적은 선에서 만족해야만 한다. 이스라엘 건국은 바로 이런 경우에 해당한다. … 어쨌든 그곳에는 유대인 인구가 오래전부터 있었고, 팔레스타인 인구 밀도는 비교적 희박했으며 그들이 유대인에게 양보할 수 있는 방법도 상대적으로 많았다.[11]

비젠탈이 여기서 옹호하는 것은 바로 국가를 건설할 당시에 이루어진 인간의 얼굴을 한 폭력, 그러니까 침해를 범하되 제한적으로 범하는 폭력이다.(상대적인 인구 밀도에 대해 덧붙이자면, 1880년 팔레스타인

지역의 인구는 유대인이 2만 5천 명, 팔레스타인인이 62만 명이었다.) 그러나 현재 관점에서 볼 때 비젠탈의 글에서 가장 흥미로운 문장은 이보다 한 페이지 앞쪽에 나온다. "계속해서 승리하고 있는 이스라엘이라는 국가가 언제까지나 희생자에게나 주어지는 동정에 의지할 수는 없다."[12] 비젠탈의 의도는 이제 이스라엘이라는 국가가 '계속해서 승리하고' 있으니 더 이상 희생자처럼 행동할 필요 없으며 그 힘을 완전히 행사할 수 있다는 뜻으로 비친다. 그건 맞는 말이다. 다만 그렇게 권력의 입장에 서면 새로운 책임 또한 떠맡아야 한다는 점을 덧붙인다면 말이다. 현시점의 문제는 이스라엘이라는 국가가 '계속해서 승리하고' 있으면서도 여전히 유대인이 가진 희생자로서의 이미지에 기대어 권력 지향의 정치를 합리화하고 그 비판자들을 홀로코스트의 은밀한 동조자로 몰아붙인다는 점이다. 이 점과 관련해 반공산주의 전향자인 작가 아서 쾨슬러*는 심오한 통찰이 담긴 말을 했다. "권력이 타락을 불러온다면, 그 역도 진실이다. 박해는 희생자들을 타락시킨다. 비록 그 방식이 보다 미묘하고 비극적이기는 하겠지만."

이는 홀로코스트 이후 유대 민족 국가 수립을 주장하는 강력한 논거 한 가지에 치명적 결함으로 작용한다. 유대 민족 국가를 수립하려면 유대인들은 디아스포라** 국가들의 재량과 그곳 다수 민족의 관용 혹은 불관용에 좌우되어야 하는 상황을 극복해야 한다. 그래서 유대 민족 국가를 수립해야 한다는 논거가 종교적인 것이 아님에도 불구하

---

* 아서 쾨슬러Arthur Koestler(1905-1983): 헝가리 태생의 유대계 작가.
** 디아스포라Diaspora: 흩어진 사람들이라는 뜻으로, 팔레스타인을 떠나 온 세계에 흩어져 살면서 유대교의 규범과 생활 관습을 유지하는 유대인을 이르는 말.

고 새로 수립할 이 국가의 지리적 위치 선정을 정당화하기 위해서는 종교적 전통에 의지해야 했던 것이다. 그게 아니라면, 오래된 농담처럼 지갑을 잃어버린 광인이 자기가 지갑을 잃어버린 어두컴컴한 구석이 아닌 가로등 아래서 지갑을 찾는, 그런 상황에 처한다. 가로등 아래가 더 잘 보이기 때문이었다. 마찬가지로 유대인들은 자신들에게 그 엄청난 수난을 초래했으며, 따라서 배상할 책임까지 있는 이들이 아니라, 팔레스타인인들의 땅을 빼앗았다. 그편이 더 쉬웠기 때문이다.

레바논에 거주하는 영국 저널리스트 로버트 피스크Robert Fisk는 중동 위기에 대한 다큐멘터리를 제작한 적이 있다. 그 다큐멘터리에는 이런 내용이 나온다.

팔레스타인 난민인 아랍인 이웃들이 그에게 열쇠를 보여 주었다. 그들 소유였지만, 지금은 이스라엘인들에게 빼앗긴 하이파에 있는 집 열쇠였다. 그래서 그는 그 집에 살고 있는 유대인 가정을 방문해 그들은 어디서 왔느냐고 물었다. 그들은 폴란드 크라쿠프 주 근교의 소도시 흐샤누프라고 대답했다. 그러면서 전쟁 때 잃은 폴란드의 옛집 사진을 보여 주었다. 그래서 그는 폴란드로 가서 흐샤누프의 그 집에 사는 여인을 찾았다. 그 여인은 지금은 서西우크라이나가 된 렘베르크 출신의 '송환민'이었다. 이 연결고리가 다음은 어디로 이어질지 추측하기란 그리 어렵지 않았다. 그녀가 고향 렘베르크에서 흐샤누프로 송환된 건 렘베르크 시가 소련에 점령당했을 때였다. 그녀의 집은 분명, 전후 소련 정권이 렘베르크 시를 소비에트화하기 위해 이주시킨 러시아인들의 손에 넘어갔을 것이다.[13]

물론 이야기는 이 뒤로도 이어진다. 이 러시아 가족은 분명 동우크라이나에서 이주해 왔을 것이고, 동우크라이나의 옛집은 동부전선에서 격전이 벌어질 때 독일인들에 의해 파괴되었을 것이다…. 홀로코스트가 등장하는 지점은 바로 여기다. 이스라엘인들은 바로 이 홀로코스트 덕분에 이 대체의 사슬에서 면제될 수 있었던 것이다. 하지만 이런 방식으로 홀로코스트를 불러들인다는 것은 당면한 정치적 목적을 위해, 홀로코스트를 사실상 조작하여 도구화하는 것이다.

이스라엘·팔레스타인 분쟁에 담긴 커다란 의문점은, 현실적으로 가능하거니와 유일하기도 한 해결책이 무엇인지에 대해 모두가 알고 있음에도 불구하고 그토록 오랫동안 지속돼 왔다는 점이다. 여기서 해결책이란 이스라엘인들이 서안지구와 가자지구에서 철수하고, 팔레스타인 국가를 수립하고, 예루살렘을 두고서는 일종의 타협을 하는 것이다. 합의는 거의 가까워진 듯하다가도, 납득할 수 없는 이유로 무산되곤 했다. 이런 일이 대체 몇 번이나 일어났던가. 몇 가지 사소한 조항을 적절히 공식화하기만 하면 평화가 찾아올 듯한 순간에, 협상된 합의안의 취약성이 드러나며 모든 것이 수포로 돌아가던 일이. 중동 분쟁은 신경증적 징후를 띠게 되었다. 장애물을 제거하는 방법은 누구나 알지만, 그 누구도 그것을 제거하길 원치 않는 셈이다. 마치 그런 교착 상태에서 버티는 일이 일종의 병리적인 리비도적 이익을 가져다주는 것처럼 말이다.

중동 위기가 현실적인 방식으로 차근차근 문제를 해결하고자 노력하는 실용적인 차원의 정치에 있어 그토록 민감한 지점인 것은 바로 이런 이유에서다. 중동 분쟁의 경우에는 그런 '현실적인' 방식에 어떤 효과가 있으리라는 생각 자체가 유토피아적인 발상이다. 이 경우 유일하게 '현실적인' 해결책은 거창한 것, 즉 문제를 근원부터 해결하는 것이기 때문이다. "현실주의자가 되자, 불가능한 것을 요구하자!"라는 1968년 혁명의 옛 구호가 여기에도 적용된다. 현재 상황에서 '불가능한' 것처럼 보이는 급진적인 제스처만이 현실적으로 문제를 해결할 수 있다는 것이다. 문제를 해결하기 위한 유일한 길이라고 '모두가 알고 있는' 그 방안, 즉 이스라엘인들이 서안지구와 가자지구에서 철수하고, 팔레스타인 국가를 수립하는 것two-state solution"은 아마 해결책이 될 수 없을 것이다. 차라리 문제의 틀 전체를 바꿔서, '한 국가 해결책'*을 궁극적인 목표로 삼아 국면을 전환해야 한다.

이스라엘·팔레스타인 분쟁에는 징후적인 매듭이 있는 듯하다. 이 분쟁에서는 일반적으로 받아들여지는 역할이 거꾸로 뒤집혀 있어 마치 매듭처럼 꼬여 있다. 이스라엘은 중동 지역에서 서구의 자유주의적인 근대성을 공식 대표하는 국가임에도, 자기 정당성의 근거를 민족적·종교적 정체성에서 찾고 있다. 반면 정작 전근대적인 '근본주의자'라 비난받는 팔레스타인인인들이 자신들의 요구를 정당화하는 근거는 비종교적인 시민권 개념이다. (좀 대담한 가설을 세워 본다면, 이스라엘이 팔레스타인의 영토를 점령했다는 바로 그 이유 때문에 팔레스타인인들은 자신들의 정체성을 전체 아랍 세계의 일부가 아니라 고유한 독립 국가를 추구하는 개별 민족으로 인식하게 되었다.) 역설적이게도, 중동에서 섬처럼 고립된 채 자유 민주주의라는 근대성을 내세우는 국가인 이스라엘이 아

---

* 한 국가 해결책one-state solution: 이스라엘, 서안지구, 가자지구에 단일 국가를 세우고 주민 모두에게 동일한 시민권을 부여한다는 제안.

랍 측의 요구에 훨씬 더 '근본주의적인' 태도로 민족적·종교적 이유를 내세워 그들의 성지에 대한 권리를 주장하는 것이다. 이보다 더한 역설은 이스라엘인이 세계에서 가장 무신론적인 민족nation이라는 점이다. 몇몇 여론조사에 따르면 이스라엘인 중 약 70퍼센트가 어떤 신도 믿지 않는다고 한다. 그러니까 약속받은 땅에 대한 그들의 언급은 "신이 존재하지 않는다는 것을 나는 잘 알지만, 그럼에도 불구하고 신이 우리에게 대이스라엘 땅을 주셨음을 믿는다"는 물신주의적 부인을 바탕으로 하는 셈이다. 그리고 고르디우스의 매듭 이야기처럼 이런 교착 상태를 해결하려면 매듭을 풀 게 아니라 잘라 버려야 한다. 하지만 어떻게 그럴 수 있을까? 이 난국에 대해 바디우는 이렇게 쓴 바 있다.

> 시오니스트 국가의 건국은 완전히 복잡하게 뒤섞인 현실이었다. 한편으로 그것은 보다 큰 사건의 일부에 속하는 사건이었다. 완전히 새로운 사회를 수립한다는 발상, 그러니까 공산주의와 사회주의 프로젝트라는 거대한 혁명이 떠올랐다는 대사건 말이다. 다른 한편으로 그것은 반反사건이었으며, 역시 보다 큰 반사건의 일부이기도 했다. 식민주의, 그리고 다른 민족이 사는 새로운 땅에 대한 유럽인들의 잔혹한 정복이 바로 그것이다. 이스라엘은 혁명과 반동, 해방과 압제가 뒤섞인 놀라운 결과물이다. 시오니스트 국가는 과거의 정의와 새로움의 가치를 회복해야 한다. 이 나라는 가장 덜 인종주의적이고, 덜 종교적이고, 덜 민족주의적인 국가가 되어야 한다. 가장 보편적인 국가가 되어야 한다.[14]

바디우의 통찰에는 진실이 담겨 있지만, 문제는 여전히 남는다. 정말 이처럼 직접적인 방식으로 매듭을 푼다는 것, 그리고 이스라엘의 두 측면을 분리한다는 것이 가능할까? 즉 그 식민주의적인 그림자를 떨쳐 버리고서 시오니스트 국가의 혁명적인 프로젝트로서의 가능성을 완수할 수 있을까? 이는 마치 어느 미국 정치가가 1920년대 금주법에 대한 질문에 내놓았다는 전설적인 답변과 같다. "당신은 와인에 대한 금주법을 지지합니까, 반대합니까?"라는 질문을 받자, 정치인은 답했다. "만일 당신이 말하는 와인이란 게 남편들을 쓰레기로 만들어 아내를 때리고 자녀를 방치하게 했던, 수많은 가족을 망친 끔찍한 음료를 의미한다면, 나는 금주법에 전적으로 찬성합니다. 하지만 당신이 말하는 와인이 매끼 식사에 더없는 즐거움을 안겨 주는 뛰어난 풍미의 음료라면, 나는 금주법에 반대하겠습니다!"

우리에게는 그 이상의 것이 필요하다. 좋은 이스라엘과 나쁜 이스라엘을 나누는 구분선을 그을 것만이 아니라, 우리가 놓여 있는 상황 그 자체에 변화를 주는 실제적 행위가 필요하다는 것이다. 이스라엘 전 총리 이츠하크 라빈은 이 방면에서 최초로 중대한 진전을 이룩했다. 그는 팔레스타인 해방기구PLO를 팔레스타인을 대표하는 적법한 대표 기구로, 따라서 유일한 협상 파트너로 인정했던 것이다. 라빈이 "테러 조직인 PLO와는 결코 협상하지 않겠다"던 이스라엘의 방침을 접으면서, "PLO와의 공식적 관련이 없는 팔레스타인과 협상한다는 허울을 벗어 버리고, 우리 진짜 파트너인 PLO와 대화를 시작하자"고 명쾌하게 선언했을 때, 중동의 정치적 상황은 급변했다. 정치적 행위가 가진 진정한 효과는 바로 고려의 대상조차 될 수 없었던 것을 고려의 대상으로 만들어 내는 데 있는 것이다. 라빈은 노동당 소속이지만, 그런 발언을 통해 그는 뛰어난 보수주의 정치가의 특성이라 할 만한 제스처를 취하는 데 성공한 셈이다. 드골 같은 정치가만이 알제리에 독립을 선사할 수 있었고, 닉슨 같은 보수주의자만이 중국과 국교를 수립할 수 있었던 것과 마찬가지로 말이다.[15]

그렇다면 아랍인들에게 이런 종류의 행위에 해당하는 것은 무엇일 까? 바로 영화 〈파이트 클럽〉에서 에드워드 노튼이 했던 것처럼, 먼 저 자기 스스로를 향해 주먹을 날리는 일이다. 아랍인들은 모든 일을 유대인들의 탓으로 돌리는 일을 그만둬야 한다는 얘기다. 마치 팔레 스타인에서 시오니스트의 세력 확장이 아랍의 모든 불행의 기원이며, 또 그 불행을 상징하는 대리물인 양, 그래서 마치 아랍 세계가 자기 권리를 제대로 주장하기 위해서는 반드시 이스라엘을 꺾고 승리를 거둬야 하는 양 굴지 말아야 한다. 일부 팔레스타인인들은 자신들의 영토가 이스라엘 점령에서 해방되면 아랍 세계의 민주화가 탄력을 받을 수 있을 거라 주장하지만, 이는 착각이다. 상황은 그 반대다. 그 런 주장을 하는 사람들은 시리아부터 사우디아라비아에 걸쳐 포진한, 이스라엘의 점령을 구실삼아 자신들의 존재를 정당화하는 부패한 종 교·군사 정권과 정면으로 맞서는 일부터 시작해야 한다. 역설적인 것 은 아랍인들이 이스라엘에 초점을 맞추고 있다는 바로 그 이유 때문 에 계속 패배하고 있다는 점이다. 이슬람교에서 지하드jihad(성전)는 근본적으로 외부 적과의 싸움이 아니라 자기 내면을 정화하려는 노 력, 즉 자신의 도덕적 실책이나 나약함을 상대로 하는 싸움을 뜻한다. 그러니 무슬림들은 대부분의 사람들이 알고 있는 의미의 지하드가 아니라 그 진정한 의미가 담긴 지하드가 될 수 있도록 적극 실천해야 할 것이다. '테러와의 전쟁'에 연루된 세 주체(9/11 이후의 미국, 이스라엘, 아랍 국가들)는 모두 스스로를 희생자라고 생각하며, 그 희생자 의식을 팽창주의 정책을 합리화하는 데 이용하고 있다. 어떤 면에서 9/11 사태는 매우 시의적절하게 발발해 미국이 공격적인 군사 팽창주의를 합리화하는 구실이 되어 주었다. 이제 우리도 희생자가 되었으니, 우리도 방어를 하고 반격을 펼칠 수 있다고 말이다. 미국과 이스라엘의 동맹, 원칙적으로 정교분리가 확립된 나라 중에서 가장 종교적인 나라(선진국)인 미국과, 세계에서 가장 비종교적인 민족이면서도 정작 국가의 존립 근거는 그 국가의 종교적 본질에 두고 있는 이스라엘이 합작해 낸 이 기묘한 연합은, 이런 식으로 그들 스스로를 희생자의 축 axis of victims으로 내세울 수 있었다.

이제 가장 중대한 문제로 들어가자. 오늘날 중동에서 진정 급진적인 윤리-정치적 행위는 무엇일까? 그것은 이스라엘인과 아랍인 모두가 예루살렘에 대한 (정치적) 지배를 포기하는 것이다. 다시 말해, 예루살렘 구시가지를 중립적인 국제기구가 (일시적으로) 통제하는, 초국가적인 종교적 숭배의 장소로 변모시키는 것이다. 양측 다 인정해야 할 것은, 예루살렘의 정치적 지배를 포기한다고 해도 실질적으로 포기하는 것은 아무것도 없다는 사실이다. 이렇게 함으로써 양측 모두, 예루살렘이 진정한 의미에서 정치를 초월한 성지로 승격하게 된다는 이득을 보게 된다. 그들이 잃게 될 것은 단 한 가지, 그것도 잃어야 마땅한 것뿐이다. 바로 종교를 정치적 힘 대결에 거는 판돈으로 전락시키는 일이다. 만일 이런 일이 일어난다면, 이는 중동의 진정한 사건이 될 것이고, 진정한 정치적 보편성이 흘러넘쳐 사도 바울의 말처럼 "우리 중에는 유대인도 팔레스타인인도 없"게 될 것이다. 양측 모두, 민족적으로 '순수한' 민족 국가를 포기하는 것은 단순히 각자 상대를 위해 감당해야 하는 희생이 아니라 자기 스스로를 위한 해방임을 깨달아야만 한다.

브레히트의 후기 희곡 작품인 『코카서스의 백묵원』의 줄거리를 생각해 보자. 옛날 코카서스 어느 곳에서 친어머니와 양어머니가 재판관을 찾아가 아이가 둘 중 누구에게 가야 할지 정해 달라고 청했다. 재판관은 땅에 백묵으로 원을 그리고, 아이를 원 한가운데에 놓더니 두 여인에게 각각 아이의 한쪽 팔을 잡으라고 했다. 두 여인 중 아이를 원 밖으로 먼저 잡아당기는 이가 아이를 데려가게 될 거라면서 말이다. 이때 진정한 어머니는 자식이 양쪽으로 잡아당겨져 아파하는 것을 보고 마음이 아파 손을 놓고 만다. 물론 재판관은 진정한 모성애를 보여 준 이 진정한 어머니에게 아이를 데려가게 한다.* 같은 식으로 우리는 '예루살렘의 백묵원'을 상상해 볼 수 있다. 예루살렘을 진정으로 사랑하는 이라면 예루살렘이 싸움으로 찢어지는 것을 보느니 놓아 버리는 편을 선택할 것이다. 물론 여기서 가장 역설적인 점은 브레히트의 일화가 구약 성서에 나오는 솔로몬 왕의 판결을 약간 변형시킨 내용이라는 점이다. 솔로몬 왕은 모성의 딜레마를 해결할 정당한 방법은 없다면서 '두 국가 해결책'**에 해당하는 답을 내놓았다.

---

* 브레히트의 『코카서스의 백묵원』에서 친어머니는 총독부인이었고, 양어머니는 하녀였던 그루셰였다. 본문에 언급된 재판에서 아이의 손을 놓은 '진정한 어머니'라 불린 여인은 양어머니였던 그루셰였다.
** 두 국가 해결책two-state solution: 옛 팔레스타인 영토에 해당하는 지역에 두 개의

아이를 반으로 잘라 두 어머니가 반씩 갖게 한다는 것이었다. 물론 아이의 진정한 어머니는 아이를 포기하는 편을 택했다.

유대인과 팔레스타인인은 디아스포라의 경험을 삶의 일부로, 정체성의 일부로 지니고 있다는 공통점이 있다. 두 민족이 이 점을 바탕 삼아 합의에 이르게 된다면 어떨까? 바로 그 땅을 점령하고, 소유하고, 분할하는 것이 아니라, 땅을 함께 공유하면서 유랑하는 운명에 처한 사람들을 위한 피난처로 그곳을 열어 둔다면 어떨까? 예루살렘이 그들의 장소가 아니라, 오갈 데 없는 이들을 위한 장소가 되면 어떨까? 이런 연대 의식을 공유하는 것을 통해서만이 진정한 화해의 초석을 놓을 수 있을 것이다. 이는 타인과 싸우면서, 사실은 자기 자신의 삶에서 가장 취약한 부분과 싸우고 있는 거라는 사실을 깨닫는 것을 의미한다. 우리는 지금 중동 분쟁이 얼마나 심각한 것인지, 그리고 잠재적으로 그 결과가 어떠할 것인지를 속속들이 알고 있기 때문에, 우리가 역사상 유례없는 거짓 분쟁에 휘말리고 있으며, 진짜 쟁점이 뭔지를 모호하게 하는 갈등에 휩쓸리고 있다는 점을 강력하게 주장해야 하는 것이다.

무신론이라는 익명의 종교

분노하는 무슬림 군중을 보면서, 우리는 자기 질책의 성향이나, 타자를 '이해하고자' 노력하는 것이 가지는 한계에 부딪힌다. 다문화주의적 자유주의의 관용이 가진 한계 말이다. 여기서 말하는 타자는 진

국가를 세우자는 제안.

200

짜로 증오의 대상이 된다는 점에서 진정한 의미의 타자가 되었다. 바로 여기서 우리는 관용의 역설이 가진 가장 순수한 모습을 본다. 우리는 불관용에 대해 얼마나 더 관용을 베풀어야 하는가? 무함마드 만평은 매우 모욕적이고 남에 대한 배려가 전혀 없는 것이었으나, 만평에 대한 폭력적인 반응 역시 부적절하기는 마찬가지였고, 자유에는 책임이 따르며 자유가 남용되어서는 안 된다고 운운하던, 그 모든 듣기 좋고 정치적으로 올바른 자유주의적 문구들은 여기서 그 한계를 드러낸다. 그 유명한 '책임이 수반되는 자유'란 대체 무엇인가? 이는 강요된 선택이라는 진부한 역설의 새로운 버전과 다름없지 않은가? 선택의 자유는 있지만, 올바른 선택을 한다는 조건하에서만 그 자유를 행사할 수 있다. 자유를 부여받긴 했지만, 그 자유를 절대로 행사하지 않는다는 조건하에서의 자유라는 얘기다.

그렇다면 관용적 이성을 소모적인 교착 상태로 몰고 가는, 찬반 사이를 끝없이 왔다 갔다 하며 주저하는 이 악순환을 어떻게 타파할 것인가? 방법은 단 하나뿐이다. 제기된 문제 그 자체를 거부하는 것이다. 질 들뢰즈가 수차례 강조했듯, 문제의 해법에만 옳고 그름이 있는 것이 아니라 문제에도 옳은 것과 그른 것이 있다. 문제를 타자에 대한 존중과 우리 쪽의 표현의 자유라는 대결 구도로 인식하는 것 자체가 본질을 흐리는 일이다. 사실 면밀히 분석해 보면 이 대결 구도 속의 양자는 은밀하게 공모하고 있는 게 분명하다. 존중의 언어는 자유주의적 관용의 언어다. 그런데 여기서 존중이란 내가 동의하지 않는 이들에 대한 존중을 의미할 뿐이다. 그런 면에서 모욕감을 느낀 무슬림이 그들이 가진 타자성을 존중해 달라고 요구한다면, 이는 무슬림들이 자유주의적 관용이라는 담론의 틀을 인정하는 것과 같다. 다른 한편, 신성 모독을 단지 증오의 태도라고만 볼 수는 없다. 다시 말하면 신성 모독이 어떤 믿음의 근원에 있는 가장 아픈 곳을 공격하고자 하는 태도인 것만은 아니라는 것이다. 엄격한 의미에서라면 신성 모독은 종교적인 문제이며, 이는 종교적 공간이라는 상황 안에서만 그 효력을 발휘한다.

우리가 이런 길을 택하지 않을 경우 악몽 같은 전망이 도사리고 있다. 즉 종교적 근본주의자들과 타자에 대한 관용과 존중을 설파하는 정치적 올바름의 전도사들 간에 체결된 터무니없는 협정에 발맞춰 우리 사회가 좌지우지될 것이다. 또 그렇게 되면 타자가 아무리 잔인하고 미신에 사로잡혔다고 하더라도, 그 타자가 행여 상처나 받을까 걱정하는 사회가 할 수 있는 일은 아무것도 없게 될 것이며, 그 속의 개인들은 자신들의 피해를 증언하는 정례화된 의식에 참여하게 될 것이다. 미국 중부 어바나-샴페인에 있는 일리노이대학을 방문했을 때 대학 식당에 갔더니 메뉴 중에 '토스카나 프라이'라는 게 있었다. 친구들에게 이 메뉴가 뭐냐고 묻자, 설명은 이랬다. 미국의 이라크 공격에 대해 프랑스가 반대를 표하자, 애국자연하고 싶은 식당 주인은 미 의회를 본보기 삼아서 프렌치 프라이라는 이름을 '프리덤 프라이'라고 바꿨다. 그런데 식당 손님의 대다수를 차지하는 진보적인 성향의 교수들이 계속 '프리덤 프라이'라는 이름을 고집하면 식당 불매 운동을 벌이겠다고 했다. 주인은 손님을 놓치고 싶지 않았지만, 애국자로 보이고 싶은 마음도 여전했기에 새로운 이름을 지어냈으니, 그것이 '토스카나 프라이'였다는 것이다. 이 이름은 유럽풍으로 들리면서도 토스카나에 대한 목가적인 영화의 유행을 따를 수 있다는 장점도 있었다.

미국 의회와 비슷하게, 이란 정부에서는 모든 빵집에 '데니시 페스트리'라는 이름을 '로즈 오브 무함마드'로 바꿀 것을 명했다. 미국 의회가 '프렌치 프라이'를 '무함마드 프라이'라 바꾸고, 이란 정부가 '데니시 페스트리'를 '로즈 오브 프리덤'이라 바꾸는 세상에 산다면 퍽 근사할 것이다. 그러나 많은 사람들이 가지고 있는 관용의 정신을 감안해 본다면 상점과 식당의 메뉴는 '토스카나 프라이'류의 이름으로 채워질 가능성이 더 높을 것 같다.

내가 나고 자란 슬로베니아에서는 지난 몇 년 동안 격렬한 논쟁이 펼쳐진 바 있다. 쟁점은 무슬림들이(대부분 옛 유고슬라비아 소속 공화국 출신의 이주 노동자들이다) 수도 류블랴나에 모스크를 세우도록 허용할 것이냐는 점이었다. 보수파에서는 문화적, 정치적, 거기다 건축학적 이유까지 들어가며 모스크 신축에 반대한 반면, 주간지 〈믈라디나〉지는 가장 적극적인 어조로 시종일관 이를 지지했다. 옛 유고슬라비아 공화국 출신 주민들의 시민권과 사회적 권리를 지지하는 〈믈라디나〉의 성향에 어울리는 태도였다. 놀라운 일도 아니지만, 〈믈라디나〉는 이런 자유주의적 태도에 걸맞게 무함마드 만평을 재수록한 유일한 매체이기도 했다. 그런데 이와는 반대로 무슬림의 폭력시위에 가장 관대한 '이해의 태도'를 보여 줬던 사람들은 틈만 나면 기독교 유럽 세계를 걱정했던 이들이었다.

이들 보수주의자들은 몇 년 전 슬로베니아에서 스캔들을 일으켰던 사건을 유사한 예라며 들먹였다. 스트렐니코프라는 록밴드가 콘서트

스트렐니코프의 앨범 커버(좌) 록밴드 스트렐니코프는 포스터와 앨범커버에
〈브레제의 성모〉(우) 그림을 패러디하여 아기 예수 대신 쥐를 그려 넣음으로써
슬로베니아 사회에 엄청난 파장을 일으켰다.

안내 포스터를 인쇄했는데, 이 포스터는 마리아와 아기 예수가 나오
는 고전적인 그림을 뒤틀어 보여 주는 것이었다. 마리아가 무릎에 아
기 예수가 아닌 쥐를 안고 있었던 것이다. 물론 보수주의자들이 이
사건을 예로 든 것은 기독교를 조롱하는 풍자화를 무함마드 풍자 만
평과 나란히 놓고 비난하기 위해서였다. 그들은 동시에 보수주의자
들은 이를 기회 삼아 두 종교 공동체가 보여 준 상이한 반응이 문명의
차이를 반영하는 논거라고 주장할 수 있었다. 살인과 방화를 불사했
던 무슬림들과는 달리 우리 기독교인들은 그저 말로 항의하는 정도에
그쳤으니, 유럽 문명이 단연 우월한 면모를 드러낸다고 말이다.

이런 이상한 협력 관계 덕분에 유럽의 무슬림 공동체는 그들이 가
진 역설적 입장이 압축적으로 녹아 있는 어려운 선택을 해야만 했다.
무슬림들을 이류 시민으로 격하시키지 않고, 종교적 정체성을 펼칠
만한 공간을 허락해 주는 유일한 정치 집단은 '신을 믿지 않는' 무신

론적 자유주의자들뿐이다. 반면, 유럽의 무슬림들의 입장에서 보면 그들이 가진 종교적 관습과 가장 닮은 관습을 가진 기독교 세력이라는 그들의 거울상이야말로 정치적으로 가장 강력한 적수다. 여기서 역설적인 것은, 최초로 무함마드 만평을 신문에 실은 이들이 아니라 표현의 자유를 지지하는 연대 의식을 바탕으로 그 만평을 재게재한 이들이 무슬림들의 유일하고 진정한 아군이라는 점이다.

1848년 프랑스의 2월 혁명이 보여 준 정치적 난맥상에 대한 마르크스의 분석이 떠오른다. 혁명 이후 집권당이었던 질서당은 부르봉가와 오를레앙가를 지지하는 두 왕당파가 연합한 정당이었다. 하지만 왕당파라는 개념의 정의상, 두 세력이 왕정주의라는 차원에서 공통분모를 찾아내기란 애초부터 불가능한 일이었다. 보편적으로 왕정 전체를 지지하는 왕당파란 성립할 수 없으며, 오로지 특정한 왕가를 지지하는 왕당파만이 있을 수 있기 때문이다. 그래서 두 세력이 연합할 수 있는 유일한 방법은 '공화국이라는 익명의 왕국'의 기치를 내거는 것뿐이었다. 다시 말해 보편적인 왕당파가 될 수 있는 유일한 방법은 공화파가 되는 것이었다.[16] 종교도 이와 마찬가지다. 보편적인 종교란 있을 수 없다. 어떤 종교든 특정한 신(들)을 믿을 수밖에 없으며, 나머지 신들은 배척의 대상이 된다는 얘기다. 종교를 통합하려던 온갖 시도는 지금까지 다 실패로 돌아갔는데, 이는 보편적인 종교가 되는 길이 오직 '무신론이라는 익명의 종교'라는 기치를 내거는 것 말고는 없다는 것을 방증한다. 서구 무슬림 공동체들의 운명이 보여 주듯, 그들은 오직 이 익명의 무신론이라는 종교 아래에서만 살아남을 수 있다. 그런 면에서 불경한 덴마크에 대해 전 무슬림 사회가 분노에 차 항의한 직후, 이라크의 두 이슬람 분파인 수니파와 시아파 사이에서 훨씬 더 심한 폭력이 발생했다는 사실은 일종의 자업자득이라 할 만하다. 이 사건에는 모든 전체주의가 보여 주는 교훈이 뚜렷하게 새겨져 있다. 외부 적과의 싸움은 언젠가는 내부 분열로, 내부 적과의 싸움으로 전환된다는 교훈이다.

결국 최근에는 종교에 대해 환멸을 가져 봐야 소용없으며 성스러운 것을 되찾는 것도 필요하다면서 종교로 되돌아가자는 '탈세속적' 목소리도 높아졌는데, 실제로 우리에게 진짜로 필요한 것은 무신론일지도 모른다. 실제로 무함마드 만평을 구실로 발생한 무슬림 사회의 격분은 종교적 믿음이 무시할 수 없는 힘임을 보여 주는 또 하나의 증거라 할 수 있을 것이다. 무슬림 군중의 폭력이 유감스런 일이긴 하지만, 이는 분별없는 데다가 냉소적이기까지 한 서구 자유주의자들 역시 여기서 교훈을 얻어야 한다는 사실을 강조하는 사건이라 보일 수 있다. 종교에 대한 세속적 환멸이 가진 한계는 여기까지라는 교훈을 말이다. 적어도 그렇게들 얘기하곤 한다.

그러나 종교를 위해 군중이 살인과 약탈과 방화를 저지른 사건에서 우리가 배워야 할 것이 정말로 그런 교훈이란 말인가? 우리가 귀에 못이 박히도록 들어온 소리가 있다. 종교가 없다면 우리는 제 몫을 위해 싸우는 한낱 이기주의적 동물에 불과하며, 우리가 가진 도덕성은 한 무리의 늑대가 가진 도덕성과 다를 바 없고, 오직 종교 덕분에 우리가 더 높은 정신세계를 가진 존재가 될 수 있었다는 얘기다. 세계 곳곳에서 종교 때문에 끔찍한 폭력이 발생하는 오늘날, 단지 기독교며 이슬람교며 힌두교 근본주의자들이 자기 종교의 고귀한 영적 가르침을 악용하고 왜곡하는 것뿐이라는 끊임없는 호언장담도 지겹기는 마찬가지다. 유일하게 평화를 가져다줄 수 있는 무신론의 가치를 복권해야 한다면, 그때는 지금이 아닐까? 늘 그랬듯, 종교로 인해 폭력이 발생하면 우리는 폭력 그 자체만을 비난한다. 문제는 고귀한 종교를 '오용'하는 폭력적인 혹은 '테러리즘적'인 정치적 행위자에게 있고, 따라서 목표는 정치적으로 도구화된 종교에서 그 진정한 정수를 회복시키는 것에 놓이게 된다. 그런데 이런 관계를 뒤집어 보면 어떨까? 겉으로는 마치 완화하는 힘처럼 보이며, 우리가 폭력을 행사하는 것을 가로막는 듯하지만, 종교야말로 그 폭력을 알게 모르게 부추기고 있다면? 그렇다면 우리가 버려야 할 것은 폭력이 아니라 종교와, 스탈린 시대 공산주의처럼 역사적 대타자에 의지하는 종교의 세속적 변주들이 아닐까? 그리고 우리는 어떤 대타자의 형상을 빌어 폭력을 감추는 일 없이 그것에 대한 완전한 책임을 떠맡으면서, 있는 그대로의 폭력을 추구해야 하지 않을까?

현대의 모든 윤리적 분쟁은 찰스 다윈과 교황 간의 논쟁이라는 주장이 자주 거론된다. 논쟁의 한편에는 다윈주의 진화론, 즉 개인을 착취하고 희생시키는 일이 용인할 만하며 바람직하다고 생각하는 세속적 (비)도덕률이 있다. 다른 한편에는 모든 인간은 불멸의 영혼을 지니고 있으며, 따라서 성스럽다고 단언하는 기독교 도덕률이 있다. 이런 맥락에서 볼 때 흥미로운 점이 있는데, 제1차 세계 대전이 발발한 뒤 일부 사회진화론자가 반전론을 주장하며 그 근거로 반평등주의적인 다윈주의를 들었다는 사실이다. 사회진화론의 선구적 주창자인 에른스트 헤켈Ernst Haeckel이 전쟁에 반대했던 이유 또한 같은 맥락이었다. 그가 보기에 전쟁에서는 죽지 말아야 할 사람들이 죽기 때문이었다. "더 강인하고, 건강하며, 정상적인 젊은이일수록 소총이나 대포 등 문명이 만들어 낸 도구에 죽음을 맞을 가능성은 더 크다."[17] 문제는 허약하고 병든 이들은 입대가 거부된다는 점이었다. 이렇게 입대를 하지 않은 이들은 후방에 남아 마음껏 아이를 낳게 되며, 그 결과 국가를 생물학적 쇠퇴의 길로 몰고 간다는 것이다. 그래서 해결책이랍시고 제안된 게 있었으니, 그건 모두에게 군 복무의 의무를 강제한 뒤, 전투가 벌어지면 허약하고 병든 이들을 위험한 공격 때 총알받이로 이용하자는 것이었다.

오늘날 이 모든 것은 복잡해지고 있다. 종교라는 이름으로 대량 학살이 합리화되는 경우가 점점 더 늘어나고 있는 반면, 평화주의는 무신론적 성향이 지배적이기 때문이다. 고차원적인 신성한 목표가 존재한다는 믿음으로 인해 개인은 점점 더 도구화되는 반면, 무신론은 그런 목표를 인정하지 않기 때문에 모든 형태의 성스러운 희생을 거부하는 것이다. 2006년 11월 12일 AP통신의 보도에 따르면 엘튼 존은 그리스도와 다른 종교 지도자들의 가르침은 존경하지만 조직 종교에는 모두 반대한다고 했는데, 앞서 말한 맥락에서 보면 당연한 일이다. 엘튼 존은 〈옵서버〉지의 음악란에서 이렇게 말했다. "나는 종교가 언제나 증오의 방향을 동성애자들 쪽으로 돌리려 애써 왔다고 생각한다. 종교는 동성애자들을 향한 증오와 악의를 부추긴다. … 나라면 종교를 완전히 금지할 것이다. 조직 종교는 제구실을 못하는 것같다. 사람들이 증오에 가득 찬 나그네쥐떼*로 변한 것은 조직 종교

* 나그네쥐lemming: 먹이를 찾아 집단으로 이동해 다니다가 많은 수가 한꺼번에 죽기도

208

때문이며, 그 종교 속에는 고통을 당하는 자들에 대한 그 어떤 공감의 마음도 없다." 문제는 여기서 그치지 않는다. 엘튼 존이 보기에 종교 지도자들은 전 세계에서 일어나는 갈등과 분쟁에 대해 아무것도 하지 못했다는 것이다. 엘튼 존은 이어서 이렇게 묻는다. "왜 그들은 이 문제를 해결하기 위한 회의를 열지 않는 건가? 왜 함께 모이지 않는 건가?"

종교적으로(혹은 민족적으로) 정당화되는 폭력이 만연하는 이유는 우리가 이 시대를 탈이데올로기의 시대라고 여기기 때문이라 할 수 있다. 더 이상 거창한 공적 대의를 동원해 전쟁과 같은 집단적 폭력을 정당화하는 근거로 삼을 수 없기에, 또 우리가 가진 지배적 이데올로기가 우리에게 인생을 즐기고 자아를 실현할 것을 요구하기에, 대부분의 사람들에게 다른 인간을 고문하고 죽이는 혐오 섞인 공포감을 극복한다는 것은 어려운 일이다. 대다수의 사람들은 본래부터 '도덕적'이기 때문에 다른 인간을 죽이는 경험을 하게 되면 커다란 정신적 충격을 안을 수밖에 없다. 따라서 누군가에게 그런 일을 하도록 하기 위해서는 보다 크고 '성스러운' 대의가, 사람을 죽인다는 일에 대해 개인이 느끼는 감정쯤은 하찮은 것이라 느끼게 해 줄 대의가 필요하다. 종교적 혹은 민족적 소속감이야말로 이런 역할을 하는 데 제격이다. 물론 그저 쾌락을 위해, 그저 그것만을 위해 대량 살인을 저지를 수 있는 병리적인 무신론자도 있긴 하다. 그러나 그런 경우는 아주 드문 예외다. 인간 대부분은 타인의 고통에 감수성을 느끼도록 타고났고, 이를 극복하기 위해서는 '마취되어야' 한다. 성스러운 대의

하는 북유럽산 쥐.

라는 건 바로 이런 목적 때문에 필요하다.

한 세기도 더 전에 도스토옙스키는 『카라마조프가의 형제들』에서 신을 믿지 않는 도덕적 허무주의가 가진 위험을 경고한 바 있다. "만일 신이 존재하지 않는다면, 모든 것이 허용된다." 이와 관련하여 프랑스의 '신철학자'* 앙드레 글뤽스만André Glucksmann은 신을 믿지 않는 허무주의에 대한 도스토옙스키의 비판을 9/11사태에 적용했다. 『맨해튼의 도스토옙스키』라는 책 제목만 봐도 알 수 있듯 말이다.[18] 그런데 글뤽스만은 전혀 엉뚱한 데서 헤매고 있다. 오늘날의 테러리즘이 주는 교훈은 바로, 만일 신이 있다면, 모든 일이, 심지어 아무 상관없는 수백 명의 무고한 이들을 날려 버리는 일조차도, 신의 의지를 행사하는 도구로서 신의 뜻을 직접 받들어 행동한다고 주장하는 이에게 허용된다는 점이다. 신과 직접 연결되어 있다면 우리가 '그저 인간이 만든 것에 불과한' 제약과 고려사항을 위반한다 해도 깨끗하게 정당화될 수 있기 때문이란 것이다. '무신론자였던' 스탈린 시대 공산주의자들이 이를 입증하는 결정적 증거다. 그들에게 모든 일이 허용될 수 있었던 것은 스스로를 자기들이 믿는 신divinity의 직접적 도구라 생각했기 때문이다. '공산주의를 향한 진보라는 역사적 필연성'이라는 이름을 가진 신 말이다.

아우구스티누스는 윤리적인 것에 대해서는 종교가 판단하지 않는다는 근본주의적 신조를 제안한 바 있다. 아우구스티누스는 "하느님을 사랑하고 그대가 좋을 대로 행동하라"고 썼다. 이는 "사랑하라,

---

* 신新철학자: 1970년대 초 마르크스주의와 단절한 일군의 프랑스 철학자들. 다양한 미디어에서 활동하면서 대중적 인지도를 확보한 것이 특징이다.

그리고 무엇이든 당신이 원하는 대로 하라"는 뜻이 된다. 기독교도의 관점에서 보면, 하느님과 사랑은 동격으로서 이 두 문장은 결국 같은 뜻이기 때문이다. 물론 여기에는 함정이 있다. 당신이 진정 하느님을 사랑한다면, 하느님이 원하는 바를 당신도 원하게 되리라는 게 바로 함정이다. 하느님을 기쁘게 하는 일은 당신을 기쁘게 할 것이고, 하느님을 거스르는 일은 당신을 불행하게 할 것이라는 얘기다. 그러니까 결국 이는, 당신이 원하는 바라면 무엇이든 할 수 있다는 뜻 아닌가. 이제 하느님에 대한 당신의 사랑이, 만일 그것이 진정한 사랑이기만 하다면, 당신 행위의 윤리성은 저절로 보장된다. 당신이 원하는 대로 하기만 해도 가장 높은 윤리적 기준을 따르게 되는 셈이기 때문이다. 이 논리는 많이 인용되는 농담과도 꽤 닮아 있다. "내 약혼자는 결코 약속에 늦는 법이 없어. 늦으면 그 순간부터 내 약혼자가 아니게 되거든." 만일 당신이 하느님을 사랑한다면, 당신은 무엇이든 원하는 대로 할 수 있다. 당신이 뭔가 악한 일을 저지른다면 그 자체가 당신이 진정으로 하느님을 사랑하지 않는다는 증거이기 때문이다…. 그러나 모호함은 여전히 남는다. 하느님이 당신에게 원하는 행동이 무엇인지를 보증해 주는 것은 당신의 믿음 속에만 있을 뿐, 당신의 믿음 외부에는 없기 때문이다. 그러니까 당신의 하느님에 대한 믿음과 사랑을 제외하고 그 외부에 어떤 윤리적 기준도 없다면, 당신은 하느님에 대한 사랑을 근거 삼아 가장 끔찍한 행위까지 정당화할 수 있다는 위험이 언제나 숨어 있는 것이다.

이브 르 브르통은 루이 9세의 십자군 원정에서 어느 늙은 여인을 만났던 경험을 이야기했다. 여인은 오른손에는 불이 담긴 그릇을, 왼

손에는 물이 담긴 사발을 들고 거리를 돌아다니고 있었다. 무엇을 하는 거냐고 묻자, 여인은 불로는 천국을 불살라 아무것도 남지 않도록 하고, 물로는 지옥의 불을 모조리 끌 거라 대답했다. 여인은 이어서 말했다. "천국에 갈 수 있다는 보상을 받기 위해, 혹은 지옥에 떨어진다는 공포 때문에 선행을 하는 이가 아무도 없기를 바라기 때문입니다. 저는 오직 하느님을 사랑한다는 이유만으로 선행을 베풀기를 바랍니다."[19] 여기에 덧붙일 것은 딱 한 가지밖에 없다. 하느님도 지워 버리고 그냥 선행 그 자체를 위해 선행을 하면 안 될까? 온전히 기독교적인 이 윤리적 자세가 오늘날 대부분 무신론에만 남아 있는 것도 놀랄 일은 아니다.

근본주의자들은 신의 의지를 따르고 구원을 받기 위해 선행(자기가 선행이라 여기는)을 한다. 하지만 무신론자들은 그저 그게 옳은 일이기 때문에 선행을 한다. 이야말로 도덕성에 대한 가장 기초적 경험이 아니겠는가? 내가 선행을 하는 것은 신의 은혜를 받기 위해서가 아니다. 다르게는 행동할 수 없기 때문에 선행을 하는 것이고, 선행을 하지 않으면 거울에 비친 내 얼굴을 똑바로 쳐다보지 못할 것이기에 선행을 하는 것이다. 도덕적 행위는 그 정의상 그 안에 이미 보상의 의미가 녹아 있다. 세기의 경제학자이자 철학자이도 했던 데이비드 흄은, 기독교 신자였지만, 이 점에 대해 아주 날카로운 견해를 밝힌 바 있다. 흄이 보기에 하느님을 진정으로 경배하고 있다는 걸 보여 주는 유일한 방법은 하느님의 존재를 무시한 채 도덕적으로 행동하는 것이다.

그리스·로마 시대, 루크레티우스의 『만물의 본성에 대하여』에서

부터 근대철학의 고전이 된 스피노자에 이르기까지 이어져 내려온 유럽 무신론의 역사는 존엄과 용기가 무엇인지 가르쳐 주었다. 무신론이라 하면 쾌락주의의 분출을 생각하지만, 그것을 넘어서는 무신론의 주된 특징은 모든 인간의 삶이 쓰디쓴 것이라는 자각이었다. 우리의 운명을 지켜보고 행복한 결과를 보장해 주는 전능한 권위란 없기 때문이다. 동시에 무신론자들은 현실 도피에서 즐거움을 얻기보다는 현실을 받아들이고 그 안에서 창조적으로 제 자리를 찾는 데에서 오는 즐거움이 있다는 가르침을 전개하려 애쓴다. 이 유물론적 전통은 매우 독특한데, 그것은 우리가 우주를 지배하는 것이 아니라 우연한 운명의 뒤틀림에 내맡겨진 작은 존재에 불과하다는 겸허한 자각과 우리 스스로 우리 삶을 개척해 나간다는 무거운 책임감을 선뜻 받아들이는 자세가 결합된 것이기 때문이다. 예측할 수 없는 재난의 위협이 사방에 도사리고 있는 지금, 이는 그 어느 때보다 우리 시대에 더욱 필요한 태도가 아니겠는가?

몇 년 전 독특한 논쟁이 유럽을 달구었다. 유럽 헌법 초안을 작성하면서, 그 전문前文에 기독교를 유럽의 유산을 이루는 기본 요소로 언급할 것인가 말 것인가 하는 논쟁이었다. 타협의 결과 기독교는 유대교, 이슬람교, 고대 그리스·로마 시대의 유산과 더불어 헌법에 언급되었다. 그러나 현대 유럽의 가장 소중한 유산인 무신론은 어디로 간 것일까? 공직에 오르는 데 있어 무신론이 장애물이 아니라 완전히 적법한 자격조건일 수 있는 최초이자 유일한 문명은 유럽 문명이고, 현대 유럽의 독특함도 바로 이 점에 있는데 말이다. 무신론이야말로 가장 유럽다운 유산이며, 싸워서 지킬 만한 가치가 있는 유산이다.

진정한 무신론자는 신성 모독적인 발언으로 종교를 믿는 사람을 자극하여 자기 자신의 입장을 강화할 필요가 전혀 없다. 또한 진정한 무신론자라면 무함마드 만평 사건을 단순하게 타인의 믿음에 대한 존중의 문제로 환원하는 태도 역시 거부한다. 타인의 믿음에 대한 존중을 최고의 가치로 삼는다는 것은 결국 두 가지 의미 중 하나일 수밖에 없다. 타자를 어린애 대하듯 다루며 그의 환상을 깨지 않기 위해 상처 주지 않는 편을 택하는 태도이거나, '진리 체계들'이 복수로 존재한다는 상대주의적 입장을 취하면서 진리를 명백하게 주장하는 행위는 모두 폭력적인 강요라고 깎아내리는 태도이거나, 이렇게 둘 중 하나라는 것이다. 하지만 (다른 모든 종교도 마찬가지지만) 이슬람을 존중 어린 시선으로 바라보면서 동시에 엄격한 태도로 비판적 분석을 해 보면 어떨까? 이것이, 그리고 이것만이, 무슬림들을 진심으로 존중하는 길이다. 다시 말해, 우리는 그들을 자기 믿음에 대해 책임을 지는 진지한 성인들로 대접해야 하는 것이다.

5

관용은 이데올로기다

정치의 문화화

왜 오늘날에는 그토록 많은 문제들이 불평등이나 착취나 불의의 문제가 아니라 불관용의 문제로 인식되는 것일까? 왜 해방이나 정치 투쟁도 아니고, 하다못해 무장 투쟁도 아니라 관용이 해결책으로 제안되는 것일까? 즉각 떠오르는 답은 자유주의적 다문화주의에 내재된 이데올로기, 즉 '정치가 문화화'되는 이데올로기가 작동하기 때문이라는 것이다. 정치가 문화화되면서 정치적인 차이(정치적 불평등이나 경제적 착취로 인해 발생하는 차이)는 본래의 정치적 의미가 중화되어 '문화적' 차이, 즉 '생활 방식'의 차이로 변한다. 그리고 이런 문화적 차이나 생활 방식의 차이는 이미 정해진 것, 극복될 수 없는 것으로 인식된다. 그저 '관용'의 태도를 보일 수밖에 없다는 얘기다. 이 점에 대해서는 발터 벤야민이 말한 바와 같이 '정치를 문화화하는 것에서 문화를 정치화하는 것으로' 그 초점을 바꿀 필요가 있다. 이와 같이 정치가 문화화되는 현상이 발생하는 이유는 복지 국가나 다양한 사회주의 기획 등, 직접적인 정치적 해결책을 통해 문제를 해소하고자 했던 기획들이 실패하고 철회되었기 때문이다. 관용은 바로 그 정치적 실패가 낳은 탈정치적 대용품인 것이다.[1]

'정치의 문화화'를 가장 성공적으로 정식화한 정치학자는 새뮤얼 헌팅턴이다. 헌팅턴은 오늘날 분쟁이 일어나는 가장 주된 원인을 '문명의 충돌'에서 찾았는데, 이런 분석은 헌팅턴병*이라 부르고 싶어질 만큼 널리 퍼져 있다. 헌팅턴의 설명에 따르면, 냉전 시대가 종식되자 '이데올로기라는 철의 장막'은 '문화의 벨벳 장막'으로 대체되었다.[2] '문명의 충돌'이라는 헌팅턴의 어두운 미래상은 자유 민주주의가 전 지구를 뒤덮는 방식으로 역사는 종말을 고하게 될 것이라는, 프랜시스 후쿠야마가 개진했던 낙관적 전망과 정반대로 보일 수도 있다. 이보다 더 상이한 두 가지 전망이 있을 수 있을까? 후쿠야마가 전개한 '역사의 종말'이라는 유사-헤겔적인 발상에 따르면 최상의 사회 질서를 구현할 수 있는 그 궁극적 정식을 자본주의적 자유 민주주의에서 발견했으니, 더 이상 개념상으로 나아질 여지는 없게 되었다. 그저 경험적인 차원의 장애물이 존재할 뿐이다.[3] 그에 비하면 헌팅턴은 21세기의 주요 정치 분쟁으로 '문명의 충돌'을 들고 있다. '문명의 충돌'은 역사가 종말에 처한 시대의 정치라는 것이다.

자유주의자들의 논점은 문화에 속박된 사람들과 문화를 그저 '즐기는' 사람들 사이의 대립에 그 기초를 둔다. 전자는 타고난 생활 세계에 전적으로 좌우되는 이들이며, 후자는 더 높은 수준의 문화를 바탕으로 수준이 높아진 사람들이며, 문화를 자유롭게 선택할 줄 아는 사람들이다. 그런데 이와 같은 대립 구도를 받아들이게 되면 야만의 궁극적 원천이 문화 그 자체에 있다는 역설에 부닥치게 된다. 어떤 사람이 특수한 문화에 직접적으로 동일화 감정을 품게 되면, 다른 문화에 대한 불관용의 태도가 생겨나기 때문이다. 여기서 근본적인 대립은 집단적인 것과 개인적인 것 사이의 대립이다. 문화는 그 정의상 집단적이면서도 특수하고, 지역적이고, 다른 문화에 배타적이다. 반면

---

* 헌팅턴병: 유전병 중 하나이지만, 여기서는 새뮤얼 헌팅턴이 미치는 해악을 가리킨다.

(다음번 역설인데) 어떤 사람이 자신이 속한 바로 그 특수한 문화에서 떨어져 나와 더 높은 수준을 가진 사람이 되는 순간 그 사람은 보편적 공간에 속한 보편적 개인이 돼 버린다. 그러나 모든 개인은 어느 정도는 특수화되어야 하고, 특수한 생활 세계 속에 뿌리박고 살아야 하기에, 이런 난관을 해결하는 유일한 방법은 개인 속에 보편적인 면과 특수한 면, 그리고 공적인 면과 사적인 면이 동시에 존재한다고 보는 길뿐이다.(여기서 '사적인private'은 가정이라는 안락한 공간과 시민 사회(경제)라는 비국가 공공 영역을 둘 다 포함한다.)

자유주의에서 문화는 사적인 형태로만 존재할 수 있다. 다시 말해 문화가 규범과 규칙으로 이루어진 공적 네트워크가 아니라 하나의 생활 방식, 일련의 믿음과 관습으로서 존재한다. 문화는 글자 그대로 실체 변화를 겪어, 이전에는 집단적인 결속의 힘이었던 동일한 믿음과 관습이 개인적이고 사적인 특이성의 표현으로 변한다. 문화 자체가 야만과 불관용의 근원인 한, 불관용과 폭력을 극복하는 길은 오로지 주체가 가진 존재의 핵심, 그 보편적 본질을 문화에서 분리해 내는 길뿐이다. 핵심적인 부분에서 주체는 문화가 없어야kulturlos 한다.[4] 이 보편적 자유주의적 주체라는 이데올로기의 철학적 토대는 데카르트가 말하는 주체, 특히 칸트식으로 이해된 데카르트적 주체에 있다. 이 주체는 자신의 특수한 문화적/사회적 뿌리 밖으로 걸어 나와 온전한 자율성과 보편성을 주장할 능력이 있는 존재로 상정된다. 데카르트의 '보편적 회의'라는 입장의 바탕이 되는 경험은, 바로 자신의 전통이 타인의 '기이한' 전통보다 딱히 나을 것이 없다는 '다문화주의적' 경험이다.

나는 오래전 학교에 다닐 때부터 아무리 이상하고, 아무리 믿기 어려운 일이라도 상상할 수 없는 일이란 없으며, 그건 이미 철학자나 다른 누군가가 말했다는 것을 배웠다. 또 나는 여행을 하면서 우리와 생각이 상반된 사람들이라고 해서 반드시 야만적이거나 미개하다고 부를 수는 없으며, 오히려 그들은 우리와 마찬가지로 혹은 우리 이상으로 이성을 지닐 수도 있다는 점을 알게 되었다.[5]

그렇기에, 데카르트의 영향 아래에 있는 철학자에게 민족적 뿌리, 국가적 정체성 등은 진리라는 범주에 속할 수 없다. 이를 칸트식으로 표현하자면, 우리가 우리의 민족적 뿌리에 대해 성찰할 때 우리는 우연적이고 독단적인 전제들에 구속된 채 이성을 사적으로 사용하게 된다고 할 수 있다. 다시 말해 이때 우리는 보편적 이성의 차원에 속하는 자유로운 인간으로서가 아니라 '미성숙한' 개인으로서 행동하는 셈이다. 공적인 것과 사적인 것의 이런 구분에 대한 칸트와 리처드 로티의 논의에는 서로 대립되는 측면이 있다. 둘의 차이점은 거의 지적되지 않았으나 매우 중요하다. 둘 다 공적인 영역과 사적인 영역을 뚜렷이 구분하지만, 그 구분 방식은 정반대였다. 현대의 자유주의 철학자 중 독보적인 존재라 할 만한 로티는 사적인 것을 우리의 창조성과 과감한 상상력이 지배하는 특이성의 공간이며, 도덕적 고려는 (거의) 연기돼 버리는 공간이라고 봤다. 반면 공적인 것은 타인을 해치지 않기 위해 규칙을 준수해야 하는 사회적 상호 작용의 공간이라고 봤다. 그런 면에서 로티에게 사적인 공간은 상식에 반하는 아이러니의 공간인 반면, 공적인 공간은 연대의 공간이다.

그러나 칸트에게 '세계 시민 사회'라는 공적인 공간은 보편적 특이성이라는 역설을 가리킨다. 이는 특이성을 가진 주체가 특수성의 매개를 회피하면서, 혹은 그것을 단락short-circuit시켜 보편성을 곧바로 획득해 버리는 역설을 뜻한다. 칸트가 「계몽이란 무엇인가」의 유명한 대목에서 '사적인 것'과 대비되는 의미로 사용한 '공적인 것'은 바로 이것이다. '사적인 것'은 공동의 유대와 반대되는 어떤 사람의 개별성을 뜻하지 않는다. 오히려 사적인 것은 그 사람이 소속감을 가지고 있는 공공적·제도적 질서와 일치한다. 반면 '공적인 것'은 각자가 가진 이성을 발휘함으로써 생겨나는 초국가적 보편성을 가리킨다. 그러므로 "자유롭게 사고하라, 그러나 복종하라"는 정식 속에 담긴 역설은 자신의 실체적 집단 동일성에서 분리된 혹은 그와 대립되기까지 하는 개별적 개인으로서만 보편적 차원의 '공적' 영역에 참여하게 된다는 점이다.(물론 이 정식은 자가당착이기도 하다. 왜냐면 이 정식은 사회적 권위를 '수행하는' 차원과 그 수행을 뒤로 미루는 자유로운 사고의 차원을 구분하는 것에 기초하여 만들어진 것이기도 하기 때문이다.) 집단적 정체성들의 틈새에서, 철저하게 개별적일 때에만 진정으로 보편적일 수 있다. 여기서는 칸트를 로티에 대한 비판으로 읽어야 한다. 공적인 공간을 이성이 제약 없이 자유롭게 행사되는 공간으로 보면서, 칸트는 개인의 사회적 정체성이나 (사회적) 존재 질서 내의 위치라는 한계 바깥에 존재하는 해방적 보편성의 차원을 역설한다. 로티가 놓치고 있는 차원이 바로 이것이다.

실효적 보편성

자유주의자의 관용 개념을 미심쩍게 만들고, 그 관용을 지탱하는 것이 폭력이라는 점을 분명하게 보여 주기란 쉬운 일이다. 일단, 자유주의적 관용 개념은 진정으로 보편적이고 문화가 없지kulturlos 않다. 가령 우리 사회를 여전히 지배하고 있는 성별 노동분업의 문화 속에서는 남성에게 기본적인 자유주의적 범주들(자율성, 공적 활동, 경쟁)을 부여하고, 여성에게는 가족적 유대라는 사적인 영역을 부여하는 식으로 그 지위에 차등을 둔다. 이렇게 자유주의에 내재된 사적인 것과 공적인 것의 대립항 속에서 남성의 지배는 은폐된다. 게다가, 집단적 연대, 집단적 관계, 자립할 수 없는 사람들에 대한 사회적 책임, 그리고 자기가 속한 공동체의 관습에 대한 존중 의무 등과 같은 가치보다 자율성이나 개인적 자유를 더 중히 여기는 문화는 근대 서구자본주의 문화뿐이다. 그런 면에서 본다면 자유주의 자체가 근대 서구문화라는 특정 문화에 특권적 지위를 부여하는 셈이다. 선택의 자유와 관련해서도 자유주의는 역시 편견이 심하다. 자유주의 문화는 타문화에 속한 개인들이 선택의 자유를 가지지 못한 점에 대해 관용의 태도를 보이지 않는다. 여성 할례, 여성 조혼, 영아 살해, 일부다처제, 근친상간 등과 같은 쟁점은 그 명백한 사례들이다. 그러면서도 자유주의는 우리의 자유로운 사회에서 가해지는 엄청난 압박, 예를 들어 여성들로 하여금 성 시장에서 경쟁력을 잃지 않기 위해 성형수술, 미용을 위한 임플란트, 보톡스 주입 등을 시술받도록 강제하는 그런 압박은 애써 무시한다.

따라서 '자유로운 선택'이라는 자유주의적 사고는 언제나 막다른 궁지에 몰린다. 자유주의자들이 보기에는 주체가 원한다면 자기가 태어난 곳의 전통을 선택할 수도 있지만, 우선 대안들을 제시받고 그다음 그것들 중에서 자유롭게 선택할 수 있어야 한다. 그런데 아미시 교파의 청소년들은 형식적으로는 자유로운 선택권을 부여받지만, 선택하는 과정에서 그들이 처한 상황 때문에 그 선택은 자유롭지 못한 것이 된다. 진짜 자유로운 선택을 할 수 있으려면 아미시 청소년들은 모든 선택사항에 대해 제대로 배우고 그런 선택사항들 속에서 교육받아야 한다. 그러나 자유로운 선택을 가능케 하는 유일한 길은 그들을 아미시 교파라는 공동체 안에서 분리해 내어 미국화시키는 방법뿐이다.

무슬림 여성의 베일 착용에 대해 자유주의자들이 보이는 일반적 태도에서도 그 한계는 뚜렷이 드러난다. 가령 베일 착용이 그들 남편이나 가족에 의해 강요된 것이 아니라 자유롭게 선택한 것이라면 자유주의자들도 이를 기꺼이 용인한다. 하지만 무슬림 여성이 자유로운 개인의 선택권을 행사하려고 베일을 착용하게 되면, 가령 자신이 가진 신앙을 구현하기 위해 하는 순간, 그 베일 착용의 의미는 전혀 달라진다. 베일은 더 이상 그 여성이 무슬림 공동체에 속해 있다는 표시가 아니라 특이한 개인성의 표현이 된다. 이 차이는 오랜 옛날부터 자기 마을에서 그래 왔기 때문에 중국 음식을 먹는 중국인 농부와, 어느 날 마음이 내켜 동네 중국 음식점에서 외식을 하는 서구 대도시 시민의 차이와도 같다. 선택의 자유를 근간으로 하는, 세속적인 우리 사회에서 실질적인 종교적 소속의 표지를 유지하는 사람들이 종속적인 지위로 격하됐던 데에는 이런 이유가 있었던 것이다. 설사 그들이 믿음을 유지하는 것이 허용된다고 하더라도, 그 믿음은 그저 특이한 개인적 선택이거나 의견으로서 '관용'이 베풀어지는 것일 뿐이다. 그들은 그들이 가진 종교적 소속감을 있는 그대로 드러내는 순간, 그들은 '근본주의자'라는 낙인을 피할 수 없게 된다. 이것이 의미하는 바는 명확하다. 결국 '관용적인' 서구의 다문화주의적 관점 속에서 말하는 '자유로운 선택의 주체'는 이들이 속한 특정한 생활 세계에서 찢겨지고 그 뿌리에서 절단되는 극심한 폭력의 과정을 반드시 거쳐서만 나타날 수 있다는 얘기다.

그러나 우리가 명심해야 할 게 있다. 그것은 우리 자신의 문화적 배경을 우연적인 것으로 경험하게 해 주는 이와 같은 폭력에 대단히 해방적인 면모가 존재한다는 사실이다. 자유주의가 유럽에서 부상한 것은 가톨릭과 프로테스탄트 사이에서 벌어진 30년 전쟁이라는 재앙 이후였음을 잊어서는 안 된다. 자유주의는 근본적으로 종교적 신념이 다른 사람들이 어떻게 공존할 수 있을까라는 절박한 질문에 대한 해답이었다. 자유주의는 시민들에게 서로 다른 종교에 대한 시혜적인 관용 그 이상을, 그리고 일시적인 타협으로서의 관용 그 이상을 요구했다. 자유주의는 우리가 내면 깊은 곳에 있는 종교적인 신념에도 불구하고 다른 종교들을 존중할 것을 요구한 것이 아니라, 오히려 그 신념 때문에 다른 종교들을 존중할 것을 요구했다. 하여 타자를 존중하는 것이야말로 진정한 신앙의 증거라는 것이다. 8세기의 위대한 무슬림 지식인 아부 하니파Abu Hanifa는 이러한 태도에 대해 다음과 같이 멋진 말을 남겼다. "공동체에서 의견이 차이 나는 것은 신의 자

아부 하니파 사원 아부 하니파(699-767)가 안치된 곳으로 이라크 바그다드에 있다.

비를 보여 주는 징표다."[6] 오직 이런 이데올로기적 공간 속에서만 우리는 자신의 정체성을 우연적이고 담론적으로 '구성된' 것으로 경험할 수 있다. 거두절미하고 철학적으로 말하자면, 데카르트적 주체가 없었다면 주디스 버틀러도, 사회적 성 정체성이 수행적으로 규정된다는 버틀러의 젠더 정체성 이론도 있을 수 없었을 것이다. 자유주의적 다문화주의의 다른 어떤 면을 비판할 수 있을지 몰라도 적어도 그것이 철저하게 반본질주의적이라는 점만은 인정해야 한다. 가령 본질주의적인 것으로, 따라서 그릇된 것으로 인식되는 것이 있다면, 그건 자유주의자들에게 야만적 타자다. 근본주의는 역사적으로 조건 지어진 우연적 특성들을 마치 '원래 그랬던 것처럼' 만들거나 '본질적으로 그런 것처럼' 만든다. 근대 유럽인들이 보기에 자신들은 원래

가지고 있었던 가설들을 끊임없이 유연하게 바꾸고 있는 반면, 다른 문명들은 그들의 특수한 문화에 사로잡혀 있다.

'탈식민주의' 비평가들은 자유주의가 제 한계에 대해 둔감하다는 점을 강조하길 좋아한다. 자유주의가 인권을 옹호하면서 자유주의적 인권 개념을 타자에게 강요하는 경향이 있다고 말이다. 하지만 스스로가 가진 한계에 대한 자기 성찰적 감수성이라는 것도 따지고 보면 자유주의가 중시하는 자율성과 합리성이라는 개념에 기초해서만 나올 수 있는 것이다. 물론 어떤 면에서 본다면, 억압 자체가 지워지고, 자유로운 선택으로 가장된다는 이유로 서구의 상황이 훨씬 더 나쁘다고 주장하는 사람도 있을 수 있다. (무엇 때문에 불평하는 거야? 바로 네가 선택한 일이잖아.) 우리가 가지고 있는 선택의 자유는 실제로 단지 우리가 억압과 착취에 동의했음을 의미하는 형식적 제스처로 기능하는 경우가 많다. 그러나 여기서 중요한 건 헤겔이 강조했던 형식의 중요성이다. 형식은 그 자체로 자율성과 실효성을 가지고 있다. 따라서 여성 할례를 받아야만 하거나 어린 나이에 결혼을 하는 제3세계의 여성과, '자유로운 선택'에 따라 고통스런 성형수술을 할 수 있는 제1세계의 여성을 비교할 때, 중요한 것은 자유의 형식이다. 이를 통해서 우리가 비판적 성찰을 할 수 있게 되기 때문이다.

나아가 타자의 문화를 관용의 태도가 결여돼 있다거나 야만적이라고 치부하는 태도의 대척점에는 타자의 문화가 가진 우수성을 너무도 쉽게 인정해 버리는 태도가 있다. 가령 인도에 주둔하던 영국 식민 관리들 중 인도의 심오한 영성을 찬양하던 이가 얼마나 많았던가. 서구에서는 합리성과 물질적 부에 대한 집착 때문에 도달할 수 없는 것이라며 말이다. 타자를 더 조화롭고, 유기적이고, 덜 경쟁적인 삶을 살아가며 지배보다는 협력을 추구하는 존재로 격상시키는 것은 서구 자유주의가 가진 진부한 주제의 목록에 들어가는 것 아닌가? 서구의 자유주의가 타자의 문화를 '존중'한다는 미명하에 억압을 못 본 체하는 것 또한 이와 무관하지 않다. 여기에 심지어는 선택의 자유를 도착적인 방식으로 끌어들이기도 한다. 가령 과부를 불태워 죽이는 짓을 한다 해도, 그 사람들은 자기의 생활 방식을 스스로 선택한 것이며, 그것이 우리 눈에 비참하고 불쾌해 보인다 해도 우리는 그들의 선택을 존중해야 한다면서 말이다.

따라서 자유주의에 대한 '급진적' 탈식민주의적 비판은, 거짓된 보편성을 비난하고, 중립적이고 보편적임을 자처하는 입장이 실제로는 특정한 문화(이성애·남성·기독교)에 특혜를 주고 있음을 드러내는 표준적인 마르크스주의 수준에 머물러 있다. 더 정확히 말하자면, 그런 태도는 표준적인 포스트모던의 입장이나 반본질주의적 입장 속에 포함되는 것으로서, 다수가 행하는 성적 관행에 의해 성 개념이 만들어지는 것이라는 푸코의 입장을 정치적으로 번안한 것이라고 할 수 있겠다. 그런 식이라면 인권의 소유자로서의 '인간'은 시민권을 구체화하는 일련의 정치적 관행들 속에서 만들어지는 것이라 볼 수 있다. 또 인권은 서구의 제국주의와 지배라는 구체적인 정치 행태, 그리고 서구의 군사적 간섭과 신식민주의 등을 감추고 정당화하는 거짓된 이데올로기적 보편성이 된다. 그런데 문제는 과연 이것이 비평이 되기에 충분한가이다.

우리는 마르크스주의적 징후적 독해를 통해 인권 개념에 부르주아적 이데올로기의 구체적 색채를 입히는 특수한 내용을 설득력 있게 보여 줄 수 있다. 보편적 인권이란 사실상 재산을 가진 백인 남성이 시장에서 자유로운 교환 활동을 하고 노동자와 여성을 착취하며, 정치적 지배권까지 행사할 수 있게 하는 권리다. 보편적 형식을 장악하는 특수한 내용을 인지한 것은, 이야기를 절반쯤만 하다가 그만두는 것과 같다. 더 결정적인 나머지 절반을 완성하려면 훨씬 더 어려운 보충 질문을 던져야 한다. 바로 보편성의 형식 자체가 어떻게 나타나게 됐는지에 대한 질문을 던져야 한다는 얘기다.

추상적 보편성이라는 것은 어떻게, 그리고 어떤 특정한 역사적 조건 속에서 '(사회적) 삶의 사실'이 되는가? 개인들은 어떤 조건 속에서 스스로를 보편적 인권의 주체로 경험하는가? 바로 이것이 마르크스가 분석한 상품 물신주의의 핵심이다. 상품 교환이 지배하는 사회에서, 개인들은 일상생활 속에서 자기 자신은 물론 자신이 마주치는 대상들을 추상적이고 보편적인 개념이 우연히 형상화된 것으로 대한다. 나라는 존재, 나의 구체적인 사회적·문화적 배경은 우연적인 것으로 경험된다. 왜냐하면 결국 나를 규정하는 것은 사고하거나 노동할 수 있는 추상적·보편적 능력이기 때문이다. 내 욕망을 충족해 줄 수 있는 어떤 대상도 우연적인 것으로 경험된다. 왜냐하면 나의 욕망은 추상적이고 형식적인 능력으로 간주되며, 욕망을 채워줄 수도 있겠지만 결코 완전히 충족시키지 못하는 수많은 개별 대상들에 대해 무관심하기 때문이다.

직업이라는 근대적 개념은, 내가 나 자신을 애초부터 사회적 역할을 '부여받은 채로 태어난' 개인으로서 경험하지 않는다는 것을 의미한다. 내 미래의 모습은 우연한 사회적 상황과 나의 자유로운 선택 간의 상호 작용에 달려 있는 셈이다. 오늘날 개인이 직업을 지니고 있다는 것은 이런 의미에서다. 가령 그는 전기 설비공이거나 교수이거나 웨이터이다. 그러나 중세의 농노를 두고 직업상 농부였다고 주장하는 건 무의미하다. 여기서도 마찬가지로, 결정적인 요점은 상품 교환과 전 지구적 시장경제라는 특정한 사회적 조건 속에서 '추상'이 실제 사회적 삶의 직접적 특징이 된다는 점이다. 결국 추상적인 것은 구체적 개인들이 어떤 행동을 할 때나 이 개인들이 운명이나 사회적 환경과 관계를 맺을 때 영향을 끼치게 된다.

헤겔은 개인들이 자기 존재의 핵심을 자기가 처한 특정한 사회적 환경과 완전히 동일시하지 않을 때에만 보편성이 '대자적for itself'이 된다고 봤는데, 마르크스도 이 점에 대해 동의한 바 있다. 이와 동시에 일어나는 현상이 있으니, 그것은 바로 이 개인들이 스스로를 그들이 처한 사회적 환경과 영원히 '어긋나' 있다고 경험하는 것이다. 그렇다면 구체적이고 실효적인 보편성을 통해 지구라는 거대한 구조물 속에서 제자리를 잡지 못하는 개인이 나타나게 되는 셈이다. 달리 말하면 특정한 사회 구조 속에서 보편성은 사회 구조 안에 제 고유한 자리가 없는 개인들 속에서만 '대자적'이 된다. 따라서 추상적 보편성이 드러나는 양식, 즉 그 추상적 보편성이 실제로 그 구체적 존재를 드러낼 때 폭력은 발생한다. 추상적 보편성은 이전에 존재하던 유기적 균형을 폭력적으로 파괴하기 때문이다.

보편적 법적 형식이라는 이데올로기적 외양과 그것을 실제로 지탱하는 특수한 이해관계들 사이의 간극을 지적하는, 고전적인 마르크스주의적 논점만으로는 이제 충분하지 않다. 이는 흔히 정치적 올바름을 중시하는 좌파 비평가들에게서 흔히 볼 수 있는 일이기는 하다. 이 점에 관해서라면, 형식이란 '단순한' 형식에 불과한 것이 아니라 사회적 삶의 물질성에 흔적을 남기는 고유한 고유한 역동성을 수반한다는, 클로드 르포르와 자크 랑시에르 등이 제기한 반론이 전적으로 타당하다.[7] 노동조합 운동이나 페미니즘 등 '물질적 형태를 띤' 정치적 요구와 실천의 과정을 추동한 것도 결국 부르주아적인 '형식적 자유'였다. 랑시에르는 인권과 정치적 자유에 대한 담론을 가지고 있는 형식적 민주주의와 착취와 지배라는 경제적 현실 사이에 간극이 있다는 마르크스의 생각에는 근원적으로 애매한 구석이 있다고 강조한 바 있는데, 이는 정당한 문제 제기다. 평등-자유equality-freedom라는 '외양'과 경제적·문화적 차이라는 사회적 현실 사이의 간극은 두 가지 방식으로 해석할 수 있다. 먼저 통상적 접근법인 징후적 방식으로 해석하자면, 보편적 권리, 평등, 자유, 그리고 민주주의의 형식 등과 같은 가치는 착취와 계급지배라는 구체적인 사회의 현실에 필요하지만 환상적인 표현에 불과한 것이기도 하다. 더 전복적으로 보자면, 평등자유égaliberté의 '외양'은 '단순한 외양'이 아니라 그 자체의 힘을 지닌 긴장이다. 이러한 힘은 실제 사회적 관계를 점차 '정치화'함으로써 사회적 관계가 재편되는 과정을 추동할 수 있다. 이를테면, 여자라고 투표하지 말란 법이 어디 있나? 작업장의 노동조건이 공공의 정치적 관심사가 되지 말란 법은 또 어디 있느냐? 이런 식으로 말이다. 여기서 레비스트로스가 말한 '상징적 효력symbolic efficiency'이라는 개념을 떠올려 보는 것도 좋겠다. 평등자유의 외양은 상징적

평등자유 égaliberté 프랑스 철학자 에티엔 발리바르가 처음 사용한 용어. 서로 독립적인 가치로 이해되는 평등과 자유가 분리될 수 없다는 점을 강조한다. 즉 평등과 자유는 낮과 밤처럼 이어져 있다는 것이다. ⓒ M.C. 에셔, 〈낮과 밤〉, 목판화, 1938

허구이지만, 그 나름의 실제적 효과를 지니고 있기도 하다. 이것을 전혀 다른 현실을 은폐하는 한낱 환상에 불과하다고 냉소적으로 폄하해서는 안 된다. 그런 태도로는 부르주아적 자유가 '형식에 불과하다'며 조롱하던 옛 스탈린주의적 위선의 덫에 걸려들게 될 뿐이다. 부르주아적 자유가 정말로 형식에 불과한 것이며 진정한 권력관계를 뒤흔들지 못하는 것이었다면, 스탈린 체제는 왜 그런 자유를 허용하지 않았단 말인가? 대체 왜 그토록 그런 자유를 두려워했던 것인가?

어떤 이론투쟁에서든 (윤리적·정치적 투쟁에서도 마찬가지이며, 바디우가 입증했듯 미학적 투쟁에서도 그러한데) 관건은 특수한 생활 세계에서 보편성이 부상하는 순간이다. 우리는 모두 특수하고 우연한 생활 세계에 완전히 붙박여 있고, 따라서 모든 보편성은 이 생활 세계에 물들어 있으며, 깊이 묻어 들어가 있다. 하지만 이러한 상투적인 통념은 뒤집어야 한다. 진정한 발견의 순간, 획기적 돌파의 순간이라는 건, 순수하게 보편적 차원의 것이 특수한 상황 속에서 폭발해 나와 '대자적'이 되는 순간이고, 그것이 보편적인 것으로서 직접 경험되는 순간이다. 이 대자적 보편성은 특수한 상황의 바깥에 있는 것도 아니며 그것을 초월해 있는 것도 아니다. 그것은 특수한 상황 속에 새겨져 있다. 대자적 보편성은 그 내부로부터 특수한 상황을 교란시키고 영향을 끼치면서 특수한 정체성을 그 특수한 면과 보편적인 면으로 분리되도록 한다. 마르크스는 이 점에 대해 일찌감치 지적한 바 있다. 호메로스를 둘러싼 진정한 문제는 고대 그리스 사회라는 서사시의 뿌리를 설명하는 데 있지 않다고 말이다. 마르크스가 보기에 관건은 호메로스의 서사시가 그 역사적 맥락에 명확히 뿌리를 두고 있으면서도 역사적 기원을 초월하여 모든 시대에 호소력을 지닐 수 있다는 사실을 설명하는 것이었다. 아마 한 예술작품이 얼마나 위대한지 알아볼 수 있는 가장 기초적인 해석학적 방법은, 그 작품이 원래의 맥락에서 떨어져 나왔을 때 살아남을 수 있는지 여부를 보는 것일 터이다. 진정으로 위대한 예술이라면 모든 시대에 걸쳐 재발명되고 재발견된다. 이를테면 낭만주의자인 셰익스피어가 있고, 사실주의자인 셰익스피어가 있는 식으로 말이다.

리하르트 바그너의 오페라 역시 이런 예에 해당한다. 최근의 역사주의적 연구에서는 바그너 작품에 등장하는 다양한 인물과 주제가 가지는 '진정한 의미'를 이해할 때 그것이 나온 맥락을 결부시키려 노력한다. 창백한 하겐은 사실 수음하는 유대인이었고, 암포르타스가

가지고 있던 상처는 사실 매독 때문
이었다는 식으로 말이다.* 이 얘기
를 좀 더 해 보자면, 바그너는 오페
라를 통해 당대 누구에게나 알려져
있던 역사적 코드를 동원한 것이다.
가령 바그너의 시대에는 어떤 사람
이 비틀거리며 걷거나, 갈라지는 높
은 소리로 노래를 부르거나 신경질
적인 몸짓을 하면 '누구든' 그런 사람
은 유대인임을 알았다. 그런 면에서

리하르트 바그너(1813-1883)

〈지그프리트〉에 나오는 미메는 유대인의 캐리커처였던 셈이다. 또
'부정한' 여인과 맺은 성관계로 사타구니에 병이 생겼다고 했을 때,
이 여인은 19세기 후반을 공포로 몰아넣었던 매독을 암시하는 것이
라고 볼 수 있기 때문에 사실 암포르타스가 쿤드리에게서 매독을 옮
았다는 점을 모르는 사람은 없다. 그런데 이런 방식의 해석이 지닌
가장 큰 문제점은, 설사 그것이 사실이라고 하더라도 작품을 제대로
이해하는 데 그리 큰 도움이 되지 않는다는 것이다. 실제로 역사주의
가 가진 상투성은 예술을 감상하는 데 방해 요소가 될 수 있다. 〈파
르지팔〉을 제대로 이해하려면 우리는 그런 사소한 역사적 사실에서
벗어나, 작품을 원래의 맥락에서 떼어내 탈맥락화해야 한다. 〈파르지
팔〉의 경우, 그것이 원래 묻어 들어 있었던 맥락보다는 시대에 따라

---

* 하겐은 〈니벨룽겐의 반지〉 중 제3일 〈산들의 황혼〉의 등장인물. 암포르타스는 〈파르
  지팔〉의 등장인물.

암포르타스Amfortas 로헬리오 데 에구스키사 작(1894), 암스테르담 국립미술관 소장

다양한 역사적 맥락을 지닐 수 있게 하는 형식적 구조 속에 더 많은 진실이 담겨 있다. 뛰어난 바그너 비평가이기도 했던 니체는 처음으로 그와 같은 탈맥락화를 통해 새로운 바그너상像을 제시했다. 이 속에서 더 이상 바그너는 튜턴 신화를 노래하는 시인인 바그너, 과장된 영웅적 웅장함을 보여 주는 바그너가 아니었고, '세밀화가'로서의 바그너, 히스테리가 있는 여성과 같은 바그너, 섬세한 악절을 지어 낸, 부르주아 가정의 퇴폐성을 지닌 바그너였다.

같은 방식으로 니체 역시 20세기 내내 재발명이 되풀이되었다. 보수주의적 영웅이자 파시스트의 선구자로서의 니체는 프랑스 철학자들에게 전유된 니체가 되었고, 그다음에는 문화 연구자들의 니체가 되었다. 설득력 있는 역사적 분석을 통한다면 니체의 이론이 그의 특수한 정치적 경험 안에 뿌리박고 있었음을 쉽게 보여 줄 수 있다. 니체가 '노예의 반란'에 대해 맹렬하게 공격하기 시작한 계기는 1871년 파리 코뮌이었다. 그러나 이처럼 역사적 고증을 정확하게 거친 니체보다 오히려 들뢰즈나 푸코 같은 프랑스의 니체 연구자들에 의해 '탈맥락화된' 니체 속에 더 많은 진실이 담겨 있다는 사실은 전혀 부정할 수 없다. 여기서 단지 실용주의적 이야기를 하고자 하는 건 아니다. 요점은 들뢰즈의 니체 해석이 역사적으로 부정확하긴 하지만 더 생산적이란 말을 하려는 게 아니라는 얘기다. 더 정확하게 말하자면, 니체 사상을 이루는 기본적이고 보편적인 틀과 그 사상의 특수한 역사적 맥락화 사이에는 긴장이 존재하는데, 이 긴장이 바로 니체 사상이라는 거대한 체계에 아로새겨져 있으며, 또 이 긴장은 니체가 어떤 사상가인지를 파악하는 주요한 요소라는 것이다. 인권의 경우도 마찬가지다. 인권의 보편적 형식과 인권이란 것이 처음으로 도입된 역사적 순간에 인권이 가지는 '진짜 의미' 사이에 존재하는 긴장은 인권이 무엇인지를 알려 주는 주요한 요소라는 얘기다.

따라서 추상적 보편성에 깃든 특수한 편향을 찾아내고자 했던 일반적인 마르크스주의적 해석학은 정반대로 특수한 입장처럼 제시되는 것에 보편성이 깃들어 있다는 것을 밝히는 헤겔식 과정에 의해 보충되어야 한다. 1848년 프랑스 2월 혁명에 대한 마르크스의 분석을 다시 한번 보는 게 좋겠다. 보수주의-공화주의 정당인 질서당은 각각 오를레앙가와 정통 부르봉 왕가를 지지하는 두 부류의 왕당파가 '공화국이라는 익명의 왕국'이라는 기치를 내걸고 손을 잡은 정당이었다.[8] 질서당의 의회 대표자들은 자신들이 그저 공화주의를 흉내 내는 것뿐이라고 생각했다. 의회에서 토론이 벌어지면 그들은 왕당파임이 훤히 드러나는 말실수를 해 대고 공화파를 조롱하면서, 진짜 목표가 왕정 복위에 있다는 사실이 다 알려지도록 처신했다. 그런데 그들이 미처 깨닫지 못한 것이 있었다. 그들이 맡은 역할이 진정한 사회적 영향력을 지니고 있었으며, 이 힘에 그들 자신이 속아 넘어갔다는 사실이었다. 그들은 사실상, 스스로 그렇게도 경멸하던 부르주아 공화주의의 질서가 설 수 있는 조건 자체를 수립하고 있던 셈이었다. 예를 들어 사유 재산권을 보장하는 식으로 말이다. 그런 면에서 본다면 그들을 단지 공화파의 가면을 쓴 왕당파라고만 할 수는 없다. 비록 그들 스스로는 그렇게 생각했지만 말이다. 오히려 그들이 내면에 지닌 왕정주의라는 신념이 그들의 진정한 사회적 역할을 가리는 기만적인 가면이었다. 요컨대, 그들의 진심 어린 왕정주의는 공공연히

1848년 2월 혁명과 왕정주의자들 앙리 펠릭스 필리포토 작, 파리 시립미술관 소장

내세우는 공화주의 속에 감춰진 진실이기는커녕, 그들이 실제로 행하는 공화주의를 지탱하는 환상적 지지대였다. 그들의 활동 뒤에서 열정을 불어넣었던 것이 바로 왕정주의적 신념이었던 셈이다.

역사의 발전에 이성이 미치는 보이지 않는 힘으로서 헤겔이 일컫는 '이성의 간계Cunning of Reason'이란 개념이 우리에게 주는 교훈이 있다면 바로 이것 아니겠는가? 특수성은 실제로 보편성을 감출 수 있다. 1848년 2월 혁명 당시의 프랑스 왕정주의자들은 보편적 (자본주의적 공화주의) 이익에 눈멀어 그들이 가진 왕정복고라는 특수한 목표를 희생시켰다. 그야말로 간교한 이성의 제물이 된 셈이었다. 그들은 헤겔이 말한 '하인valet de chambre'과도 같았다.* 보편적인 차원을 보지 못하기에 하인의 눈에는 영웅이 있을 수 없는 것이다. 좀 더 일반화

---

* "자기 하인의 눈에 영웅으로 보이는 사람은 없다"는 속담이 있는데, 헤겔은 이에 대해 "주인이 영웅이 아니기 때문이 아니라, 하인은 그저 하인에 지나지 않기 때문이다"고 덧붙였다.

해 본다면, 자본주의를 지지하는 개인은 자기가 자기의 이익을 위해 행동한다고 생각하면서도, 보편적 자본의 확대 재생산에 일조하고 있음은 깨닫지 못한다. 모든 보편성은 그것을 오염시키는 특수한 내용을 담고 있지만, 이는 보편성만의 문제가 아니다. 모든 특수한 입장 역시 그 특수성을 훼손하는 잠재적 보편성에 시달린다. 자본주의는 단지 즉자적으로만 보편적인 것이 아니라 대자적으로도 보편적이다. 자본주의는 모든 특수한 생활 세계, 문화, 전통을 침식하고, 그 전반에 영향을 미치며 제 소용돌이 안에 그것들을 붙잡아 넣는, 무시무시한 부식성을 지닌 실제적 힘이다. "이 보편성은 진짜인가, 아니면 특수한 이해관계를 감춘 가면인가?" 하는 질문을 던져 봐야 의미 없는 짓이다. 자본주의가 가진 보편성은 살아 숨 쉬는 보편성이며, 모든 특수한 내용을 조정하고 파괴하는 부정적 힘으로서의 보편성이다.

　바로 여기, 자유주의자들이 주장하는 '문화 없는' 보편성이 그 본색을 드러내는 순간이다. 자본주의의 이데올로기인 자유주의는 실제로 보편적이기에, 자본주의는 더 이상 특수한 문화나 '세계'에 뿌리박고 있지 않게 되었다. 바디우가 우리 시대를 두고 세계 없는 시대라고 했던 것은 바로 이런 이유에서다. 자본주의가 보편적이라는 얘기는 자본주의가 특정한 문화적·상징적 세계를 가리키는 '문명'을 부르는 이름이기 때문이 아니다. 오히려 그것은 다른 어떤 가치뿐만 아니라 아시아적 가치와도 어울릴 수 있는, 그야말로 중립적인 경제적·상징적 기계를 부르는 이름이기 때문이다. 이런 의미에서, 유럽이 전세계적으로 성공했다는 것은 유럽이 패배했다는 뜻이며, 자기 스스로 자기의 흔적을 지우는 것을 뜻하기도 한다. 탯줄처럼 이어져 있던 자본주의와 유럽 사이의 관계는 끊어졌다. 자본주의에 잠재된 유럽적 편향을 밝혀 보겠다고 기를 쓰면서 유럽중심주의를 비판적으로 바라봤던 사람들은 바로 여기서 그 한계를 드러내 보이게 된다. 자본주의의 문제는 그 속에 유럽 중심적 편향이 숨어 있다는 데 있지 않다. 오히려 문제는 자본주의가 온갖 사회적 관계들을 중화시켜 버리는 모체로서 그것이 정말로 보편적이라는 사실에 있다.

해방 투쟁에도 같은 논리가 적용된다. 제 정체성을 지키고자 필사적으로 노력하는 특수한 문화는 바로 그 문화의 중심에 살아 숨 쉬고 있는 보편의 차원을 억눌러야 한다. 즉 특수성(문화적 정체성)과 그 내부에서부터 문화의 기초를 흔들어 놓는 보편성 사이에는 간극이 있는 셈이다. "우리 문화를 내버려두라"는 주장이 실패하는 것은 바로이 때문이다. 특수성을 가진 모든 문화 속에서 개인들은 고통받으며, 여성들은 강제적인 할례에 저항한다. 그런데 이처럼 자기가 속한 문화가 개인에게 가하는 지역색 짙은 속박에 대한 항의가 보편성이라는 견지에서 전개된다. 실제적 보편성은 서로 다른 문명들이 모든 차이를 초월하여 동일한 기본적 가치들을 공유한다는 따위의 깊은 감정이아니다. 실제 보편성은 특수한 정체성의 부정의 경험으로서, 내적 불일치의 경험으로서 나타난다(스스로를 실현한다). 그런 면에서 혁명적연대의 구호는 "우리의 차이점을 서로 용인하자"는 게 아니다. 혁명적 연대는 문명들 간에 이루어지는 협정이 아니라 문명들을 가로지르는 투쟁의 협정, 즉 각 문명들 속에서 각 문명들이 가진 정체성을그 안에서부터 뒤흔들고, 그 억압적 핵심에 맞서 싸우는 것들 사이의협정이다. 우리를 단결하게 하는 것은 동일한 투쟁이다. 그런 면에서

프리모 레비(1919-1987)

다음과 같은 정식이 더 나을 것 같다. 가령 우리들 사이에 많은 차이가 있긴 하지만, 우리는 우리가 다 같이 사로잡힌 근본적인 적대감이나 적대적 투쟁을 식별할 수 있다. 그러니 우리의 불관용을 공유하고, 동일한 투쟁에서 힘을 합치자. 달리 말하면, 해방 투쟁에서는 동일성을 지닌 문화들이 서로 손잡는 것이 아니라, 억압받는 사람들, 착취와 고통에 신음하는 사람들, 모든 문화 속에서 '아무 곳에도 속하지 못하는 자'들이 공유된 투쟁 속에 함께 뭉치는 것이다.

프리모 레비는 유대인으로서의 정체성과 인간으로서의 정체성 중 어떤 것이 그에게 우선하느냐는 질문을 자주 받았다. 레비는 이 두 선택지 사이에서 종종 망설였다. 명백해 보이는 답은 그가 유대인으로서 인간이었다는 것일 터이나, 사람은 자신의 특수한 민족적 정체성 자체를 통해 인간이 되며 보편적 인간성에 참여한다는 그런 논리는 여기서 무너진다. 모순이 없는 답이 하나 있다. 그것은 레비가 유대인으로 태어난 인간이라고 말하기보다는 차라리 자신이 가지고 있는 유대인성Jewishness을 불편하게 여겼기 때문에, 혹은 그 유대인성에 완전히 동화되지 못했다는 바로 그 이유 때문에 레비가 인간이라고 하는 것이다. 이때 레비는 어떻게 해야 보편적 인간성을 가지게 되는지를 '자각하면서' 관여한 셈이다. 결국 레비에게 '유대인이라는 것'은

240

단지 사실의 문제가 아니었다. 또 숨어 들어갈 수 있는 안전한 피난처가 될 수도 없었다. 레비에게 그것은 풀어야 할 문제였던 것이다.

"저승을 움직이리라": 지하 세계*

보편성에 맞서는 우리의 '생활 세계', 즉 특수한 민족적 실체는 습관으로 이루어져 있다. 그런데 습관이란 무엇인가? 법률적 질서든 명시적 규범의 질서든 이것들은 모두 비공식적 규칙들로 이루어진 복잡한 네트워크를 바탕으로 만들어지며, 그 규칙들은 우리가 명시적 규범들과 어떻게 관계 맺어야 하는지 알려 준다. 이 규범들을 어떻게 적용해야 하는지, 곧이곧대로 받아들여야 한다면 그건 어디까지인지, 그리고 그 규범들을 무시해도 좋은, 심지어 그러기를 요청받는 것은 언제이며 어떻게인지 등을. 습관의 영역은 바로 이 비공식적 규칙들을 통해 형성된다. 그리고 어떤 사회의 습관에 대해 안다는 것은 그 사회가 가진 규칙에 대한 규칙meta-rules을 아는 것과 같다. 그러니까 그 사회의 명시적 규범들을 어떻게 적용해야 하며, 언제 사용하고 언제 사용하지 말아야 하는지, 그리고 언제 위반해야 하며, 선택의 기회가 주어지더라도 그 기회를 이용하지 말아야 하는 때는 언제인지, 또 포틀래치**처럼 사실은 의무적으로 해야 하는 일이지만 마치

---

* 원문은 "천상의 힘들을 꺾을 수 없다면, 저승을 움직이리라(Flectere si nequeo superos Acheronta movebo. 베르길리우스의 『아이네이스』에서, 유노 여신이 아이네이스에 대해 증오에 차서 하는 말이다.

** 포틀래치potlatch: 북아메리카 인디언이 베푸는 축하연으로, 이때 연회의 주인은 손님들에게 막대한 선물을 주어야 한다. 선물의 규모는 주인의 체면과 직결되며 부족사회의 이해관계를 반영한다.

자유로운 선택에 따르는 것처럼 가장해야 할 때는 언제인지 등을 결정하는 것이 규칙에 대한 규칙이다. 정중한 제안을 받지만, 사실상 그 제안을 거절하는 것이 도리인 경우가 얼마나 많은지 생각해 보라. 그런 제안을 거절하는 것이 바로 '습관'이며, 그런 제안을 덥석 받아들이는 이는 천박한 대실수를 저지르는 셈이다. 대부분의 정치적 상황에서도 같은 일이 벌어진다. 우리는 선택권을 부여받지만, 거기에는 올바른 선택을 해야 한다는 조건이 따라붙는다. 물론 격식을 갖추느라 거절을 해도 좋다고 하긴 하지만, 우리에게 기대되는 행동은 열정적으로 동의를 표하는 것이다. 반면 성적인 금지의 경우 대부분 이와는 정반대의 상황이 벌어진다. '안 된다'는 명시적인 거절은 사실상, 조심스레 행동하기만 하면 그렇게 해도 된다는 암묵적 명령으로 작용하는 것이다!

전체주의 체제가 즐겨 사용하는 전략 중 하나는, 글자 그대로 받아들이자면 모두가 죄인이 될 수밖에 없는 극도로 엄격한 법적 규제(형법)를 부과하는 수법이다. 다만 그 엄격한 법을 완전히 집행하지는 않는다. 이런 전략을 통해 체제는 자비로운 것처럼 보일 수 있다. "알겠지, 우리가 마음만 먹으면 너희 전부를 체포해 유죄 판결을 내리는 건 일도 아냐. 하지만 무서워하지 마, 우린 관대하니까…." 이와 동시에 체제는 계속적인 위협으로 기강을 잡으며 체제에 종속된 이들을 길들인다. "너무 기어오르면 안 좋아. 잊지 마, 우리는 언제라도 너희들을…." 옛 유고슬라비아의 형법 제133조는 이런 면에서 악명이 높았는데, 발동하기만 하면 언제든 작가와 기자들을 기소할 수 있는 법 조항이었다. 제133조에 따르면, 사회주의 혁명이 이룬 업적에 대해 거짓된 내용을 제시하거나, 대중의 불안과 불만을 일으킬 만한 방식으로 정치적, 사회적, 그 외 다른 주제를 다루는 글은 어떤 것이든 위법이 된다. 이 후자의 범주는 얼핏 보아도 굉장히 자의적이어서 어디에나 갖다 붙일 수 있을 뿐만 아니라, 편리하게도 기소를 하기만 하면 죄인으로 만들 수 있다. 권력자에게 고발당했다는 사실 자체가 대중의 불안과 불만을 일으켰다는 증거가 아니겠는가? 당시에 나는 어느 슬로베니아 정치가에게 이 법의 타당성에 대해 어떻게 생각하느냐고 물었다. 그는 씩 웃더니 윙크를 해 보이며 대답했다. "뭐, 우리에게 거슬리는 자들이 있을 때 우리 뜻대로 버릇을 잡아 줄 수단 정도는 있어야 하니까요." 이 발언에서 우리는 잠재적으로는 모두 유죄라는 것과(당신이 하는 일은 무엇이든 범죄일 수 있다) 자비(당신이 무탈하게 살아갈 수 있는 건 당신이 결백하다는 증거나 당신이 결백한 덕분이 아니라, 권력자들이 자비를 베푼다는 증거나 그들이 '현실적인 삶을 이해한다는' 증거다)가 겹쳐짐을 볼 수 있다. 이는 전체주의 체제가 그 본성상 자비의 체제라는 증거이기도 하다. 전체주의 체제는 법의 위반에 대해 관용을 보이는데, 그 이유는 전체주의 체제라는 틀 속의 사회적 삶에서는 법을 위반하고, 뇌물을 주고, 부정한 짓을 하는 것이 생존의 필수 조건이기 때문이다.

소비에트 연방 붕괴 이후, 혼란스럽던 옐친 정권 시대 러시아의 문제는 다음과 같은 차원에 놓고 볼 수 있다. 법적 규칙이야 다들 알고 있었고 소비에트 시대와 거의 동일했지만, 사회 체계 전체를 지탱하던, 암묵적인 관습적 규칙으로 이루어진 복잡한 네트워크가 붕괴되었던 것이다. 소비에트 시대에는, 병원에서 더 나은 진료를 받고 싶거나, 새집이 필요하거나, 정부에 불만이 있거나, 법정에 소환된다거나, 자녀를 좋은 학교에 입학시키고 싶거나, 공장 관리자인데 계약업자가 원자재를 제시간에 배달해 주길 바란다거나 하는 경우, 실제로 해야 할 일이 무엇인지 누구나 다 알고 있었다. 누구에게 문제를 하소연해야 하고, 누구에게 뇌물을 주어야 할지, 어떤 일을 할 수 있고 또 할 수 없는지, 누구나 다 알고 있었다는 얘기다.

그런데 소비에트 정권 붕괴 이후 평범한 사람들의 일상적 삶에서 가장 힘겨웠던 점 중 하나는 이런 암묵적 불문율이 모호해지는 경우가 많았다는 점이다. 도대체 무엇을 해야 할지, 어떻게 대응해야 할지, 명시적인 법적 규제를 어떻게 다뤄야 할지, 무시해도 좋은 것은 무엇인지, 뇌물을 어디다 써야 좋을지, 사람들은 알 수가 없었다. 조직적 범죄의 기능 중 하나는 그것이 법을 대신하는 역할을 한다는 것이다. 작은 사업을 꾸려 가는데 고객이 돈을 빌려 가 갚지 않을 때 사업을 후원하는 마피아에게 호소하면 그들이 문제를 해결해 주곤 했다. 국가의 법체계가 무능했기 때문이다. 푸틴 정권 시대의 안정은 과거의 불문율들이 새로이 명확성을 찾았음을 의미한다. 이제 사람들은 복잡한 사회적 상호 작용 속을 어떻게 헤쳐가야 하는지, 다시금 알게 된 것이다.

이는 상징적 교환의 가장 기본적인 층위가 이른바 '텅 빈 제스처'로 이루어져 있음을 뚜렷이 드러내는 예이다. '텅 빈 제스처'란 거절이 당연시되는 제안을 말한다. 브레히트는 〈동의하는 자〉라는 교육극을 통해 이런 특성을 날카롭게 보여 준 바 있다. 〈동의하는 자〉에 등장하는 소년은 자기가 어떤 운명에 놓이게 되든 이를 동의하겠느냐는 질문을 받는다. 동의하든 거부하든 그것은 소년의 자유로운 선택이지만, 어느 경우든 소년은 골짜기에 던져질 운명으로 정해져 있다. 소년의 선생님은 희생자가 될 운명에 처한 소년에게 관례에 대해 설명한다. 희생자가 제 운명에 동의하는지 물어보는 것이 관례이지만, 희생자 역시 동의한다고 말하는 것이 관례라고 말이다. 사회에 소속되어 있는 이상, 우리는 각자의 선택에 따라 자유로이 결정하라는 요청을 받지만 사실은 그렇게 할 것을 강제당하는 역설적인 순간에 처하곤 한다. 우리는 모두 조국을, 혹은 부모를 사랑해야만 한다. 이런 역설, 즉 자유로운 의지나 선택을 내세우지만 결국 그것이 의무이며, 자유로운 선택이라는 것이 있지도 않은데 마치 있는 것처럼 외양을 유지하는 역설은, 거절이 기대되는 제스처(제안)라는 텅 빈 상징적 제스처와 그 개념상으로 상호 의존적이다.

우리의 일상적 관습에도 이와 매우 유사한 부분이 있지 않은가? 일본 노동자들은 연차휴가로 매년 40일을 사용할 수 있다. 그러나 그들은 이 권리를 전부 사용해서는 안 된다는 암묵적 요구를 받는다. 정해진 휴가일의 반 이상을 써서는 안 된다는 암묵적 불문율이 정해져 있다는 것이다. 존 어빙의 『오웬 미니를 위한 기도』에서, 어린 소년 오웬은 뜻밖의 사고로 자기와 가장 친한 친구 존의 어머니를 죽이고 만다. 소설의 화자인 존은 이 일로 몹시 괴로워한다. 오웬은 미안한 마음을 표하기 위해, 자신의 가장 소중한 보물인, 한 장도 빠짐없이 모은 야구 카드 컬렉션을 존에게 선물한다. 존의 자상한 새아버지 댄은 존에게 그럴 때는 선물을 돌려주는 것이 올바른 행동이라고 일러준다.

보다 피부에 와 닿는 상황을 생각해 보자. 만일 내가 내 가장 친한 친구와 승진을 두고 경쟁하는 상황에 처했다가 내가 이긴다면, 내가 취해야 할 합당한 행동은 친구가 승진할 수 있도록 내가 물러나겠다고 제안하는 것이다. 그리고 친구가 해야 할 합당한 행동은 나의 이런 제안을 거절하는 것이다. 이렇게 하면 우리는 모두 우정을 잃지 않을 수 있다. 이 상황에서 이루어진 것이 바로 가장 순수한 형태의 상징적 교환, 즉 '거절이 기대되는 제스처'이다. 상징적 교환의 불가사의한 마력은, 결과적으로는 양자가 모두 교환이 이루어지기 전과 똑같은 지점에 있지만, 그들이 맺은 연대 협정 차원에서 보면 양자 모두 분명히 무언가를 얻게 된다는 데 있다. 사과를 주고받는 과정 역시 유사한 논리를 따른다. 만일 무례한 말로 누군가를 불쾌하게 했다면 내가 취해야 할 합당한 행동은 그에게 진심으로 사과하는 것이고, 한편 그는 "고맙네, 하지만 난 기분 상하지 않았어. 자네가 그럴 생각은 아니었다는 걸 알고 있었거든. 그러니까 전혀 사과할 필요 없다네!" 정도의 말로 답하는 것이 도리다. 물론 여기서 요점은, 결국에는 사과할 필요 없다는 결말이 났지만, 그에 앞서 먼저 사과의 말을 하는 과정을 거쳐야만 한다는 것이다. '사과할 필요 없다'는 말은 오직 내가 사과를 한 후에만 나올 수 있다는 얘기다. 비록 공식적으로는 아무일 아닌 상황이고 사과가 필요 없다고 분명히 말을 했다 하더라도, 그런 사과의 과정을 거친 후에야만 얻는 것이 생기고, 우정도 깨지지 않을 수 있다.

그런데 거절해야 하는 제안을 받은 사람이 실제로 그 제안을 덥석 받아들인다면 어떻게 될까? 만일 내가 친구와의 승진 경쟁에서 진 뒤에 자기 대신 그 지위에 올라가라는 친구의 제안을 받아들인다면 어떨까? 이는 그야말로 파국적인 상황이다. 그런 상황으로 인해 사회 질서의 중핵을 이루는 형식적 자유가 붕괴되는 것이다. 이는 사회적 실체 그 자체의 붕괴, 사회적 유대의 해체나 다름없다. 바로 이런 의미에서, 로베스피에르에서 존 브라운*에 이르는 혁명적 평등주의자들은, 적어도 잠재적으로는 습관을 무시하는 인물들이라 할 수 있다. 보편적 규칙이 작용할 수 있는 것은 모두 습관 덕분인데, 말하자면 이들은 습관에 대한 고려를 거부한다는 것이다. 그들이 보기에, 모든 인간이 평등하다면 모든 인간은 정말로 평등하며 실제로 그렇게 대접받아야 한다. 흑인 역시 인간이라면 그들은 즉시 평등한 인간으로 대접받아야 한다.

이처럼 발본적인 차원은 아니지만, 또 다른 예를 들어 보자. 1980년대 초 유고슬라비아에서, 반체제 성향의 어느 학생 주간지가 '자유' 선거를 표방하지만 사실 전혀 그렇지 않던 유고슬라비아 선거에 항의를 표하고자 했다. '권력을 향해 진실을 말하라'는 슬로건에는 한계가 있음을 잘 알았기에("진실을 말해 봐야 권력은 귀 기울이지 않을 것이며, 사람들 역시 이미 진실을 알고 있었고, 그 점은 사람들이 주고받는 농담으로 분명히 드러나기까지 했는데, 그 사실을 무시한다는 점이 이 슬로건의 문제다."[9]), 그들은 선거가 부당하다고 직접적으로 비난하는 대신 다른 방법을 택했다. 선거가 정말 자유선거라는 듯이, 마치 선거 결과가 미리 정해진 게 아니라는 듯이 다루었던 것이다. 선거 전야에 그들은 신문 호외를 발간했는데, 헤드라인은 "선거 긴급 속보: 공산당 재집권!"이었다. 이

---

* 존 브라운John Brown(1800-1859): 미국의 노예제도 폐지 운동가.

단순한 개입 행위로 인해 암묵적인 '습관'은 깨져 버렸다. 선거가 자유롭지 않다는 사실은 모두가 알고 있었지만, 공공연히 그 사실을 입에 올리는 이는 없었다. 자유로운 선거가 이루어진다고 함으로써 실제로 인민들에게는 자유가 없음을 공개적으로 확인시켜 준 것이다.

미국 드라마 〈닙턱〉* 시즌 2에서, 주인공 션은 아들 매트의 친아버지가 사실 파트너 의사인 크리스천이라는 사실을 알게 된다. 처음에 그는 엄청난 분노를 표출한다. 그러던 어느 날 션은 샴쌍둥이 분리 수술을 하다가 실패를 맞고, 그 과정에서 크리스를 다시금 파트너로 받아들이는데, 이 장면에서 션은 수술대 앞에서 일장 연설을 늘어놓는다. "네가 했던 짓은 결코 용서하지 않을 거야. 하지만 매트는 너무나 소중한 존재이고, 우리가 파트너 관계로 있었던 덕분에 생긴 최고의 결과물이니, 이 관계를 깨뜨려선 안 되겠지…." 이 말에 담긴 뜻은 명백하다, 아니 그 명백함이 지나칠 정도다. 션이 "네가 했던 짓은 결코 용서하지 않을 거야"라고만 말했다면 훨씬 더 품위 있는 해결책이 되었을 것이다. 이렇게 말하는 주체의 입장 속에는 이미 수락의 의미가 포함돼 있으며, 다시 받아들이기로 이미 결심한 상대에게는 그렇게만 말하면 충분하기 때문이다. 그러니까 여기서 문제는 션이 너무 많이 말한다는 점이다. 왜 그는 계속해서 말을 늘어놓는 것인가? 이는 흥미로운 질문이다. 미국 시청자들이 멍청하기 때문인가? 아니다. 그렇다면 왜일까? 용서치 않겠다는 말을 진짜 다시 받아들이겠다는 뜻으로 이해하기에는 너무 과하고, 너무 강렬해서, 그런 감정을

---

* 성형외과 의사들이 주인공으로 등장하는 미국 드라마. 2003년부터 방영되기 시작하여 시즌 6까지 제작되었다. 닙nip은 '자르다', 턱tuck은 '쑤셔 넣다'는 뜻.

희석시키기 위해 빤하고 진부한 말을 덧붙인 것일까? 아마 그 이유는 〈닙턱〉이 미국 드라마이기 때문일 것이다. 이런 과도함은 유럽과 미국의 차이라는 관점에서 설명할 수 있다. 유럽에서 건물의 지상층은 0층에 해당하고, 따라서 그 위의 층이 1층이 되는데, 미국에서는 지상층이 1층이다. 한마디로, 유럽인들은 애초부터 1이라는 숫자를 0을 대신하는 것으로 여기지만, 미국인들은 그런 개념이 없어 숫자를 셀 때 그냥 1부터 헤아린다. 역사적인 측면에서 설명해 본다면, 유럽인은 무엇을 헤아리기에 앞서 전통이라는 '기반'이 있어야 함을 안다. 이 기반은 항상 미리 주어진 것이며, 그렇기에 셈에 넣을 수 없다. 반면 근대 이전의 역사적 전통이라 할 만한 게 없는 나라인 미국에는 그런 기반이 없다. 미국에서는 모든 일이 스스로 정한 자유에서부터 직접 시작된다. 과거는 지워지거나 유럽으로 이동된다.[10] 이처럼 기반이 없기에 과도한 말을 통해 그것을 보충해야 했던 것이다. 션이 자기 의도를 분명하게 표현해야 했던 것은, 믿고 의지할 수 있는 상징적 기반이 없었기에 명백한 부연 설명 없이도 크리스천이 자기 말을 알아들을 거라고 보장할 수 없었기 때문이다.

습관이야말로 우리의 정체성이 형성되는 데 필요한 재료다. 우리는 그 습관 속에서 실제로 우리가 사회적으로 어떤 존재인지를 수행하고 정의하는데, 경우에 따라서는 우리가 알고 있는 우리와 실제의 우리가 전혀 다를 때도 있다. 습관은 눈에 보이지 않기 때문에 사회적 폭력을 일으키는 이유가 되기도 한다. 1937년으로 거슬러 올라가 보면 조지 오웰은 『위건 부두로 가는 길』에서 계급 차이에 대한 좌파적 태도가 아주 모호하다고 지적한 바 있다.

우리는 모두 계급 구분에 격렬히 반대하지만, 정말로 그 구분을 철폐하고자 하는 이는 매우 드물다. 바로 여기에 중요한 사실이 있다. 모든 혁명적 의견은 변할 게 아무것도 없다는 신념을 알게 모르게 가지고 있을 때 그 힘을 어느 정도 발휘할 수 있다는 점이다. … 단지 노동자가 더 나은 대우를 받게 하자는 것이 문제라면, 제대로 된 사람은 누구나 동의한다. … 그러나 안타깝게도, 계급 구분이 사라지기를 바라는 것만으로는 그 이상 나아갈 수 없다. 보다 정확히 말해, 계급 구분이 사라져야 한다는 바람은 필요하지만, 그럴 경우 어떤 일이 일어나는지 제대로 알지 못하는 한 그런 바람은 전혀 효력이 없다. 우리가 여기서 맞닥뜨려야 하는 사실은 계급 구분을 철폐한다는 것은 곧 당신 자신의 일부를 없앤다는 의미라는 사실이다. 전형적인 중간계급의 일원으로서의 '나'가 있다고 치자. 내가 '계급 구분을 없애고 싶다'고 말하는 건 쉬운 일이지만, 내가 생각하고 말하는 것은 거의 모두가 계급 구분 덕분에 형성된 결과물이다. … 나는 나 자신을 완전히 뒤바꾸어, 결국에는 이전의 내 모습과는 전혀 다른 사람이 되어야 하는 것이다.[11]

오웰의 요점은, 급진주의자들이 혁명적 변화가 필요하다고 주장하는 것은 일종의 미신적 부적과도 같다는 점이다. 그런 주장은 사실 그 정반대의 결과를 얻으려는 것, 즉 그 변화가 정말로 일어나지 못하도록 막으려는 것이 목적이라는 얘기다. 자본주의적인 문화 제국주의를 비판하는 오늘날의 강단좌파는 사실 자신의 연구 분야가 무너질지도 모른다는 생각으로 겁에 질려 있는 것이다. 오웰은 이데올로기적 일상 속에서 우리가 가지고 있는 지배적 태도는 우리가 진심으로 믿는 것과 조롱하는 척 거리를 두는 태도라고 생각했다.

대개의 '지식인' 들이 내놓는 좌파적 의견은 대부분 거짓이다. 그는 조롱하는 태도를 보이지만, 사실은 그 대상을 진정으로 믿고 있으며, 단지 조롱하는 척만 할 뿐이다. 여러 가지 예가 있지만 하나만 꼽아 보자면, 명문 사립학교에서 강조하는 명예에 대한 예법, '단체정신', '쓰러진 사람을 공격해서는 안 된다' 등등의 헛소리를 들 수 있다. 이런 예법을 비웃어 본 적이 없는 사람이 있을까? '지식인'을 자처하는 이라면 그 누가 이를 비웃지 않을 수 있겠는가? 그러나 외부에서 이를 비웃는 이를 만난다면 문제가 조금 달라진다. 마치 우리가 일상 속에서는 늘 우리 잉글랜드를 욕하지만, 외국인이 똑같은 욕을 하면 크게 분개하는 것과 같다. … 당신과는 다른 문화에 속한 사람을 만났을 때에야, 당신은 당신이 실제로 믿고 있는 게 뭔지를 깨달을 수 있다는 것이다.

오웰이 전제하는 이 진정한 이데올로기적 정체성에는 '내면적인' 면이라곤 전혀 없다. 내면 깊숙한 믿음은 전적으로 '외부에' 있으며, 내 몸이라는 육신이 즉각적으로 반응하는 관습 속에 체현돼 있다. 선과 악, 즐거운 것과 불쾌한 것, 재밌는 것과 진지한 것, 추한 것과 아름다운 것에 대한 나의 개념은 본질적으로 중간계급의 개념이다. 책과 음식과 옷에 대한 내 취향, 내가 생각하는 명예감, 내 식사 예절, 문장 구사하는 방법, 내 억양, 심지어 내 몸에 밴 특징적인 동작까지, 모든 것이 습관의 소산이다. 이 목록에 냄새라는 항목을 보태도 좋다. 하층계급과 중간계급의 관심사에서 보이는 중요한 차이가 냄새에 대한 태도에 있다고도 할 수 있을 테니. 중간계급이 생각하기에 하층계급은 냄새를 풍기고, 하층계급에 속한 이들은 잘 씻지 않는다. 여기에서 우리는 오늘날 이웃이 갖는 의미를 설명할 만한 정의 하나를 끌어낼 수 있다. 이웃은 냄새를 풍기는 자이다. 오늘날 냄새 제거제와 비누가 필수품인 것은 이런 이유에서이다. 덕분에 이웃을 그럭저럭 참아줄 수 있기 때문이다. 이렇게 얘기할 수 있겠다. "나는 내 이웃을 사랑할 준비가 되어 있다. … 그들이 너무 심한 냄새만 풍기지 않는다면 말이다." 최근의 보도에 따르면, 베네수엘라의 어느 연구소에서 유전자 조작을 한 콩 재배에 성공했다고 하는데, 그 콩을 먹으면 악취가 나고 민망스럽기까지 한 방귀가 나오지 않는다고 한다. 그러니까 디카페인 커피, 무지방 케이크, 다이어트 콜라, 무알콜 맥주에 이어 이제 방귀 안 나오는 콩까지 등장한 셈이다….[12]

여기서 우리는 습관의 '암흑의 핵심'에 도달했다. 가톨릭교회에 엄청난 파문을 일으켰던 수많은 아동 성추행 사건을 기억하는가? 교회 관계자들은 성추행 사건이 매우 개탄스러운 일이긴 하지만 교회의 내부적 문제라고 주장하면서 경찰과 협조하여 수사하기를 몹시 꺼려 했는데, 어떤 의미에서 그들의 주장은 옳다. 가톨릭 사제들의 소아성애는, 교회라는 제도와 아무 상관없이 개인사 때문에 우연히 사제를 직업으로 택한 개인들에게 국한된 문제만은 아니기 때문이다. 소아성애는 가톨릭교회 그 자체와 관련 있는 현상, 교회가 지닌 사회-상징적 제도로서의 기능 그 자체 속에 깊이 박힌 현상이다. 그것은 개인의 '사적인' 무의식이 아니라 제도 그 자체의 '무의식'과 관련이 있다. 소아성애는 제도가 살아남기 위해 리비도적 삶의 병리적 현실에 순응해야 하기 때문에 발생하는 것이 아니라, 제도 그 자체가 그 재생산을 위해 필요로 하는 것이다. '정상적인'(소아성애 성향이 없는) 성직자가, 여러 해 동안 성직 생활을 한 뒤에 소아성애에 연루되는 상황도 충분히 상상 가능하다. 제도의 논리 그 자체가 그가 소아성애를 범하도록 유혹하기 때문이다.

이런 제도적 무의식은 공적인 제도에서 부인당한 외설적 밑면을, 정확하게 말하자면 부인당한 채로 그 제도를 지탱하는 밑면을 가리킨다. 군대에서라면 이 가려진 밑면에 해당하는 것은 집단 연대감을 지탱시켜 주는 프래깅*이라는 외설적인 성적 의식이다. 다시 말해, 교회는 다만 순응주의적인 이유에서 당황스런 소아성애 추문을 숨기려 드는 게 아니다. 자기방어를 하면서 교회는 그 내면 깊숙한 곳의 외설적인 비밀을 방어하는 것이다. 즉 교회의 이 비밀스런 면에 스스로를 동일시해야만 기독교 성직자가 될 수 있다. 만일 어느 성직자가 진심으로(말로만 그러는 것이 아니라) 이런 추문을 비난한다면, 그는 교회 공동체에서 스스로를 배제시키는 거나 다름없다. 그는 더 이상 '우리의 일원'이 아니게 된다. 1920년대 미국에서 백인 남부인이 쿠 클럭스 클랜Ku Klux Klan의 계획을 밀고했다가는 자신의 공동체에서 배제당했던 것과 마찬가지이다. 그것은 공동체의 근원적 유대를 배반하는 행위이기 때문이다. 따라서 교회가 꺼려 했던 것은 범죄와 연관되기 때문만은 아니다. 교회가 경찰의 수사에 적극적으로 협력하지 않으면, 사후 공범 행위가 되기 때문만은 아니라는 얘기다. 교회라는 제도 그 자체가, 구조적으로 그런 범죄의 환경을 조성했다는 면에서, 수사를 받아야 할 대상인 것이다.

---

* 프래깅fragging: 무능하거나 인기 없는 상관을 살해하는 행위를 가리키는 미군 속어로 세열수류탄fragmentation grenade의 frag에서 파생되었다.

이 외설적인 지하 영역, 습관이라는 무의식의 영역이야말로 정말 변화시키기 어려운 부분이다. 이런 이유에서, 모든 급진적 혁명은 프로이트가 베르길리우스에서 따와 『꿈의 해석』의 제사題詞로 삼은 "저승을 움직이리라"는 구절과 동일한 내용을 모토로 삼는다. 감히 우리 일상생활을 암묵적으로 떠받치고 있는 지하 영역을 뒤흔들려 하는 것이다!

로베르트 슈만의 걸작인 피아노곡 〈유머레스크〉를 감상할 때는 그의 작품들에서 목소리가 점차 사라져 간다는 점을 염두에 두어야 한다. 그런 면에서 〈유머레스크〉는 단순한 피아노 연주곡이 아니라, 목소리 없는 노래, 음성으로 노래할 부분을 침묵으로 처리한 노래다. 따라서 실제로 우리는 피아노 반주부만 듣게 된다. 이것이 바로 슈만이 악보에서 높고 낮은 두 개의 피아노 선율 사이에 덧붙인 그 유명한 '내성內聲(inner voice)', 소리 내어 노래하지 않는 '내성'의 선율이다.* 우리 귀에 들리는 것은 주제부 없는 여러 개의 변주곡, 주선율 없는 반주뿐이다. 주선율은 악보에 표시된 음표로만, '아우겐무지크 Augenmusik', 즉 '눈으로 보는 음악'으로 남아 있을 뿐이다. 그런데 곡에서 낮은음과 높은음, 즉 왼손과 오른손의 피아노부는(외성은) 서로 직접 연결되지 않으며, 두 선율은 서로를 직접 비추는 관계도 아니다. 이 점에 근거하여 부재하는 주선율을 재구성해야 한다. 두 개의 피아노 선율이 상호 연결되게 하려면, 세 번째 층위, '가상의' 중간층위, 구조적인 이유에서 실제 노래될 수는 없는 숨은 선율을 (재)구성

---

* 여기서 내성은 외성外聲(outer voice)과 대비되는 말이다. 하모니를 수반하는 합주를 할 때 가장 높은음과 낮은음을 외성이라 하고, 그 중간의 모든 음을 내성이라 한다.

해 내야만 하는 것이다. 여기서 주선율은 악보상에서만 존재할 수 있는 '불가능한 실재'의 위상을 가진다. 이것이 실제로 연주된다면 우리가 현실에서 듣는 두 개의 선율은 무너지고 말 것이다.

프로이트는 에세이 「매 맞는 아이」에서 다른 아이가 호되게 매 맞는 장면을 보는 어린아이의 환상을 분석한다. 그는 이 환상이 세 개의 환상 중 마지막에 위치한다고 보았는데, 앞선 두 개는 각각 '나는 아버지가 아이를 때리는 것을 본다'와 '아버지가 나를 때리고 있다'이다. 두 번째 장면은 전혀 아이의 의식에 없었으므로, 이 두 번째 장면은 첫 번째와 세 번째 장면 사이의 잃어버린 고리 역할을 하기 위해 재구성해 내야 한다. 슈만의 곡을 감상할 때, 연주되지 않는 세 번째(가상의 중간) 선율을 재구성해 내어 실제로 듣는 두 개의 선율부를 연결하는 고리로 삼아야 하는 것과 마찬가지다. 슈만은 이 부재하는 선율의 흐름을 이어갈 때 명백히 부조리한 방식으로 자기 곡을 참고한다. 그러니까 〈유머레스크〉의 후반부에서는 실제로 연주되는 두 개의 선율부(외성)가 앞서 나왔던 부분과 똑같이 반복되어 나타난다는 것이다. 다만 이번에는 전반부에서와는 달리 부재하는 선율(내성)이 악보상에 담기지 않는다. 여기서는 부재하는 선율이, 혹은 부재 그 자체가 부재하는 것이다. 그러나 실제 연주의 층위에서는 전반부와 완전히 똑같은 음이 반복된다. 이를 어떻게 연주하면 좋을까? 여기서 연주되는 음에서 빠진 것은 존재하지 않는 것, 본래부터 결여되어 있던 것이다. 성경 구절을 빌어 표현하자면, 결코 가진 적 없던 것을 잃은 셈이다.[13] 따라서 진정한 피아니스트라면 존재하는 음, 실재하는 음을 연주하되, 연주되지는 않지만 거기에 따라붙는 '침묵하는'

가상의 음의 울림, 혹은 그 부재를 느낄 수 있도록 하는 기량이 있어야 한다.

이데올로기가 작동하는 방식도 이와 같지 않은가? 명백한 이데올로기적 텍스트나 이데올로기적 실천은 연주되지 않은, 일련의 외설적 초자아*라는 보증을 통해 지탱되는 것이다. 현실 사회주의에서, 사회 민주주의라는 명시적 이데올로기는 암묵적이고 암암리에, 그러니까 외설적 명령과 금지들에 의해 지탱되었다. 이 외설적 명령과 금지는 체제에 속한 이에게 일부 명시적인 규범들을 진지하게 받아들이지 않는 법과 공인되지 않은 금지사항들을 따르는 법을 가르친다. 따라서 사회주의 체제가 종말이 가까웠을 때 반체제 세력이 쓴 전략 중 하나는 바로 지배 이데올로기를 글자 그대로 아주 진지하게 받아들이는 것이었다. 그들은 지배 이데올로기가 드리우는 가상의 불문율의 그림자를 무시해 버렸다. "우리가 사회 민주주의를 실천하길 바란다고? 그래, 그렇게 하고 있다!" 그리고 당 기관원이 일은 그런 식으로 돌아가는 게 아니라고 필사적인 힌트라도 줄라치면, 그냥 그 힌트를 무시해 버리면 그만이었다. "저승을 움직이리라"는 말은 바로 이런 의미에서 이데올로기를 비판하는 실천이 된다. 이는 법이라는 명시적 텍스트를 직접 변화시키는 게 아니라, 오히려 외설적인 가상의 보충물에 개입하는 행위이기 때문이다.

군인 사회에서 동성애 관계가 어떻게 작동하는지 기억하는가? 군

---

* 외설적 초자아obscene superego: 초자아가 금지를 명령하는 형상이라면 외설적 초자아는 더 즐기라고 명령하는 형상이다. 라캉이 '사드와 함께 칸트를'에서 보여 준 바대로, 외설적 초자아는 초자아와 대립하는 것이 아니라 그 이면이다.

대 내의 동성애에는 뚜렷하게 구분되는 두 층위가 있다. 명시적인 동성애는 가혹하게 비난받으며, 동성애자임이 밝혀진 이들은 따돌림을 받고 매일 밤 구타를 당한다. 그러나 이 명시적인 동성애 혐오에는 동성애적인 성향이 짙은 그들끼리만 통하는 농담이며 풍자, 그 외 외설적인 관행들로 이루어진 눈에 보이지 않는 그물망이 따라붙는다. 그러므로 군대의 동성애 혐오에 진정 급진적인 방식으로 개입하려면 동성애 억압이라는 명시적인 부분에 초점을 맞출 것이 아니라, 차라리 '지하 세계를 움직여야' 한다. 즉 명시적인 동성애 혐오를 지탱시켜 주는 암시적인 동성애적 관행들을 뒤흔들어야 하는 것이다.

이 외설적 지하 영역을 통해 우리는 아부 그라이브 사건에 새로운 방식으로 접근할 수 있다. 2004년 4월 이라크인 수감자들이 미국 군인들에게 고문과 학대를 당하는 사진이 공개되었을 때, 쉽게 예상할 수 있는 반응이었지만, 조지 부시가 강조한 점은 병사들의 행동이 미국이 수호하고 상징하는 민주주의와 자유, 그리고 개인의 존엄성이라는 가치와는 전혀 상관없는 별개의 범죄라는 것이었다. 그리고 사실, 이 사건이 공적인 스캔들로 변해 미국 정부가 방어적인 입장을 취하게 되었다는 사실 그 자체가 긍정적인 징표다. 진짜 '전체주의' 체제에서였다면 이 사건은 그저 묻혀 버렸을 것이다. (마찬가지로, 미군이 대량 살상 무기를 찾아내지 못했다는 사실 역시 긍정적인 징표라는 점을 잊어서는 안 된다. 진짜 '전체주의' 정권이었다면 부패한 경찰관이 으레 그러듯 증거를 미리 심어 놓은 다음 '발견했다'고 우겼을 것이다.)

그러나 이 단순한 사진은 여러 가지 충격적인 특징들 때문에 복잡해진다. 제일 먼저 눈길을 사로잡는 특성은 사담 후세인 정권에서 수

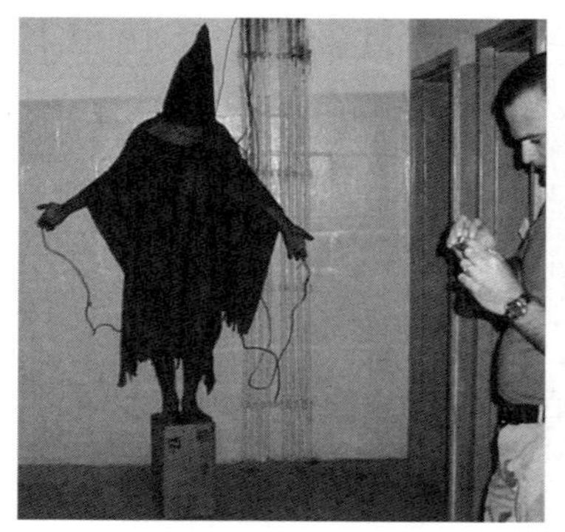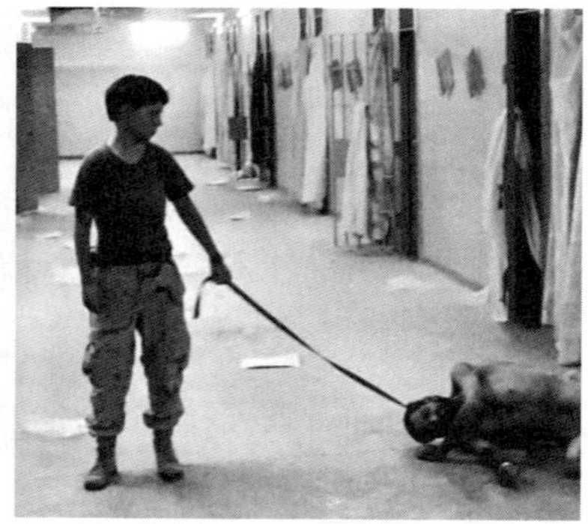

아부 그라이브 교도소 고문 수감자에게 후드를 씌우고 전기고문을 하는 미군과
알몸의 수감자를 개처럼 끌고 다니며 짖도록 하는 미 여군.

감자들이 고문당하던 '일반적인' 방식과 미군의 고문이 확연히 대조
된다는 점이다. 후세인 정권 때는 직접 가혹한 고통을 가하는 것에
주안점을 두었다. 그런데 미국의 군인들은 심리적인 굴욕을 가하는
데에 초점을 맞추었다. 피해자들이 굴욕당하는 모습은 카메라에 기
록되어, 사진 속에는 히죽히죽 웃는 낯빛을 한 가해자들이 벌거벗고
뒤틀린 육체를 한 수감자들과 나란히 포함되어 있다. 이는 고문 과정
의 필수적인 부분이었는데, 후세인 시대의 고문이 비밀리에 자행되
었던 것과는 극명한 대조를 이룬다. 수감자가 벌거벗은 채 머리에 검
은 후드를 뒤집어쓰고 사지에 전선이 연결된 채 우스꽝스러우리만치
연극적인 포즈로 의자에 서 있는 유명한 사진을 처음 본 순간, 나는
그것이 로어 맨해튼*에서 최근에 열린 행위예술 공연을 찍은 사진이
라는 생각이 들었다. 수감자의 자세와 의상 그 자체가 연극 공연을,

---

* 뉴욕 맨해튼의 남쪽 지구. 폭파돼 주저앉은 세계무역센터도 이 지역에 있었으며, 월스
  트리트도 여기에 있다.

258

일종의 활인화活人畵를 연상시켰고, 미국 행위예술과 '잔혹극'이라는 분야 전체를 떠올리지 않을 수 없었다. 메이플소프*의 사진이나 데이비드 린치 영화의 섬뜩한 장면처럼 말이다.

바로 이 점, 우리로서는 아주 곤란한 문제다. 실제 미국인들이 살아가는 방식에 익숙해진 사람이라면 누구나 이 사진들을 보자마자 미국 대중문화의 외설적인 밑면을 떠올리게 된다. 폐쇄적 공동체의 구성원으로서 인정받기 위해 거쳐야 하는 고문과 굴욕이라는 입문 의식을 말이다. 미국 언론에는 아부 그라이브의 고문 사진과 유사한 사진이 자주 실리곤 한다. 군부대나 고등학교에서 신고식이 도를 지나쳐 군인이나 학생들이 맥주병을 항문에 삽입한다거나 바늘로 찔리는 등 굴욕적인 포즈나 심한 짓을 강요당하고, 동료들은 그 장면을 지켜보는 장면을 찍은 사진 말이다. 이 경우는 상해 행위가 용인받을 만한 수준을 넘었기 때문에 언론에 알려지게 된 것이다. (말이 난 김에 얘기하면, 부시 역시 예일 대학에서 가장 배타적인 성격의 비밀 서클인 '해골단'의 멤버였다. 부시가 이 모임에 들어가기 위해 어떤 신고식을 치러야 했을지, 상당히 궁금해진다.)

물론 아부 그라이브에서의 고문과 공동체의 입문 의식에는 명백한 차이가 있다. 입문 의식의 경우, '입문'이라는 이름만으로도 알 수 있듯 당사자는 자신의 자유로운 선택에 따라, 어떤 일을 각오해야 할지 빤히 알고 있는 상태에서 의식을 치르며, 그 후에 올 보상을 기다린다는 명확한 목적이 있다. 서클의 구성원이 되고, 무엇보다도 나중에

---

* 로버트 메이플소프Robert Mapplethorpe(1946-1989): 흑인 남성 누드, 동성애, 에이즈 등 도발적인 주제를 주로 다룬 미국의 사진작가.

신입 회원에게 똑같은 의식을 치를 수 있다는 보상을 말이다. 아부 그라이브에서 자행됐던 의식은 수감자들이 '우리의 일원'으로서 받아들여지기 위해 치러야 할 대가가 아니라 정반대로 그들이 배제된다는 것을 의미하는 표식이었다. 그러나 굴욕적인 입문 의식을 두고 그 의식을 치르는 자들이 '자유롭게 선택한 것'이라고 하는 것은 노동자에게 자신의 노동력을 팔 자유가 있다는 논의와 똑같이 가짜 자유로운 선택을 보여 주는 전형적인 사례 아닌가? 더 지독한 경우이지만, 과거 미국 남부에서 흑인에 대해 행해지던 역겨운 폭력 의식 역시 이와 별 다를 바 없다. 백인 폭력배들은 우선 흑인을 붙잡아 공격적인 제스처를 취하라고 강요하고("내 얼굴에 침 뱉어 봐!", "나보고 개새끼라고 해 봐!"), 그것을 구실삼아 구타와 린치를 가했다. 마지막으로, 아랍인 수감자들에게 미국식 신고식을 적용한 셈인 이 사건에는 냉소적인 메시지가 담겨 있다. "우리의 일원이 되고 싶다고? 좋아, 우리가 정말 어떻게 사는지, 제대로 맛 좀 봐."

여기서 우리는 롭 라이너의 군사 법정 영화 〈어 퓨 굿 맨〉을 연상하게 된다. 영화에서는 두 명의 미국 해병이 동료 군인을 살해했다는 혐의로 고발당한다. 군검찰은 두 해병의 행위가 의도적 살인이라 주장하지만, 변호인 측은(톰 크루즈와 데미 무어가 변호인 역을 맡았다. 변호인 측이 승리할 게 뻔하지 않은가?) 두 피고가 이른바 '코드 레드'에 따라 행동했다는 점을 입증해 낸다. '코드 레드'란 군대의 불문율로, 동료 군인이 해병대의 윤리적 기준을 어겼을 경우 밤중에 그를 아무도 모르게 구타해도 좋다고 허가하는 규칙이다. 이런 규칙은 위반 행위를 묵인하는 것이며, '불법'이지만 동시에 집단의 결속성을 재확인하는 역할을 한다. 코드 레드는 야음을 틈타 이루어져야 하고, 공인되지 못한 것, 입 밖에 낼 수 없는 것으로 남아 있어야 한다. 공식적으로는 모두가 코드 레드에 대해 아무것도 모르는 척하며, 심지어 그 존재를 적극적으로 부인하기까지 한다. 영화의 클라이맥스는 물론 야간 구타를 명령했던 장교 잭 니콜슨이 감정을 폭발시키는 부분이다. 물론 사람들이 보는 앞에서 분노를 폭발시킨 그의 행동은 그의 파멸로 이어진다. 코드 레드 같은 규약은 공동체의 명시적인 규칙에는 어긋나지만 가장 순수한 '공동체의 정신'을 드러내며, 어떤 개인에게 집단으로서의 정체성을 가지게 하는 데 있어 그 무엇보다 강력한 압력 요인이 되기도 한다. 글로 적힌 명시적 법과는 대조적으로, 이런 외설적 초자아로서 역할을 하는 규약은 그 본질상 말로 전달된다. 명시적 법은 상징적 권위로서의 죽은 아버지(라캉이 말한 '아버지의 이름')에 의해 지탱되는 반면, 불문율의 규약은 '아버지의 이름'이라는 유령 같은 보충물에 의해, 프로이트가 말한 '원초적 아버지'라는 외설적 유령에 의해 지탱된다.[14] 프랜시스 코폴라의 영화 〈지옥의 묵시록〉의 교훈 역시 여기에 있다. 커츠 대령이라는 인물 속에 잠재돼 있는 프로이트적인 '원초적 아버지'(어떤 상징적 법에도 아랑곳하지 않고 향유를 누리는 외설적 아버지, 무시무시한 향유의 실재를 직접 대면하고자 하는 완전한 주인)는 어떤 야만적인 과거를 일깨워 주는 존재로서만 나타나는 것이 아니라, 현대 서구 권력 그 자체의 필연적인 결과물로서 나타나는 것이기도 하다. 커츠는 완벽한 군인이었다. 하지만 그는 군대의 권력 체계와 자신을 지나치게 동일시한 결과, 체계의 입장에서는 제거돼야 할 과도한 인물로 변모한다. 〈지옥의 묵시록〉이 보여 주고자 했던 근본적인 지점은 싸움의 상대를 모방해야만 하는 권력의 작동 방식 속에서 권력이 어떤 식으로 반드시 제거돼야만 하는 권력의 과잉을 만들어 내는 것인지를 간파해 보였다는 데 있다. 윌라드는 커츠를 죽이라는 지령을 받지만 이 지령은 공식 기록상에는 드러나지 않는다. 윌라드 에게 지시를 내리는 사령관이 강조하듯 그것은 '없었던 일'이다. 우리 는 아무도 모르게 작동하는 영역에, 어떤 권력도 인정한 적이 없었던 영역에 발을 들여놓은 것이다. 크리스토퍼 히친스가 아부 그라이브 수감자들에 대해 쓴 글에서 놓치고 있는 점이 바로 이 점이다.

> 진실은 둘 중 하나일 수밖에 없다. 일단 이 깡패들은 누군가의 명령에 따라 폭력을 자행한 것일 수 있다. 그런 경우라면 자신들이 법과 규약 과 복무규정 등에 따라 제재를 받지 않는다고 생각하는 중간 이상의 고위급이 존재한다는 셈이다. 혹은 그들이 자의로 행동한 것일 수도 있는데, 그렇다면 그들은 전장의 반란자·탈영병·반역자나 다름없다. 군사법 절차에 이들을 끌고 가 총살해 버릴 수 있는 조항은 없는지 간 절히 묻게 되는 것은 이 때문이다.[15]

문제는 아부 그라이브에서 자행된 고문이 둘 중 어디에도 해당되지 않는다는 점이다. 고문 행위는 단순히 군인들 개인이 저지른 악행이 라 치부해 버릴 수 없으며, 물론 직접적인 명령에 따라 이뤄진 것도 아니다. 이들은 바로 특별하게 번안된 외설적인 코드 레드 덕분에 면 죄부를 받을 수 있었다. 고문이 '전장의 반란자·탈영병·반역자'의 행 위라는 주장은, 쿠 클럭스 클랜의 린치 행위가 서구 기독교 문명 그 자체가 지닌 외설적인 밑면에서 분출된 것이 아니라 기독교 문명의 반역자들의 소행이라는 주장과 마찬가지로, 혹은 가톨릭 사제들이 저지른 소아 성추행이 가톨릭의 '반역자' 들이 저지른 행위라는 주장과 마찬가지로 난센스다. 아부 그라이브를 단순히 제3세계 사람들에 대한 미국의 오만함이 드러난 사건이라고만 할 수는 없다. 이라크 수감자들은 굴욕적인 고문의 대상이 됨으로써 사실상 미국 문화에 입문하게 되었다. 개인의 존엄성과 민주주의 그리고 자유라는 공공의 가치에는 그 외설적 밑면이 거기에 필요한 보충물을 형성하는데, 그들은 미국문화의 이 외설적인 밑면을 맛본 셈이다. 그러므로 고문이 미국의 수호하는 가치와는 전혀 관련 없다는 부시의 말은 틀렸다. TV 화면과 신문에서 이라크인 재소자들이 굴욕을 당하는 사진을 볼 때, 우리는 미국식 생활 방식을 지탱시켜 주는 미국식 가치들과 외설적 향유의 가장 핵심적인 부분을 곧바로 간파해 낼 수 있게 된다. 고문 사진을 통해 '문명의 충돌'이 진행 중이라는 새뮤얼 헌팅턴의 유명한 명제를 보다 넓은 시각에서 바라볼 수 있다. 아랍 문명과 미국 문명의 충돌은 야만과 인간 존엄성에 대한 존중 사이의 충돌이 아니라, 익명으로 행해지는 잔혹한 고문과 미디어의 구경거리가 된 고문, 피해자의 육체가 고문의 가해자인 '무고한 미국인'의 미소 짓는 얼굴을 돋보이게 하는 무명의 배경 역할을 하는 고문 사이의 충돌이다. 발터 벤야민의 말을 빌리자면, 문명의 충돌은 모두 그 밑에 잠재한 야만끼리의 충돌인 듯하다.

6

Allegro

빠르게

신적 폭력

히치콕과 함께 벤야민을

알프레드 히치콕의 영화 〈싸이코〉에서 탐정 아보가스트가 계단에서 살해당하는 장면은 '신의 시점에서 바라본' 히치콕적인 장면이다. 우리는 1층 복도와 계단에서 이루어지는 전체 장면을 위에서 내려다본다. 한 인물이 괴성을 지르며 화면 속으로 들어와 아보가스트를 난도질하기 시작할 때, 우리는 그 인물의 주관적 시점으로 이동한다. 계단으로 추락하는 아보가스트의 얼굴이 클로즈업으로 잡힌다. 마치 객관적 장면에서 주관적 장면으로 이동을 통해서, 신 자신이 중립적 위치를 버리고 정의를 구현하기 위해 난폭하게 개입하면서 지상에 '강림'한 것처럼 보인다.[1] '신적 폭력'은 이와 같은 난폭한 개입처럼 법을 넘어선 정의를 가리키는 것이다.

발터 벤야민은 「역사철학 테제」 9번째 테제에서 파울 클레의 판화 〈새로운 천사Angelus Novus〉를 언급한다.

> 이 판화의 천사는 마치 자기가 응시하고 있는 어떤 것으로부터 금방이라도 멀어지려고 하는 것처럼 보인다. 천사는 눈을 동그랗게 뜨고 있고, 입은 벌어져 있으며 또 날개는 펼쳐져 있다. 역사의 천사도 바로 이렇게 보일 것임이 틀림없다. 천사의 얼굴은 과거를 향해 있는 것이다. 우리 앞에 그 모습을 드러내고 있는 일련의 사건들의 현장에서 그는 잔해 위에 쌓아 올려진, 그리고 그의 발치에 내팽개쳐진 단 하나

파울 클레, 〈새로운 천사〉 1920년 파울 클레가 제작한 단판화. 1921년 발터 벤야민이 구입하여 죽을 때까지 소장했다. 벤야민이 「역사철학 테제」에서 '역사의 천사'라고 명명하면서 현대 철학의 상징적인 도상이 되었다.

의 파국만을 바라본다. 천사는 머물고 싶어 하고 죽은 자들을 불러일으키고 싶어 하며, 또 산산이 부서진 것을 모아서 다시 결합하고 싶어한다. 그러나 천국에서 폭풍이 불어오고 있고 이 폭풍은 그의 날개를 꼼짝달싹 못하게 할 정도로 세차게 불어오기 때문에 천사는 날개를 접을 수도 없다. 이 폭풍은, 그가 등을 돌리고 있는 미래 쪽을 향하여 저항할 수 없는 힘으로 그를 떠밀고 있으며, 한편 그의 앞에 쌓이는 잔햇더미는 하늘을 향해 치솟고 있다. 이 폭풍이 바로 우리가 진보라 부르는 것이다.[2]

만약 신적 폭력이 이러한 천사의 거친 개입이라면? 하늘을 향해 쌓여 가는 파편더미, 이 불의의 잔해를 보면서 때때로 그는 균형을 회복하기 위해서, 파괴적인 '진보'의 충격에 복수를 가하는 것이다. 인류사 전체는 이름도 없고 얼굴도 없이 고통받는 무수한 사람들을 남기면서, 불의를 정상적인 것으로 만들어 간다고 볼 수 있지 않을까? 하지만 '신'의 영역 어딘가에서는 아마도 이러한 불의가 망각되지 않을 것이다. 불의는 축적되고 과오들은 기록되어 긴장은 점차 더 참을 수 없을 만큼 커져 가고 마침내 신적 폭력이 보복적이고 파괴적인 분노로 폭발하게 되는 것이다.[3]

이러한 폭력적인 정의의 집행 반대편에 부당하고, 신의 변덕이 폭발한 것으로서 신적 폭력의 형상이 있다. 그 적절한 사례는 물론 욥의 사례다. 재난을 연이어 겪고 난 욥에게 세 신학적 친구들이 찾아와 그 재난들도 다 의미가 있다는 해석을 내놓는다. 욥은 그가 결백하다고 항변했기 때문이 아니라 그 재난들이 아무런 의미도 없다고 주장했기 때문에 위대한 것이다. 마침내 하느님이 나타나서 신앙에 대한 신학적 옹호자들이 아닌 욥의 입장을 지지한다.

여기서 구조는 프로이트가 말한 이르마의 주사 꿈과 동일하다. 그 꿈은 프로이트와 그의 환자 이르마 사이의 대화에서 시작한다. 두 사람은 이르마가 감염된 주사 때문에 치료에 실패했다는 대화를 나눈다. 대화 중에 프로이트는 이르마의 얼굴 쪽으로 가까이 가서 입속 깊은 곳을 관찰하다가 섬뜩한 붉은 살점을 보게 된다. 공포가 극에 달할 때쯤 꿈의 분위기는 바뀌고 공포감은 갑자기 코미디로 바뀐다. 프로이트의 친구인 세 명의 의사가 나타나고 그들은 이르마의 감염이 누구의 잘못도 아니라는 여러 가지 이유를 의사들끼리 쓰는 은어로 늘어놓는다. 주사는 없었다느니 주사는 감염되지 않았다느니 하면서…. 어떤 일이 있었던가? 먼저 이르마의 목구멍 생살을 보았다. 이것은 외상적 마주침이다. 이어서 갑자기 코미디로 반전돼 세 의사의 장난스런 대화가 이어지고, 이것은 꿈을 꾸는 자로 하여금 진정한 외상과의 마주침을 회피하게 한다. 여기서 세 의사는 욥기에 나오는 세 신학 친구들과 같은 역할을 한다. 외상의 충격을 상징적 가면으로 위장하는 역할 말이다.

의미에 대한 이러한 저항은 우리가 에이즈와 생태적 재난부터 홀로 코스트에 이르기까지 잠재적이거나 실제적인 재난에 닥쳤을 때 중요하다. 이 재난들은 '심층적 의미'를 거부한다. 욥이 남긴 이 유산 덕분에 우리는 표준적인 초월적 형상을 한 신의 세계 속에서 도피처를 얻지 못한다. 우리의 은밀한 주인으로서 이 신은 우리에게는 의미 없는 재난으로 나타나는 것이 어떤 의미인지 알고 있는 존재다. 또 신은

270

우리 눈에 얼룩으로 보이는 것이 전체적인 조화에 기여하는, 큰 그림을 보는 존재다. 홀로코스트나 콩고에서의 수백만 학살 같은 사건에 직면해서도 그 얼룩들이 심층적인 의미가 있으며 그로써 전체적인 조화에 기여한다고 주장하는 것은 외설적이지 않은가? 홀로코스트 같은 사건을 목적론적으로 정당화하고 따라서 상쇄하거나 지양할 수 있는 전체가 있는가? 그리스도가 십자가에 못 박혀 죽었다는 것은 우리가 가지고 있는 초월적 보호자로서의 신에 대한 관념을 주저 없이 버려야 한다는 것을 의미한다. 신은 우리 행위의 모든 행복한 결과를 보증해 주는, 즉 역사적 목적론을 강제하는 초월적 보호자가 아니라는 것이다. 그리스도가 십자가에 못 박혀 죽었다는 것은 그 자체로 이 '보호하는' 신의 죽음이다. 그 죽음은 욥의 자세를 반복적으로 보여 준다. 그것은 역사적 재난이라는 잔혹한 현실을 뒤덮어 줄 수 있는 어떠한 '심층적 의미'도 받아들이지 않는다.[4]

9/11이라는 재난의 이미지 속에는 히치콕적인 울림이 있다. 세계무역센터 두 번째 빌딩에 접근하여 충돌하는 비행기의 반복적인 영상은 영화 〈새〉의 유명한 장면이 실제 현실 버전으로 분출돼 나온 것처럼 보인다. 영화의 장면에서 멜라니는 보데가 만의 부두 쪽으로 작은 보트를 몰고 간다. 선창에 가까이 다가가면서 그녀는 (장래의) 연인에게 손을 흔든다. 처음에는 검은 얼룩처럼 보이는 새 한 마리가 예기치 않게 화면의 오른쪽에서 그녀의 머리를 치면서 등장한다.[5] 세계무역센터 빌딩을 타격한 비행기는 문자 그대로 히치콕적인 얼룩으로 이해될 수 있다. 이 일그러진 얼룩 덕분에 뉴욕의 한가로운 풍경은 탈자연화된다. 공격하는 새들은 〈북북서로 진로를 돌려라〉(1959),

〈싸이코〉(1960), 그리고 〈새〉(1963), 이렇게 새 3부작에 등장하는 마지막 구성 요소이다. 〈북북서로 진로를 돌려라〉에서는 새의 은유인 비행기가 시카고 교외에 있는 평원에서 찍은 유명한 시퀀스에서 주인공을 공격한다. 그리고 〈싸이코〉에서 노먼 베이츠의 방은 박제된 새들로 가득 차 있다(일종의 환유). 끝으로 〈새〉에서는 새들이 직접 공격한다.

2006년, 두 편의 할리우드 영화가 9/11 5주기에 맞춰 개봉됐다. 폴 그린그래스의 〈플라이트 93〉과 올리버 스톤의 〈월드 트레이드 센터〉. 이 영화들을 보면 제일 먼저 눈에 띄는 것은 두 편 모두 가능하면 반-할리우드적으로 보이려고 애쓴다는 점이다. 평범한 사람들의 용기에 초점을 맞추고, 흥행 배우를 쓰지 않고, 특수효과도 없으며, 과장된 영웅적 행동도 없다. 단지 예외적인 상황에 놓인 평범한 사람들을 간결하면서도 사실적으로 묘사하고 있다. 하지만 두 영화 속에는 형식적으로 눈에 띄는 예외적 요소들이 담겨 있기도 하다. 할리우드 영화의 기본적인 스타일을 거스르는 장면들 말이다. 〈플라이트 93〉은 모텔방에서 기도하면서 큰일을 준비하는 납치범들을 보여 주며 시작한다. 그들은 금욕적이며 마치 죽음의 천사처럼 보인다. 타이틀 크레딧이 올라가고 이어지는 첫 번째 장면은 이러한 인상을 더 강하게 해 준다. 그 장면은 높은 곳에서 바라본 맨해튼의 야경을 파노라마처럼 찍어서 보여 주는 장면인데, 동시에 납치범들의 기도 소리가 들린다. 마치 납치범들이 수확을 위해 지상에 내려올 준비를 하면서 도시의 상공을 떠돌기라도 하는 것처럼 보인다. 이와 비슷하게 〈월드 트레이드 센터〉에서도 빌딩을 타격하는 비행기들에 대한 직접적인 장면이 없다. 재난이 벌어지기 전 수 초 동안 우리가 볼 수 있는 것이라곤 혼잡한 거리에서 군중들 틈에 있는 한 경찰관과 그들을 빠르게 스쳐 지나가는 불길한 그림자이다. 첫 번째 비행기의 그림자. (의미심장하게도 경찰관-영웅들이 건물의 파편 더미에 갇힌 이후에 카메라는 히치콕식으로 공중으로 물러 나와 뉴욕 시 전체를 '신의 시점'으로 보여 준다.) 지상의 일상적 삶에서 하늘에서 내려다본 풍경으로의 이 직접적인 이동은 두 영화에 이상한 신학적 여운을 준다. 마치 '테러리스트'의 공격이 일종의 신적 개입처럼 보이게끔 하는 것이다. 이것은 무슨 의미일까?

9/11 테러에 대한 우파 기독교인 제리 팔웰과 팻 로버트슨의 첫 번째 반응은 그것을 하느님이 미국인들의 죄 많은 삶 때문에 미국에 대한 보호를 거두었다는 신호로 간주하는 것이었다. 그들은 쾌락주의적 물질주의와 자유주의, 그리고 문란한 성도덕을 비난했고, 미국이 그 대가를 치르게 된 것이라고 주장했다. 무슬림 타자의 소리였던 자유주의 미국에 대한 비난과 똑같은 비난이 미국의 심장 중의 심장부에서 들려왔다는 사실에 대해 우리는 진지하게 성찰해 봐야 할 것이다.

〈플라이트 93〉과 〈월드 트레이드 센터〉는 우회적으로 정반대의 해석을 내놓는다. 두 영화는 9/11이라는 재난을 일종의 재앙을 가장한 축복으로 보고 싶어 한다. 미국을 도덕적 혼수상태에서 깨어나게 해야 했고, 사람들이 가진 최선의 모습을 이끌어 내야 했기 때문에 신이 개입했다는 얘기다. 〈월드 트레이드 센터〉는 그 메시지를 간결하게 설명하는 자막으로 마무리된다. 이 자막을 통해 쌍둥이 빌딩의 폭파 같은 끔찍한 사건들은 사람들에게서 최악의 것과 **함께** 최상의 것, 즉 용기와 연대, 공동체를 위한 희생 등을 이끌어 낸다고 말한다. 사람들은 그들이 상상도 해 보지 못한 일들을 할 수 있는 존재로 그려진다. 이러한 유토피아적 관점은 재난영화에 대해 우리가 매력을 느끼도록 해 주는 보이지 않는 힘이다. 마치 우리 사회가 공동체적 연대감을 회복하기 위해서는 커다란 파국적 재난이 필요하기라도 한 것처럼.

'심층적 의미'를 찾으려는 모든 유혹에 맞서서, G.K. 체스터턴이 단편 「개의 신탁」 결말에서 브라운 신부를 통해 다음 두 가지를 옹호한 것은 옳다. 하나는 사태들이 숨겨진 신비로운 의미의 전달자가 아니라 단지 있는 그대로일 뿐인 상식적 현실에 대한 옹호이며, 다른 하나는 평범한 현실을 보장하고 지탱해 주는 예외로서 그리스도교의 성육신 기적에 대한 옹호이다.

> "사람들은 아무런 검증도 되지 않은 이런저런 주장들을 곧이곧대로 받아들인다네. 그건 오랜 이성주의와 회의주의의 목소리를 삼켜 버리는 거야. 그러고는 밀물처럼 밀려오는 게 있는데, 그걸 우리는 미신이라고 부른다네." 브라운 신부는 갑자기 일어나더니 얼굴을 잔뜩 찌푸리고는 혼잣말을 하는 것처럼 계속 얘기했다. "신을 믿지 않으면 제일 먼저 상식을 잃어버리고, 사물을 있는 그대로 보지 못하게 된다네. 누구나 관심을 가지고 근사하다고 말하는 대상은 마치 악몽 속의 풍경처럼 스스로를 무한정 확장시켜 나가지. 그러면 개는 사건의 징조가 되고, 고양이는 미스터리, 돼지는 마스코트, 딱정벌레는 스카라브*가

---

* 스카라브scarab: 고대 이집트인이 매우 신성시한 갑각류 곤충으로, 그 모양을 본떠 장신구 등을 만들었다.

되는 거야. 이집트와 고대 인도의 온갖 다신교의 동물들이 동원되지. 개의 머리를 한 신 아누비스Dog Anubis, 초록색 눈을 한 파슈트Pasht, 그리고 바샨Bashan의 울부짖는 신성한 황소들까지. 태초의 야만적 신들에게로 거슬러 올라가 코끼리와 뱀과 악어로 도피하는 거라네. 그런데 결국 이 모든 것은 다음의 말을 두려워하기 때문이야."

"신은 인간이 되었다."[6]

체스터턴이 초자연적 마법에 대한 섣부른 의탁보다 상식적인(산문적인) 설명을 선호했던 것은 바로 그의 기독교 신앙 때문이다. 그의 탐정소설 창작은 거기서 시작한다. 만약 잠긴 보관소에서 보석이 도둑맞았다면, 그 방법은 염력이 아니라 강한 자석이나 기타 교묘한 수법을 통한 것이다. 만약에 어떤 사람이 감쪽같이 사라졌다면, 거기엔 필시 비밀 통로가 있을 것이다. 자연적 설명은 초자연적 개입으로 설명하는 것보다 더 마술적이다. 폐쇄된 방에서 교묘한 솜씨로 저질러진 살인에 대한 탐정의 설명은 살인자가 벽을 통과할 수 있는 초자연적 능력을 갖고 있다고 주장하는 것보다 훨씬 더 '마술적'이다!

우리는 여기서 한 걸음 더 나아가 체스터턴의 마지막 문장을 다르게도 읽고 싶다. 물론 체스터턴이 의도한 바는 아니겠지만, 그럼에도 섬뜩한 진실에는 더 가까울 것이다. 사람들이 "신은 인간이 되었다"는 말을 듣고 온갖 종류의 심층적 의미를 상상하면서 두려워하는 이유는, 정말로 초월적 신을 잃게 될 것을 두려워하기 때문이다. 이때의 신은 우주의 의미를 보증해 주는 존재이고 만물의 끈을 잡아당기는 숨은 장인이다. 그런데 체스터턴은 그런 신 대신 초월적 위상을 포기하고 스스로를 자기의 창조물로 내던진 신을 제시한다. 이 인간-신은 인간들과 세상에서 같이 살아가며, 죽는 존재이기도 하다. 우리 인간에겐 우리를 지켜보는 더 높은 곳의 어떠한 힘도 주어지지 않는다. 우리에게 주어진 건 오로지 신의 피조물이라는 운명에 대한, 곧 신 자신에 대한 자유와 책임이라는 끔찍한 짐일 뿐이다.

신적 폭력 : 그것은 무엇이 아닌가…

우리의 첫 번째 결론은 '신적 폭력'에 대한 벤야민의 이해가 오늘날 종교적 근본주의자들이 자행하는 테러리즘 폭력과는 무관하다는 것이여야 한다. 이 종교적 근본주의자들은 그들이 마치 신의 대리자라도 되는 양 행세하며, 신의 의지가 담긴 도구인 척 행동한다. 비록 우리가 이런 연상을 하게 된 것이 미디어 덕분이기는 하지만 말이다. '신적 폭력' 중 가장 뚜렷한 형태는 집단적 린치에서 혁명 과정에서 이루어지는 조직적 폭력에 이르기까지 원한을 폭력적으로 분출하는 것이다. 오늘날 '포스트 좌파'의 주된 임무는 혁명이라는 개념 자체를 기각하기 위해서 이런 범위 안에 있는 폭력에 주목하는 것이다. 가장 최근에 이런 경향을 대표하는 사람은 독일 철학자 페터 슬로터다이크이다. 그가 일반적으로 작업하는 방식은 잘 알려진 어떤 철학적 범주를 그 범주에 의해 무시된 대립물을 통해 보충하는 식이다. 가령 그는 하이데거를 비판적으로 독해하면서 하이데거가 이야기하는 '죽음을 향한 존재'의 대립물로, 출생 과정에서 발생하는 외상, 태어난다는 것의 외상, 던져진다는 것의 외상, 삶을 시작한다는 것의 외상을 덧붙인다.[7] 이와 비슷하게 『분노와 시간』(하이데거의 『존재와 시간』을 겨냥한)에서 슬로터다이크는 지배적인 에로스의 논리를 그것의 무시된 대립항인 티모스thymos로 보충한다. 에로스(대상을 소유하는 것, 생산과 향유)는 티모스(질투·경쟁·인정)를 배경으로 해서 정립된다.[8]

페터 슬로터다이크(1947-)

　슬로터다이크의 전제는 우리가 티모스라는 개념을 바탕으로 해야만, 공산주의 체제의 해체를 가져온 1990년에 일어난 사건들의 진정한 의미를 파악할 수 있다는 것이다. 1990년은 국가 단위의 혁명적 해방 논리가 종말을 고한 해였으며, 동시에 메시아적 분노·집중의 논리, 곧 유대-기독교와 함께 폭발했던 총체적 복수의 논리와 그 세속화로서의 공산주의 기획이 한꺼번에 종말을 고한 해였다. 그래서 슬로터다이크는 대안적인 서양사로서 분노의 역사를 제시한다. 서구 문명을 정초한 텍스트라 할 수 있는 『일리아스』는 '분노'란 단어로 시작한다. 호메로스는 아킬레우스의 분노와 그 무서운 결과를 노래할 수 있도록 해 달라고 여신에게 호소한다. 비록 아킬레우스와 아가멤논 사이의 다툼이 여자 문제로 벌어진 것이었지만(아가멤논이 아킬레우스 애첩인 노예 브리세이스를 데려간다), 브리세이스는 강렬한 에로스적 대상이 아니었다. 그 다툼에서 브리세이스는 전혀 상관이 없는 존재였던 것이다. 문제는 성적 욕망의 좌절이 아니라 상처받은 자존심이다. 하지만 이후의 국면에서 중요한 것은 분노가 유일신적으로, 유대-기독교적으로 변형됐다는 것이다. 고대 그리스에서는 분노를 직접 폭발시키는 것이 가능했지만, 뒤이은 유대-기독교에서는 분노가 승화되고 연기되며 전이된다. 우리 인간이 아니라 신이 죄의 장부를 기록해 뒀다가 최후 심판의 날에 정죄하는 식으로 말이다. 엄밀하게 말하면 복수에 대한 기독교적 금지는 (오른뺨을 맞거든 왼뺨을 갖다 대라) 최후의 심판이라는 묵시적 풍경과 상관적이다.

그날이 오면, 모든 빚을 청산하고 뒤죽박죽이 된 세계가 마침내 바로잡히게 되리라는, 최후 심판의 날이라는 사상은 세속화된 형태로 근대 좌파의 기획으로 계승된다. 여기서 심판의 수행자는 신이 아니라 인민이다. 좌파 정치 운동은 '분노의 은행' 같다. 그들은 인민에게 분노라는 투자금을 모으고 그들에게 거대한 복수를, 그리고 전 지구적 정의를 다시 확립할 것을 약속한다. 분노가 혁명적으로 폭발한 후에도 완전히 만족스러운 상황은 일어나지 않으며, 불평등과 사회적 서열은 다시 등장하기 때문에, 항상 두 번째, 진정한 통합적 혁명에 대한 압력이 생겨나게 되는데, 이를 통해 실망한 자들을 만족시키고 해방의 과업을 진정으로 완수하게 된다. 프랑스 1789년 혁명 이후에 1792년 혁명이 그랬고, 러시아 2월 혁명 이후에 10월 혁명이 그랬다….

문제는 간단히 말해서 분노 자본이 한 번도 충분했던 적이 없다는 것이다. 바로 이점, 민족적 분노이건 문화적 분노이건 다른 분노를 더 끌어오거나 결합시켜야 하는 이유다. 파시즘에서는 민족적 분노가 지배적이다. 마오쩌둥의 공산주의는 프롤레타리아가 아니라 착취당하고 있는 가난한 농민들의 분노를 동원했다. 슬로터다이크가 '좌파 파시즘'이란 용어를 체계적으로 사용하는 것이나 독일의 '수정주의' 역사가 에른스트 놀테를 자주 언급하는 것은 놀랄 일이 아니다. 놀테는 나치즘이 비난받아 마땅하지만 공산주의의 위협에 대한 대응으로서는 이해할 만하다는 주장을 발전시킨 인물이다. 슬로터다이크가 보기에 파시즘은 궁극적으로 해방적 분노라는 좌파적 기획에 대한 2차적 변주이자 반작용이기도 했다. 이러한 전 지구적 분노가 그 잠재력의 차원에서 바닥을 드러낸 우리 시대에는 두 가지 주된 분노 형식이 남는다. 이슬람(자본주의 세계화의 희생자들의 분노) + 젊은 층의 '비이성적인' 폭발. 아마도 우리는 여기에 라틴아메리카의 포퓰리즘과 생태주의, 반소비주의 그리고 반세계화 분노의 다른 형식들을 보탤 수 있을 것이다. 포르투알레그리Porto Alegre 운동은 이러한 분노를 담는 전 지구적 은행이 되는 데 실패했다. 대안이 될 만한 긍정적 비전을 제시하지 못했기 때문이다. 슬로터다이크는 '학계 주변에서 속삭이는 좌파-파시스트의 재등장'까지 언급한다.[9] 아마도 내가 거기에 속하는 모양이다…. 비록 후쿠야마의 비판자들이 이러한 국지적 폭발을 '역사의 귀환'이라고 반겼다고 하더라도 이 국지적 폭발은 더 이상 전 지구적 분노의 잠재성이 남아 있지 않다는 사실을 가려 주지 못하는 빈곤한 대체물일 뿐이다.

그렇다면 슬로터다이크는 어떤 전망이 있는가? 그에 따르면, 우리는 그 책의 마지막 절 제목처럼 '원한을 넘어서' 가야 할 필요가 있다. 이를 위해서는 지식인과 원한의 형태를 띤 모든 것들(페미니즘·탈식민주의·생태주의 등) 사이의 치명적 연관 고리를 깨뜨려야 한다는 것이다.

그리고 자유주의적 접근을 다시금 주장해야 한다고 말한다. 자유주의는 존 로크가 말한 삶-자유-소유라는 3항조를 통해 처음으로 정식화되었고, 이 3항조는 나중에 니체가 원한에 반대하는 쓰디쓴 알약으로 치유하고자 했다. 슬로터다이크는 또 우리가 탈-유일신적 세계의 문화 속에서, 문명화된 규범과 개인의 권리를 존중하는 반권위적 능력주의 사회 속에서, 그리고 엘리트주의와 평등주의가 균형을 이루는 세계에서 사는 법을 배워야 한다고 말한다. 이어서 우리가 다수의 티모스적 행위자들 사이에서 이루어지는 상호 작용에 균형을 맞추기 위해 자유주의적 '행동 수칙'을 분명히 할 필요가 있다고 한다. 그래야만 생태적·윤리적 파괴로 이어지는 치명적인 흐름을 막아 낼 수 있다고 보기 때문이다. 슬로터다이크가 함께 대담집을 출간하기도 한 프랑스 철학자 알랭 핑켈크로트와 가깝게 연결되는 것은 놀랄 일이 아니다. 이 둘은 각기 다른 이데올로기적 문맥에 속하긴 하지만, 핑켈크로트도 슬로터다이크와 함께 반-'전체주의' 전선에서 싸운다. 그래서 벤야민으로 돌아가자면, 벤야민의 신적 폭력 개념 또한 원한의 폭발을 가리키지 않는가? 우리는 여기서 두 가지 전략이 필요하다. 우선, 원한이란 개념을 재설정할 필요가 있다. W.G. 제발트가 나치의 수용소에서 장 아메리가 겪은 정신적 외상에 대해 쓴 대목을 상기해 보자.

아메리의 주장을 떠받치는 에너지는 화해할 수 없는 원한에서 나온 것이다. 아메리가 쓴 에세이 다수는 이러한 감정(대개 뒤틀린 복수욕으로 간주되는)이 과거를 비판적으로 바라볼 때 필수적이라고 정당화하는 데 집중하고 있다. 원한을 정의하려는 시도가 얼마나 비논리적인가를 잘 알고 있는 아메리는 이렇게 쓴다. "원한은 우리들 각자를 폐허가 된 과거라는 십자가에 못 박는다. 부조리하게도 원한은 돌이킬 수 없는 것이 돌이켜져야 한다고, 원상대로 돌려 달라고 요구한다." … 그렇다면 쟁점은 갈등을 해결하는 것이 아니라 드러내는 것이다. 아메리가 그의 주장을 통해 우리에게 전달하는 원한의 원동력은 원한을 품을 권리를 인정할 것을 요구한다. 아메리의 주장은 '시간에 의해 이미 회복된' 사람들의 의식을 자극하는 계획적인 시도와 같은 것이었던 셈이다.[10]

어떤 주체가 너무도 치명적인 상처를 입었기에 '눈에는 눈이라는 보복률'에 따라 복수하겠다는 생각 자체가 가해자의 속죄 이후에 가해자와 화해하겠다는 약속만큼이나 어리석은 것일 때, 유일하게 남은 일은 '불의에 대해 끈질기게 탄핵'을 고집하는 것이다. 우리는 이러한 자세가 완전히 반-니체적인 것이라 해석해야 한다. 여기서 원한은 노예의 도덕과 무관하다. 그것은 차라리 범죄를 '정상적인 것으로 만드는' 것에 대한, 그 일을 아무 일도 아닌 것/해명할 수 있는 것/설명할 수 있는 것으로 만드는 것에 대한, 그리고 일관성 있고 의미 있는 삶의 서사로 통합하는 것에 대한 거부라고 할 수 있다. 결국 가능한 설명들이 제시됐다고 해 보자. 이런 질문이 던져진다. "그래, 다 알아듣겠어. 하지만, 그럼에도 불구하고 당신은 어떻게 그럴 수가 있었지? 당신의 그 이야기는 말이 안 돼!" 다시 말해서, 제발트가 변호하는 원한은 니체가 말하는 영웅적 원한이고, 화해의 거부이며, '굴하지 않는' 고집이다.

그렇다면, 이러한 진정한 원한과 처벌(복수), 용서, 그리고 망각이라는 3항조와 같은, 범죄 행위에 대한 일반적 대응 방식은 어떻게 연관되는가? 우리가 여기서 첫째로 해야 할 일은 정당한 복수(처벌)라는 유대교적 원칙('눈에는 눈'이라는 원칙)이 "우리는 당신의 범죄는 용서하겠지만 그것을 잊지는 않겠다"라는 일반적인 정식보다 낫다고 주장하는 것이다. 진정으로 용서하면서 동시에 망각하는 유일한 방법은 복수 혹은 정당한 처벌을 하는 것이다. 범죄에 대한 합당한 처벌이 이루어진 후 나는 앞으로 나갈 수 있으며 과거의 일에서 완전히 자유로워질 수 있다. 그런 면에서 범죄를 합당하게 처벌하는 일에는 뭔가 해방적인 요소가 있다. 나는 사회에 빚을 갚고 다시 자유로워지며, 과거는 더 이상 나에게 부담이 되지 않는다. '용서하라, 그러나 잊지는 말라'는 '자비'의 논리는 반대로 훨씬 더 억압적이다. (용서받은 범죄자로서) 나는 영원히 내가 저지른 범죄에 시달림을 받게 된다. 왜냐하면 그 범죄는 '무효화'되지 않았고, 소급해서 취소되지 않았으며, 지워지지도 않았기 때문이다. 바로 그런 것이 헤겔이 말하는 처벌의 의미인데 말이다.

엄격한 유대교적 정의와 기독교적 자비, 곧 당찮은 용서라는 납득할 수 없는 제스처는 서로 대립된다. 기독교적 관점에선 우리 인간은 원죄를 갖고 태어난다. 우리는 결코 빚을 다 갚을 수 없으며 자력으로 스스로를 구제할 수도 없다. 우리는 오직 신의 자비와 신이 베푸는 최고의 희생 속에서만 구원받을 수 있다. 하지만 기독교는 도저히 납득할 수 없는 자비의 행동, 우리 빚을 갚아 주는 행동을 통해 정의의 사슬을 끊어 버리는 제스처를 취하는데, 우리는 그 속에서 더 많은 빚을 지게 된다. 우리는 영원히 그리스도에게 빚을 지게 되며, 그가 우리를 위해서 한 일에 대해 영원히 보답할 수 없다. 우리가 결코 보상할 수 없는 그러한 과도한 압력에 대해 프로이트는 다 알다시피 초자아라고 이름 붙였다. 일반적으로 유대교는 질투심 많고 전능하며 엄격한 신에 인간이 복종하는 초자아의 종교로 인식되며, 대조적으로 기독교의

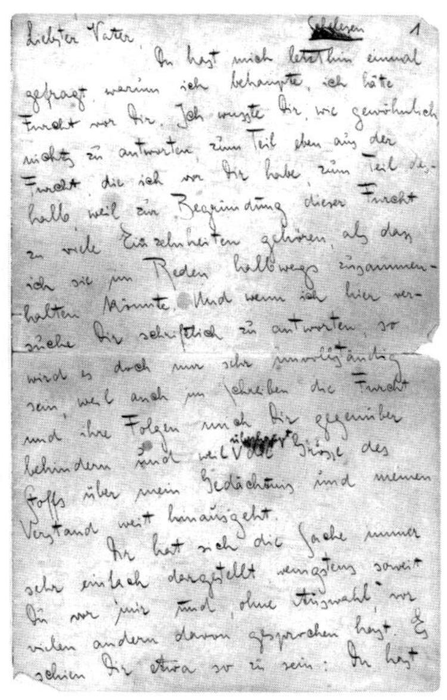

카프카가 아버지께 드리는 편지

신은 자비와 사랑의 신이다. 하지만 우리의 죄에 대한 대가를 요구하지 않음으로써, 그 대가를 자신이 직접 치름으로써, 기독교의 자비의 신은 자신을 궁극의 초자아적 존재로 세운다. "나는 너의 죄에 대한 높은 값을 치렀으니 너는 이제 내게 영원히 빚을 지었노라."[11]

프란츠 카프카는 아버지께 드리는 편지에서 자비(은총)의 역설에 대해서 언급한다. "당신께서 분명히 말씀하신 대로 저는 여러 차례 맞을 짓을 했지만, 맞기 직전에 당신은 저에게 은총을 베풀어 주셨지요. 저로서는 이미 가지고 있는 엄청난 죄책감에 또다시 죄책감을 더하게 됐을 뿐입니다. 저는 모든 면에서 비난받아 마땅했고, 당신에게 빚을 졌습니다."[12] 자비를 베풂으로써 그 추종자들로 하여금 지울 수

없는 죄의식을 갖게 하는 초자아적 존재로서의 신의 형상은 스탈린에게서도 찾아볼 수 있다. 우리가 이제는 열람할 수 있는 1930년대 소련 공산당의 정치국과 중앙위원회 의사록이 보여 주듯이, 스탈린의 직접적인 의사 개입은 대개 자비를 과시하는 것이었다. 중앙위원회의 소장파가 혁명적 열의를 보이려고 부하린을 즉각 숙청하자고 요구했을 때 스탈린은 끼어들어 이런 식으로 말했다. "참으시오! 그의 죄는 아직 입증되지 않았소!" 물론 이것은 위선적인 태도였다. 스탈린은 그 자신이 파괴적인 열정을 부추겼다는 것과 소장파가 자신을 기쁘게 하려고 애쓴다는 것도 잘 알고 있었다. 하지만 그럼에도 스탈린은 여기서 자비로운 척해야 했다.

그래서 '처벌할 것인가, 용서할 것인가'라는 영원한 딜레마를 해결하기 위해 이 두 항을 유사 변증법적 방식으로 종합하자고 제안하는 것이 아무 의미도 없는 역설인 것만은 아니다. 첫째, 가해자를 처벌하고, 그다음에 용서한다…. 이것은 라스 폰 트리에의 '여성' 3부작, 〈브레이킹 더 웨이브〉, 〈어둠 속의 댄서〉, 〈도그빌〉의 최종 결론이 아닌가? 이 세 영화 모두에서 여자 주인공(에밀리 왓슨, 비요크, 니콜 키드먼)은 끔찍한, 혹은 터무니없이 과장된 고통과 굴욕을 겪는다. 하지만, 앞의 두 영화에서 여주인공의 시련이 고통스러운 죽음에서 그 정점에 도달한다면, 〈도그빌〉에서 여주인공은 자신이 피난처로 삼은 작은 마을에서 주민들이 자신을 비열하게 대한 데 대해 무자비하게 되갚아 주며 완벽하게 복수하고, 자신의 옛 연인을 직접 살해한다. ("세상엔 스스로 해결해야 하는 일이 있다.") 관객의 입장에서 이러한 결말이 윤리적으로는 문제일지도 모르겠지만 깊은 만족감을 불러일으킬

수밖에 없다. 덤까지 붙여서 악행
을 저지른 자들이 응분의 대가를
치르게 되니 말이다. 우리는 이걸
페미니즘적으로 바라볼 수도 있
다. 여성 마조히스트가 고통을 당
하는 모습이 못 참아 줄 정도로 길
게 이어지다가, 희생자는 마침내
자신이 빠졌던 곤경을 완전히 장
악할 수 있는 주체가 되어 전력을

라스 폰 트리에(1956-)

다해 복수한다. 그렇게 해서 우리는 두 개의 세계를 얻는 듯하다. 복
수에 대한 우리의 갈망은 충족될 뿐만 아니라 페미니즘적 관점에서
정당화되기까지 하는 것이다. 하지만 이렇게 손쉬운 해결책이 가진
문제는 여주인공의 승리가 '남성적인' 폭력적 태도를 취하는 대가를
치르고 얻어진 것이라는 페미니스트들의 빤한 (혹은 잘못된) 반론 때
문은 아니다. 면밀한 주의가 필요한 또 다른 측면도 있다. 〈도그빌〉
의 여주인공은 자신의 아버지(마피아 보스)가 자신을 찾기 위해 그 도
시에 온 순간에야 무자비한 복수를 실행에 옮길 수 있다. 간단히 말해
서, 그녀의 능동적 역할은 가부장적 권위에 대한 새로운 예속을 표시
한다.

이 3부작에 대한 또 다른 접근 방식은 〈도그빌〉을 문자 그대로 진
정한 자비에 관한 영화로 읽는 것이다. 여주인공 그레이스가 마을 사
람들을 위해 온갖 허드렛일을 다하고, 말없이 시련을 견디며 복수를
거부하면서도, 마을 사람들의 머리 꼭대기에 앉아 그들을 마치 '이해

한다'는 태도를 보였던 이상, 그레이스에게는 자비가 없는 것이다. 갱단 두목인 그레이스의 아버지가 옳았다. 이건 오만이다. 복수를 결심하는 순간에서야 비로소 그레이스는 오만하고 우월한 입장을 버리고 실제로 그들 중 하나로서 행동하고 그들 중 하나가 된다. 그레이스는 마을 사람들을 죽이면서 헤겔식으로 말하면 마을 사람들을 인정할 수 있게 됐다. 말하자면 그레이스는 이제 마을 사람들을 '새로운 빛' 속에서 보게 된 것이다. 이 속에서 그레이스의 눈에 비친 마을 사람들은 이제 이상화된 가난한 사람들이 아니다. 그들은 그냥 있는 그대로, 작은 마을 사람들이다. 그러므로 그레이스의 살인 행위는 진정한 의미에서 자비의 행위가 되는 것이다.

인간을 처벌하는 제도(와 사형제)에 반대하는 사람들의 가장 핵심적인 논변은 다른 인간을 처벌하는 것이 오만이라는 것이다. 그렇다면 다른 사람을 죽이는 것(사형)에 대해서는 더 말할 필요가 있겠는가. 우리가 그런 일을 할 권리가 있는가? 우리가 진짜로 그런 판단을 내릴 위치에 있는가? 이에 대한 최선의 대답은 이 논변을 뒤집는 것이다. 진정 오만하고 죄스런 일은 자비를 베푸는 특권을 떠맡는 것이다. 평범한 존재일 뿐인 인간이, 더욱이 범죄의 직접적인 희생자가 아니라면, 다른 사람의 죄를 너그럽게 사하여 줄 권리가 있는가? 오직 신만이, 혹은 국가적 용어로 최고의 권세를 가진 자, 곧 왕이나 대통령만이 그 예외적 지위 덕분에 다른 사람의 죄를 사하여 줄 권리를 갖는다. 그래서 우리는 정의의 논리에 따라 행동하고 죄가 있다면 처벌하는 것을 의무로 삼아야 한다. 그렇게 하지 않는 것은 자신을 신의 위치로까지 격상시키고 신의 권능을 참칭하는, 진정한 신성 모독이기 때문이다.

그렇다면 진정한 원한은 이 모두에 어떤 작용을 하게 되는가? 원한은 처벌(복수)과 용서, 그리고 망각이라는 3항조에 네 번째 보충항으로서, 원한이라는 자세를 가질 때에만 우리는 나치의 유대인 학살 같은 극악무도한 범죄를 제대로 처리할 수 있다. 그러한 범죄에 대해서라면 나머지 세 가지 자세는 그 힘을 잃는다. 우리는 용서할 수 없으며, 망각은 더더욱 불가능하고 마찬가지로 충분한 처벌도 불가능하기 때문이다.

이를 바탕으로 우리는 슬로터다이크에게 되돌아갈 수 있다. 모든 전 지구적 해방 기획을 질투와 원한의 사례로 규탄하는 슬로터다이크의 비난은 어디서 비롯되는가? 연대 이면에서 약한 자들의 부러움과 복수를 향한 갈망을 찾으려는 그의 강박적인 충동은 어디서 비롯되는가? 한 마디로, 희화화한 니체 풍인 그의 무제한적 '의심의 해석학'은 어디서 비롯되는가? 이 충동 자체가 제 쪽의 부인된 질투와 원한, 보편적 해방이라는 입장에 대한 부러움에 의해 지탱되며, 그렇기에 그 토대에서 순수성을 박탈할 흠을 찾아내야만 하는 것은 아닐까?[13] 여기서 질투의 대상은 윤리적 보편성이라는 기적이며, 그 기적을 낮은 차원의 리비도적 과정이 낳은 왜곡된 효과라고 치부할 수는 없다.

아마 『안티고네』를 이해하는 라캉식 독법이 이룬 핵심적 성취는 다음과 같을 것이다. 즉 우리는 이 작품에서 '프로이트적' 주제를 찾을 수 없다는 점, 그러니까 남매간의 근친상간과는 전혀 관계없다는 점이다.[14] 바로 거기에 '사드와 함께 칸트를'이란 라캉의 말의 요점이 있다.[15] 오늘날, '의심의 해석학'이 대세인 탈이데올로기 시대에 우리 모두는 바로 이 '함께'란 말이 무슨 뜻인지 다 알고 있지 않은가? 칸트가 말하는 윤리적 엄격주의 속에서 진리는 법의 사디즘(가학주의)이다. 칸트적인 법은 주체의 곤경을, 무자비한 요구에 응하지 못하는 주체의 무능력을 가학적으로 즐기는 초자아의 대행자다. 마치 불가능한 과제를 내주어 학생들을 괴롭히면서 은밀히 그들의 실패를 즐기는 교사 이야기처럼. 하지만, 라캉의 요점은 이러한 첫 번째 연상과는 정반대다. 요점은 칸트가 은밀한 사디스트라는 것이 아니라 사드가 은밀한 칸트주의자라는 것이다. 즉 우리가 명심해야 하는 것은 라캉의 초점은 언제나 칸트이지 사드가 아니라는 사실이다. 라캉의 관심사는 칸트의 윤리적 혁명이 궁극적으로 어떤 결과를 낳았는지, 그리고 그 윤리적 혁명 속에서 애초에 부인된 전제는 무엇이었는지에 있다. 다시 말해, 라캉은 통상적인 '환원주의적' 입장, 그러니까 모든 윤리적 행위가 겉으로 보기에 그것이 순수하고 사심 없는 것처럼 보일지라도 그 행위의 배후에 어떤 '병리적' 동기라는 기초가 있다고 가정하고, 그것으로 환원해서 설명하는 입장을 취하지 않는다. 단, 여기서 병리적 동기라는 것은 어떤 행위자가 장기적 이익을 기대한다거나 동료들의 칭찬을 기대하는 것, 나아가 윤리적 행위에 종종 요구되는 고통과 강탈을 통해 얻게 되는 '부정적인' 만족감 등을 말한다. 라캉의 관심은 역설적인 반전에 있다. 그러한 반전에 의해서 욕망 자체(즉 욕망과 타협하지 않고 욕망에 따라 행동하기)는 더 이상 어떠한 '병리적' 이해나 동기에 근거하지 않을 수 있게 되며, 그래서 칸트의 윤리적 행위 기준에 부합하게 된다. 즉 '자신의 욕망을 따르는 것'과 '자신의 의무를 이행하는 것'이 겹쳐지게 되는 것이다. 라캉이 행위라는 개념을 전개하면서 '의심의 해석학'을 뒤집어 버렸던 것은 바로 이 때문이다. 말하자면 칸트 자신이 의심에 사로잡혀 우리가 한 어떤 행위를 두고 그것이 진정 윤리적 행위였는지, 아니면 그 행위의 배후에는 알게 모르게 '병리적' 동기가 있었던 것인지 확신할 수 없다고 인정했을 때, 설사 그 동기라는 것이 우리가 어떤 의무를 다했다는 사실에서 얻을 수 있는 나르시시즘적 만족감이라고 하더라도, 칸트는 실수를 범한 것이었다. 어떤 행위를 할 때 자기가 그 행위를 왜 하는지 진짜 모르는 주체의 입장에서 진짜 외상으로 남는 것은 순수한 윤리적 행위가 (아마도) 불가능할 것이라는 사실이 아니다. 또 자유가 (아마도) 겉치레에 불과할 것이라는 사실도 아니다. 진정으로 외상적인 것은 자유 그 자체, 자유가 정말로 가능하다는 사실이다. 그러기에 우리는 그 사실을 회피하기 위해서 필사적으로 어떤 '병리적인' 해결책을 찾는다. 다시 말해, 진정한 프로이트 이론은 윤리적 자율성을 우리가 가지고 있는 '낮은' 리비도적 모티프에 대한 억압을 바탕으로 만들어진 환상으로 환원하는 것과는 아무 관계가 없다.

… 그리고 마침내, 그것은 무엇인가!

벤야민의 해석자들은 '신적 폭력'이 실제로 무엇을 의미하는가를 놓고 고심해 왔다. 그것은 한 번도 일어난 적이 없는 '순수한' 사건에 대한 좌파의 또 다른 꿈인가? 우리는 여기서 엥겔스가 1891년에 파리 코뮌을 두고 프롤레타리아 독재의 사례로 지적한 것을 상기해야만 한다.

최근 들어 사회-민주주의적 속물들이 프롤레타리아 독재란 말에 다시금 공포에 떨고 있습니다. 좋습니다, 여러분. 여러분은 이 독재가 어떤 것인가 알고 싶습니까? 그럼 파리 코뮌을 보십시오. 그것이 바로 프롤레타리아 독재였습니다.[16]

우리는 이 말을 약간 변형하여 신적 폭력에 대해서도 똑같이 말할 수 있을 것이다. "좋습니다, 비판 이론가 여러분. 여러분은 이 신적 폭력이란 게 어떤 것인지 알고 싶습니까? 1792-94년의 혁명적 테러를 보십시오. 그것이 바로 신적 폭력입니다." (그리고 이 시리즈는 계속될 수 있을 것이다. 1919년 러시아 적위군의 테러로…) 우리는 신적 폭력을 실제로 존재했던 역사적 현상과 등치시키는 것을 두려워하지 말아야 한다. 그래야만 모호한 신비화를 피할 수 있다.

벤야민의 「폭력 비판에 대하여」의 마지막 몇 문단은 다음과 같다.

모든 영역에서 신화에 대해 신이 맞서듯이 신화적 폭력에도 신적인 폭력이 맞선다. 그리고 신적인 폭력은 모든 면에서 신화적 폭력과 반대다. 신화적 폭력이 법 제정적이라면 신적 폭력은 법 파괴적이고, 신화적 폭력이 경계를 설정한다면 신적 폭력은 무한정하게 경계를 파괴하며, 신화적 폭력이 즉각 죄와 징벌을 가져온다면 신적 폭력은 속죄할 뿐이고, 신화적 폭력이 위협하는 폭력이라면 신적 폭력은 직접 내리치는 폭력이고, 신화적 폭력이 피를 흘리게 한다면 신적 폭력은 피를 흘리지 않은 채 죽음을 가져온다. … 왜냐하면 피는 단순한 생명*의

---

* 단순한 생명mere life: 벤야민이 말하는 '단순한 생명'은 생물학적 생존으로서의 삶, 살아 있을 뿐 의미가 없는 상태를 가리킨다.

벤야민, 「폭력 비판에 대하여」, 『사회과학
및 사회정책 논총』, 1921

상징이기 때문이다. 법적 폭력의 해체는 … 단순한 자연적 생명만을 부지한다는 죄에서 비롯되며, 이 죄의식은 죄 없고 불행한 산 자들로 하여금 단순한 생명을 영위한다는 죄를 '속죄'하는 징벌에 처하게 한다. 이 징벌은 물론 죄지은 자를 정화해 주기도 하지만, 죄가 아닌 법을 씻어 준다. 왜냐하면 살아 있는 것들에 대한 법의 지배는 단순한 생명에서 그치기 때문이다. 신화적 폭력은 폭력 그 자체를 위해 단순한 생명에 가해지는 유혈의 힘이고, 신적 폭력은 살아 있는 자들을 위해 모든 생명에 가해지는 순수한 힘이다. 신화적 폭력은 희생을 요구하며, 신적 폭력은 그 희생을 받아들인다.

… "죽여도 됩니까?"란 물음은 십계명의 "너희는 살인하지 말지어다"라는 단호한 답과 마주친다. 이 계명은 마치 신이 어떤 행위를 '가로

막는' 것처럼 행위에 선행한다. 그러나 계명을 따르기를 강요하는 것이 처벌에 대한 두려움이 아니듯, 일단 행위가 이루어지면 이 명령은 적용될 수 없고 통하지도 않는다. 이미 이루어진 행위에 대해서는 그 계명을 바탕으로 어떤 판단을 내리는 것도 불가능하다. 그리고 이미 이루어진 행위에 대한 신적 판단이나 그 판단의 근거가 됐던 것 모두는 예단할 수 없다. 따라서 어떤 사람이 다른 사람을 폭력적으로 살해하는 행위를 그 계명을 근거로 정죄하는 사람들은 잘못이다. 그 계명은 판단의 척도로서 있는 것이 아니라 행동하는 인격체 또는 공동체에 대해 행동의 지침으로서 있는 것이기 때문이다. 행동하는 인격체나 공동체는 누구의 도움도 받지 않고 그 계명과 대결해야 하며, 예외적인 경우에는 그 계명을 도외시한 책임을 스스로 떠안아야 한다.[17]

주권자의 권리sovereignty가 미치는 영역이 바로 순수한 신적 폭력의 영역이다. 이 영역에서는 살인이 개인적 병리, 즉 기이하고 파괴적인 충동을 표출하는 것이 아니고, 범죄(혹은 범죄에 대한 처벌)도 아니며, 성스런 희생도 아니다. 그것은 심미적이지도, 윤리적이지도, 종교적(어둠의 신에게 바치는 희생)이지도 않다. 그래서 역설적이게도 신적 폭력은 부분적으로는 호모 사케르에 대해 생명정치적 차원에서 이루어지는 처분과 겹친다. 양자의 경우 모두에서 살인은 범죄도 아니고 희생도 아니기 때문이다. 신적 폭력에 의해 멸절되는 자들은 전적으로, 그리고 완벽하게 유죄다. 따라서 그들은 희생 제물이 아니다. 왜냐하면 희생되어 신에게 바쳐질 만한 가치조차 없기 때문이다. 그들은 희생 제물이 되지 못한 채 멸절될 뿐이다. 어떤 점에서 그들은 유죄인가? 그것은 그들이 단순한 (자연적인) 생명을 부지했기 때문이다. 신적 폭력은 죄 그 자체를 사하여 주는 것이 아니라 법적인 차원에서 그 죄를 사면하는 것이다. 왜냐하면 법은 살아 있는 것에만 적용되는 것이기 때문이다. 다시 말해 법은 생명체를 넘어서는 것, 단순히 목숨을 부지하는 생명체보다 차원이 높은 것에는 도저히 미칠 수 없는 것이기 때문이다. 신적 폭력은 죽지 않는 것, 즉 과도한 생명이 가진 순수한 충동의 표출로, 이 충동은 법의 규제를 받는 '벌거벗은 생명'을 뒤흔든다. 벤야민이 '신학적' 차원 없이 혁명이 성공할 수 없다고 했을 때, 그 '신학적' 차원이란 바로 충동의 과잉이라는 차원, 충동이 '과도하다'는 차원을 말한다.[18]

희생을 요구하고 벌거벗은 생명에 대해 권력의 지배를 유지하는 것은 신화적 폭력이다. 반면에 신적 폭력은 비희생적 폭력이며 속죄의 폭력이다. 그러므로 우리는 나치의 유대인 학살과 같이 국가가 호모 사케르를 제거해 버리는 것과, 범죄도 아니고 희생도 아닌 살인을 할 수 있는 혁명적인 테러 행위가 형식적으로 동형적이라는 점을 주저 없이 주장할 수 있다. 다만 그 차이는 나치의 살인이 국가 폭력의 수단에 머문다는 데 있다. 반면에 벤야민은 「폭력 비판에 대하여」의 결론부에서 "혁명적 폭력은 인간이 발현할 수 있는 최고의 순수한 폭력"이라고 주장한다. 그는 핵심적인 특징을 다음과 같이 덧붙인다.

그러나 인간에게 있어 순수한 폭력이 어떤 구체적 사례를 통해 현실화됐는지를 판단하는 것은 그 가능성도 작을 뿐만 아니라 그다지 급박한 것도 아니다. 그 폭력이 비교할 수 없을 정도의 커다란 영향을 끼친 것이 아닌 이상, 우리가 확실하게 인식할 수 있는 것은 신적 폭력이 아니라 오직 신화적 폭력일 뿐이다. 인간의 입장에서 폭력 속에 담긴 속죄하는 힘을 볼 수는 없는 것이기 때문이다. … 신적 폭력은 마치 죄인을 정죄하기 위해 열린 신의 법정에서 군중들이 하는 행위들처럼 진정한 전쟁 속에서 그 모습을 분명하게 드러낼 수도 있다. … 성스러운 공문의 징표sign이자 봉인일 뿐 결코 그 수단은 아닌 신적 폭력은, '주권자의sovereign' 폭력이라 부를 수 있을 것이다.[19]

여기서 마지막 문장을 정확하게 해석하는 것이 중요하다. 신화적 폭력과 신적 폭력 사이의 대립은 수단과 징표 사이의 대립이다. 즉 신화적 폭력은 법의 지배(합법적 사회 질서)를 만들기 위한 수단이지만, 신적 폭력은 어떤 수단도 아니다. 심지어 가해자를 징벌하여 정의의 균형을 다시 세우지도 않는다. 그것은 단지 세상의 불의를 보여 주는, 세상이 윤리적으로 '어긋나 있다out of joint'는 징표일 뿐이다. 하지만 이것은 신적 정의가 어떤 의미를 갖고 있다는 뜻을 함축하지는 않는다. 그것은 차라리 의미 없는 징표이고, 그 징표에 뭔가 '심오한' 의미를 부여하려는 유혹에 대해선 바로 욥이 참고 견뎠던 것과 마찬가지로 참고 이겨 내야 한다. 이것이 뜻하는 바를 바디우식으로 말하자면, 신화적 폭력은 '존재'의 질서 속에 있고, 신적 폭력은 '사건'의 질서 속에 있다고 할 수 있다. 어떤 폭력이 신적 폭력인지 식별할 수 있는 '객관적' 기준은 없다. 외부 관찰자에게는 그저 폭력의 분출로 보일 뿐인 행위일지라도, 직접 그 행위에 참여한 자들에게는 신적인 사건이 될 수 있다. 그 신적 성격을 보증해 주는 대타자big Other는 없으며, 그것을 신적 폭력으로 읽고 떠맡는 위험은 순전히 주체의 몫이다. 그것은 기적에 관해 얀센주의*가 가르쳐 주는 바와도 같다. 기적을 객관적으로 검증할 수는 없고, 다만 중립적 관찰자에게 기적은 언제나 흔해 빠진 자연적 인과율의 논리로 설명될 수 있을 뿐이다. 오로지 믿음을 가진 자들만이 어떤 사건을 기적으로 경험할 수 있다는 얘기다.

살인을 금지하는 계명이 "그 계명과 고독하게 씨름하거나 예외적인 경우엔 그것을 무시하는 책임을 떠맡아야 하는, 개인이나 공동체의 행위를 위한 행동 지침"이라고 쓰면서, 벤야민이 제안하고자 했던 것은 윤리라는 것의 실체를 직접적으로 구성하는 원칙이 아니라 칸트식 규제의 이념이 아니었을까? 역사적 필연성과 같은 대타자의 도구가 되어 행위를 한 자들이 살인 행위를 '전체주의적'으로 정당화하는 것에 대해 벤야민이 어떻게 반대했는지 주목해 보라. 우리는 '계명과 고독하게 씨름'하고 그 책임을 온전하게 떠안아야만 한다. 바꿔 말해서, '신적 폭력'은 '신성한 광기'의 폭발이나 난장과 같은 바쿠스 축제와는 아무 관계가 없다. 바쿠스 축제에서라면 주체는 자신의 자율성과 책임을 모두 떠넘길 수 있을 것이다. 더 커다란 신적 권능이 그들의 몸을 도구 삼아 이루어진 행동이기 때문이다.

간단히 말해서, 신적 폭력은 전능한 신이 최후의 심판에 대한 일종의 예고나 맛보기로 인간의 과도함을 징벌하려는 직접적 개입이 아

---

* 얀센주의Jansenism: 17~18세기 프랑스 교회에서 벌어진 종교운동. 인문주의적 프랑스 교회를 비판하면서 초기 기독교의 엄격한 윤리로 돌아갈 것을 주장했는데, 인간의 자유의지에 대해 비판적이었다.

니다. 신적 폭력과, 인간의 무능한/폭력적 '행위로의 이행' 사이의 차이는 신적 폭력이 신의 전능함을 표하기는커녕 신(대타자) 자신의 무능을 보여 주는 징표라는 점이다. 결국 신적 폭력과 맹목적인 '행위로의 이행' 사이에서 바뀌는 것은 무능함의 '자리'가 전부다.

신적 폭력은 합법적 질서에 내재하는 억압된 불법적 기원이 아니다. 자코뱅식 혁명적 테러는 부르주아적 질서의 '어두운 기원'이 아니다. 범죄적이지만 동시에 영웅적이라고 하이데거가 예찬한 것 같은 국가-설립적 폭력이 아니라는 뜻이다. 따라서 신적 폭력은 법을 정초하는 예외적 존재로서의 국가 주권*과 구별돼야 할 뿐만 아니라 무정부주의적 폭발로서의 순수한 폭력과도 구별돼야 한다. 프랑스 혁명과 관련해서 말하자면, '프롤레타리아 독재'에서 국가 폭력으로, 혹은 벤야민의 용어로 하자면 신적 폭력에서 신화적 폭력으로 부지불식중 전환이 이루어진다. 그러한 전환에 대해 가장 간결하게 정식화한 사람이 로베스피에르가 아니라 당통이라는 점은 중요하다. "인민이 잔혹해질 필요가 없게끔 우리가 잔혹해져야 한다"[20]는 주장이 바로 그것이다. 자코뱅주의자였던 당통에게는 혁명적 국가 폭력이란 것이 일종의 선제적 행동이고, 그 진정한 목적은 적에게 보복을 가하기 위한 것이 아니라 상퀼로트(공화파 혁명 세력)의, 혹은 인민들 자신의 직접적인 '신적' 폭력을 막기 위한 것이었다. 다르게 말하면, 인민이 우리에게

---

* 독일의 법철학자 카를 슈미트(1888-1985)에 따르면, 주권자란 그 누구도 권한을 행사할 수 없는 '예외 상태'에서 권한을 행사할 수 있는 자다. 가령 '전쟁에서 언제 어떻게 항복할 것인가'와 같은 예외 상태가 돼 봐야 평상시에는 관심도 없었던 주권의 존재가 명확하게 드러나게 된다는 얘기다. 지젝이 여기서 말하는 예외적 존재로서의 주권은 이를 말한다.

요구하는 것을 행함으로써 그들 스스로가 그렇게 하지 않도록 하자는 것이다….

신적 폭력은 바로 오래된 라틴어 경구, '민중의 소리는 신의 소리 vox populi, vox dei'라는 말이 뜻하는 바로 그 의미 속에서 신적인 것이라 간주돼야 한다. 말하자면 그것은 "우리가 그저 인민의 의지를 집행하는 수단으로서 그 일을 하고 있다"는 도착적 의미에서가 아니라 고독한 주권적 결정을 영웅적으로 떠안는다는 의미로 보면 된다. 살인을 하거나 자신의 목숨을 거는 일에 대한 결단은 절대적 고독 속에서 이루어지며, 대타자의 치마폭 속에 숨을 수는 없다. 그것은 초도덕적extra-moral일지는 몰라도 '부도덕immoral'한 것은 아니다. 신적 폭력은 그 폭력을 행사하는 자가 멋대로 살인을 하더라도 천사와 같은 순결함을 가질 수 있는, 그런 것이 아니다. 구조화된 사회적 공간 바깥에 있는 자들이 '맹목적으로' 폭력을 휘두르면서 즉각적인 정의/복수를 요구하고 실행에 옮기는 것, 바로 이것이 신적 폭력이다. 십수 년 전 브라질의 리우데자네이루에서 일어난 사태를 상기해 보자. 빈민가의 군중들이 도심의 부유층 거리로 가서 슈퍼마켓을 마구 약탈하고 방화하기 시작했다. 이런 것이 바로 신적 폭력이다…. 그들은 인간의 죄를 신의 이름으로 벌주기 위해 성경에 나오는 메뚜기떼 같았다. 신적 폭력은 목적 없는 수단으로서 어딘지 모르는 곳에서 들이닥친다. 혹은 로베스피에르가 루이 16세의 처형을 요구하는 연설에서 말한 대로다.

인민들은 법정에서와 같이 판단하지 않습니다. 그들은 판결을 내리지 않습니다. 그들은 벼락을 내리칩니다. 그들은 왕을 비난하지 않습니다. 그들은 그저 왕의 지위를 무효로 만들어 놓습니다. 그리고 이 정의는 법정의 정의만큼이나 가치가 있습니다.[21]

로베스피에르가 분명히 알고 있었던 것처럼, 바로 이 점, 완전한 패배에도 불구하고 살아남은 (순전히 공리적 전제로서의) 자유라는 불멸의 관념에 대한 '믿음'이 없을 때, 혁명은 "단지 어떤 죄를 제거하기 위해 저지르는 또 하나의 소란스런 죄악에 불과"하게 되는 이유다. 이 신념은 체포되어 처형되기 하루 전인 1794년 테르미도르 8일, 로베스피에르의 마지막 연설에서 가장 통렬하게 표현되었다.

하지만 제가 확신하건대, 다정하고 순수한 영혼은 존재합니다. 부드럽고, 거대하여 억누를 수 없는 정열도 있고, 아량 있는 마음속에는 기쁨과 고통도 있습니다. 폭정에 대한 공포도 짙게 배어 있고, 핍박받는 자들에 대한 동정심과 조국에 대한 신성한 사랑, 인류에 대한 고귀하고 성스러운 사랑도 있습니다. 이들이 없었다면, 위대한 혁명은 단지 하나의 죄를 제거하기 위해 저지르는 또 하나의 소란스런 죄악일 뿐입니다. 이곳에는 지구상 최초의 공화국을 설립하려는 고결한 야망도 존재합니다.[22]

이 대목을 통해 우리가 다시 한번 이해할 수 있는 것은 신적 폭력이 사건의 질서 속에 있다는 점이다. 어떤 폭력이 신적 폭력인지 식별할

처형 직전의 로베스피에르(1794. 7. 28) 파리 콩코르드 광장의 수레 위에서 턱 부상을 손수건으로 가린 채 처형을 기다리고 있는 모습(제일 왼쪽).

수 있는 '객관적' 기준은 없다. 외부 관찰자에게는 그저 폭력의 분출로 보일 뿐인 행위일지라도, 직접 그 행위에 참여한 자들에게는 신적인 사건이 될 수 있다. 그 신적 성격을 보증해 주는 대타자는 없으며, 그것을 신적 폭력으로 읽고 떠맡는 위험은 순전히 주체의 몫이다. 그런 면에서 신적 폭력은 주체가 만들어 낸 사랑의 역사役事인 셈이다. 체 게바라의 두 유명한 (악명 높은) 문단이 핵심을 짚어 준다.

우스꽝스럽게 들릴지 모르겠지만, 진정한 혁명가는 위대한 사랑의 감정에 이끌린다고 말하고 싶다. 이런 속성이 없는 혁명가를 상상하는 건 불가능하다.[23]

증오는 투쟁의 한 요소다. 우리는 적에 대한 가차 없는 증오를 통해 인간의 자연적 한계를 넘어설 수 있다. 그리고 우리는 바로 그 가차 없는 증오를 통해 효과적이고, 폭력적이며, 선택받은, 그리고 냉정한 살인 기계로 변신할 수 있다. 우리 병사들은 그래야만 한다. 증오가 없는 인민은 잔인무도한 적을 이길 수 없다.[24]

이 두 가지, 서로 명백하게 대립적인 자세가 체 게바라의 모토에 통합돼 있다. "우리는 부드러움을 잃지 않고 인내하며 자신을 단단하고 거칠게 단련해야 한다."[25] 혹은 칸트와 로베스피에르의 말을 한 번 더 바꿔서 말하자면, '잔혹함이 없는 사랑은 무력하며, 사랑이 없는 잔혹함은 맹목이고, 지속적인 강렬함을 잃는 한순간의 열정이다.' 여기서 역설은 사랑을 거룩하게 하고 사랑을 단순히 불안정하고 애처로운 감상 이상으로 격상시키는 것이 바로 사랑의 잔혹함, 폭력과의 연관성이라는 점이다. 이 폭력과의 관련을 통해 사랑은 '인간의 자연적 한계를 극복하고 넘어서게' 하고, 그럼으로써 사랑은 무조건적인 충동으로 변형된다. 그래서 체 게바라가 사랑 속에 변화를 추동하는 힘이 있다고 확신했음에도 "당신에게 필요한 건 오직 사랑뿐예요" 같은 콧노래 따위에는 귀 기울이려 하지 않았을 것이다. 당신에게 필요한 건 애증이다. 혹은 키르케고르가 오래전 말했던 바와 같이 원수를 사랑하라는 기독교적 요구의 필연적인 결과('진리')는,

사랑 때문에 사랑하는 사람을 증오해야 한다는 것이다…. 그래서 사랑이 율법의 완수를 의미한다면 기독교는 사랑에 대한 요구를 (인간

적으로 말해 일종의 광기라고도 할 수 있을 만큼) 고양시킬 수 있다. 그
러므로 그 교훈은 기독교도가 만약 필요하다면 그의 아버지와 어머니,
누이와 사랑하는 사람도 증오할 수 있어야만 한다는 것이다.[26]

키르케고르는 여기서 라캉이 나중에 발전시키게 되는 애증hainamor-
ation*의 논리를 적용하고 있다. 그것은 사랑하는 사람에게서 '사랑
하는 사람'과 '그에 대한 나의 욕망의 진정한 대상－원인', 즉 '그 안에
있는 그보다 더 큰 것'(키르케고르에게서는 신) 사이의 간극에 근거한다.
때때로 증오는 내가 당신을 진정 사랑하는 유일한 증거이다. 여기서
사랑이라는 개념에 대해 바울이 말한 것은 중요하다. 순수한 폭력의
영역, 그러니까 법(합법적 힘) 바깥의 영역, 법 제정적이지도 법 보존적
이지도 않은 이 폭력의 영역은 사랑의 영역이다.

---

* 애증hainamoration: 라캉이 '미움haine'과 '사랑Amor'을 합쳐서 만든 신조어.

7

Adagio
느리게

에필로그

이렇게 하여 우리의 탐구는 한 바퀴를 돌았다. 폭력에 반대한다는 거짓 주장을 거부하는 것에서부터 해방적 폭력을 승인하는 데 이르는 여정이었다. 우리는 주관적 폭력과 싸운다고 하면서 구조적 폭력에 가담하는 자들의 위선을 폭로하는 것으로 이야기를 시작했다. 정작 그들이 혐오하는 그 폭력을 유발하는 것이 구조적 폭력이다. 우리는 폭력의 궁극적 원인을 이웃에 대한 두려움에 두었다. 그리고 그것이 어떤 식으로 언어 자체에 내재된 폭력의 기초를 이루게 되는지를 보여 주었다. 직접적인 폭력을 지양하는 수단이라고 하지만 언어는 그 자체로 이미 폭력을 포함하고 있다. 우리는 이어서 우리의 미디어를 떠들썩하게 만들었던 세 가지 유형의 폭력에 대해 분석했다. 2005년 파리 교외에서 '비합리적인' 청년들의 폭동과 최근의 테러 공격, 그리고 허리케인 카트리나가 강타한 이후 뉴올리언스에서 벌어진 혼돈 상태가 그것이다. 이어서 우리는 한 덴마크 일간지에 실린 무함마드의 캐리커처에 발끈하여 일어난 시위와 관련해서 관용적 이성이 어떤 이율배반에 처하는가를 다루었다. 우리는 오늘날 이데올로기를 지탱하고 있는 지배적 관념으로서 관용이 가진 한계를 지적했다. 그리고 끝으로 발터 벤야민이 제시한 신적 폭력이란 범주의 해방적 차원을 직접 다루었다. 그렇다면, 이 책의 교훈은 무엇인가?

세 가지다. 첫째, 폭력을 노골적으로 비난하고 '나쁜 것'으로 매도하는 것은 하나의 탁월한 이데올로기적 조작이자, 사회적 폭력이 가진 근본 형식을 보이지 않게 만드는 일종의 신비화라는 점이다. 다양한 형태의 괴롭힘에 대해서는 그토록 예민한 서양 사회가 우리로 하여금 가장 잔혹한 형식의 폭력에 대해선 무감각하게 만드는 다양한 메커니즘을 동시에 동원해 올 수 있도록 했다는 것은 대단히 징후적인 일이다. 매우 역설적이게도 그런 일은 종종 희생자들에 대한 인도주의적 동정의 형식을 통해서 이루어졌다.

두 번째 교훈. 진정으로 폭력적이 되는 것, 사회적 삶의 기본 변수를 폭력적으로 뒤흔드는 행위를 감행하는 것은 어렵다. 브레히트는 부풀어 오른 혈관과 흉측한 인상을 가진 어떤 일본의 악령 가면을 보고 다음과 같이 적었다. "모두가 호소한다 / 얼마나 전력을 다하는 것인지 / 악령이 되기 위하여"라고. 이것은 체계에 효과를 끼치는 모든 폭력에도 적용된다. 대개 할리우드의 액션영화는 항상 교훈을 한 가지씩 담고 있다. 앤드루 데이비스의 〈도망자〉의 결말을 보면, 억울하게 쫓기는 의사(해리슨 포드)가 한 학회에서 동료 의사(제로엔 크라베)를 만나 그가 거대 제약회사를 대표해 임상자료를 조작했다고 비난한다. 바로 이때, 우리가 거대 제약회사(기업자본)가 진짜 범인이라는 데 초점이 맞춰질 걸로 기대하는 순간, 크라베는 해리슨 포드의 말을 가로막고 그를 밖으로 끌어낸다. 그러고는 회의장 밖에서 그와 격렬하게 싸운다. 그들은 얼굴이 피범벅이 되도록 서로 가격한다. 이 장면은 대놓고 우스꽝스러운 성격을 드러내는 비밀 폭로다. 마치 반자본주의와 맞붙는 이데올로기적 진창에서 벗어나기 위해서는 자리를 옮겨야만 한다는 것처럼 그리고 있는데, 이것은 영화의 내러티브에 직접적으로 균열을 가져온다. 나쁜 친구는 사악하고 냉소적이며 병적인 성격으로 묘사된다. 이것은 마치(강렬한 싸움 장면을 수반하는) 내면적 타락이 자본의 충동을 대신하는 것처럼 보이기도 한다. 이 자본의 충동이란 게 익명적이고 심리라는 것과는 전혀 무관한 것이기 때문이다. 부패한 동료를 내적으로 진실하면서 사적으로는 매우 정직한 의사로 그렸다면 훨씬 더 좋았을 것이다. 다만 그가 일하는 병원의 재정난 때문에 제약회사의 미끼에 현혹될 수밖에 없었던 의사 말이다….

〈도망자〉는 그래서 하나의 미끼로 작용하는 폭력적인 '행위로의 이행'(발작적 행위)을 보여 주는 명백한 사례다. 이를 통해 이데올로기적 대체가 이루어지는 것이다. 이렇게 기초적 수준의 폭력에서 한 걸음 더 나간 상태는 폴 슈레이더와 마틴 스콜세지의 〈택시 드라이버〉에서 찾을 수 있다. 트래비스 비클(로버트 드니로)이 자신이 구하려는 소녀(조디 포스터)의 포주에게 마지막으로 폭력을 분출하는 장면이다. 여기서 중요한 것은 이러한 '행위로의 이행' 속에 암시돼 있는 자살적 차원이다. 트래비스가 마지막 공격 행위를 준비할 때 그는 거울 앞에서 권총을 겨누는 연습을 한다. 영화에서 가장 유명한 이 장면에서 그는 거울에 비친 자신의 모습을 보면서 공격적인 어조로 말한다. "네가 나한테 지껄이는 거야?" 라캉의 '거울단계' 개념을 보여 주는 교과서 같은 이 장면에서 공격 행위는 여기서 자기 자신, 자신의 거울 이미지를 겨냥하고 있다. 이러한 자살적 차원은 결말의 학살 장면에서 한 번 더 나온다. 트래비스가 중상을 입고 벽에 기댄 채 자신의 오른손 검지를 피 묻은 이마에 갖다 대고 방아쇠를 당기는 흉내를 낼 때 그는 마치 이렇게 말하는 듯하다. "내 폭력적 행동의 진짜 목표는 나 자신이었다네." 트래비스의 역설은 자기 자신을 그가 끝장내고 싶어 하는 도시 생활이 낳은 변질된 쓰레기로 간주한다는 데 있다. 그래서 브레히트가 〈조처The Measure Taken〉에서 혁명적 폭력에 대해 말한 바대로, 트래비스는 방이 깨끗해지기 위해서 제거되어야 할 마지막 오물이고자 했다.

조금 변형해 보면, 이러한 사례는 대규모의 조직화된 집단적 폭력에도 적용될 수 있다. 중국의 문화대혁명은 이 점과 관련해 교훈을 준다. 낡은 기념물들을 파괴한다고 해서 과거를 진정으로 부정할 수 있게 되는 것은 아니라는 교훈 말이다. 그것은 오히려 무력한 '행위로의 이행'이고, 과거를 제거하는 데 실패했다는 사실을 증명하는 행동을 표출한 것이었다. 마오쩌둥이 주도한 문화대혁명의 최종 결과가 현재 중국에서 아무도 못 말릴 정도로 활발하게 진행되는 자본주의화라는 사실은 일종의 자업자득이다. 마오쩌둥이 주장했던 항구적인 자기-혁명, 경화된 국가 구조에 대한 항구적 투쟁과 자본주의가 본질적으로 가지고 있는 역동성이라는 특징 사이에는 깊은 구조적 상동성이 존재한다. 우리는 "은행을 새로 설립하는 것에 비하면 은행을 턴다는 게 뭐가 대수인가?"란 브레히트의 문구를 이렇게 다시 쓰고 싶다. 보편적인 자본주의적 재생산을 위해 모든 독특한 생활 양식들을 항구적으로 소멸시키는, 진짜 문화대혁명에 비한다면 문화대혁명기에 홍위병들이 보여 준 격렬하고 파괴적인 폭력이란 게 뭐가 대수란 말인가?

이것은 물론 나치 독일에도 똑같이 적용된다. 우리는 수백만 명을 절멸시킨 나치의 스펙터클에 속아서는 안 된다. 수백만 명을 죽음으로 몰고 간 책임이 있는 나쁜 인간이었는지는 모르지만 그래도 히틀러는 자신의 목표를 강철같이 밀고 간 배짱을 갖고 있었다? 그렇게 말하는 것은 윤리적으로 역겨울 뿐만 아니라 그 자체로 틀린 말이다. 히틀러는 상황을 진정으로 변화시킬 만한 '배짱' 따위는 결코 없었다. 근본적으로 그가 취한 행동은 반응적인 것이었을 뿐이다. 그는 아무 것도 진정으로 변하지 않게 하려고 행동했다. 그는 진정한 변화를 시도한 공산주의의 위협을 차단하려고만 했다. 유대인을 타깃으로 삼은 것은 진짜 적을 피하고자, 그러니까 독일 자본주의 사회관계의 핵심이었던 노동자와의 적대적 관계를 피하고자 바꿔치기한 것이었다. 히틀러는 눈가림식 혁명의 스펙터클을 무대에 올렸을 뿐이고, 그럼으로써 자본주의 질서를 보존했던 셈이다. 부르주아적 자기-만족을 경멸하는 것처럼 보인 그의 거창한 제스처는 오히려 그러한 만족감을 지속시키는 데 힘을 보탰다. 그의 제스처는 수시로 경멸거리가 된 '퇴폐적인' 부르주아적 질서를 결코 휘저어 놓으려는 것이 아니었고, 독일인들을 잠에서 깨어나게 하려는 것도 아니었다. 나치즘은 오히려 독일인들이 잠에서 깨어나는 것을 지연시킨 꿈이었다. 독일이 진정으로 깨어나는 것은 1945년의 패전과 함께였던 것이다.

우리가 진정으로 과감한 행위라고 이름 붙일 만한 행위란 어떤 것일까. 불가능한 일을 시도했던 진정 '배짱 두둑한' 행위였지만 동시에 끔찍한 폭력이기도 했던, 그래서 이해하기 어려운 고통을 야기하기도 한 행위가 있다면, 그것은 1920년대 말 스탈린의 강제 집산화이다. 그러나 1936-37년 대숙청에서 정점에 달한 이 무자비한 폭력의 과시조차 역시 무력한 '행위로의 이행'이었다.

이것은 적을 타깃으로 한 것이 아니라 맹목적인 분노와 광기의 표출이었다. 그것은 잘 계획된 사건들이 아니었고, 체제를 정상적으로 통제하는 메커니즘이 결여돼 있다는 걸 보여 주는 것이었다. 그것은 정책이 아니라 정책의 실패였다. 그것은 폭력을 동원하지 않으며 지배하는 데에는 실패했다는 징표였던 것이다.[1]

공산주의 권력이 자국의 인민들에게 폭력을 행사했다는 것 자체가 공산주의 체제의 근본적 자기모순을 입증한다. 만약 그 체제의 기원에 '진정한' 혁명적 기획이 있었다면 끊임없는 숙청 작업은 이 체제가 어떤 기원에서 유래된 것인지, 그 흔적을 지워 버리기 위해서뿐만 아니라 일종의 '억압된 것의 회귀'*로서, 즉 체제의 핵심에 있는 근본적 부정성을 상기시켜 주는 것으로서 필수적인 것이었다. 스탈린 시대 당 상층부에 대한 숙청은 이러한 근본적인 배반에 토대하고 있었다. 기소된 자들은 새로운 노멘클라투라의 구성원이 되었기 때문에 혁명을 배반한 죄를 저지른 것이나 마찬가지였다. 따라서 스탈린의 폭력은 그저 혁명을 배반했다는 것만을 의미하지 않는다. 그것은 진정한 혁명적 과거의 흔적을 지워 버리는 시도이기도 했다. 이는 또한 그 속에 일종의 '삐뚤어진 악귀'** 같은 게 숨어 있다는 걸 증명하는 것이기도 하다. 그것은 혁명 이후의 새로운 질서로 하여금 제가 혁명을 배반했다는 사실을 제 안에 (다시) 새기도록, 노멘클라투라의 모든

---

* 억압된 것의 회귀return of the repressed: 프로이트의 용어로, 무의식에 억압된 요소들이 완전히 없어지지 않고 왜곡된 형태로 의식에 다시 나타나려는 경향을 말한다.
** 삐뚤어진 악귀imp of the perverse: 에드거 앨런 포의 작품이기도 함. 이성적 계획이라면 모조리 깨뜨리고자 하는 비이성적 충동을 의미한다.

구성원을 위협하는 독단적인 체포와 살해라는 모습으로 그 배반을 '반영'하거나 '다시 표시'하라고 강제한다. 정신분석학을 통해 우리가 알고 있듯이 죄에 대한 스탈린식 고백은 진짜 죄를 숨긴다. 잘 알려진 대로 스탈린은 현명하게도 하층민 출신으로 비밀경찰을 구성했다. 그래서 그들은 당의 간부급 인사들을 체포하고 고문함으로써 노멘클라투라에 대한 증오를 표출할 수 있었다. 스탈린주의의 핵심에는 본질적으로 새로운 노멘클라투라 지배의 안정성과, 노멘클라투라 고위층에 대한 반복적인 숙청이라는 모습으로 나타난 '억압된 것으로의 회귀'라는 전도 사이에 만들어진 긴장 관계가 존재한다. 숙청은 살아남아 체제를 떠나지 않는 배반당한 혁명의 유산이 취하는 형식 그 자체다.[2]

애거사 크리스티의 초기 단편 「뮤스가의 살인」에서 푸아로는 가이 포크스 나잇(불꽃놀이 밤)에 자신의 아파트에서 총에 맞아 숨진 채 발견된 앨런 부인의 죽음에 대해 조사한다. 비록 앨런 부인의 죽음은 자살처럼 보이지만, 그녀가 자살한 것처럼 서툴게 위장한 살인이 아닌가 싶은 여러 단서들이 나타난다. 그녀는 사건이 발생했던 시간에는 없었던 플렌더리스 양과 집을 같이 썼다. 곧 살인 현장에서 커프스단추가 발견되고 그 주인인 유스터스 소령이 사건에 연루된다. 푸아로의 해결은 애거사 크리스티 작품에서 최고 가운데 하나다. 그것은 자살로 위장한 살인사건이라는 일반적인 플롯을 뒤집는다. 희생자인 앨런 부인은 수년 전에 인도에서 스캔들에 휘말린 적 있었는데, 유스터스를 알게 된 것도 인도에서였다. 현재 그녀는 보수당 하원의원과 약혼 중이었다. 스캔들이 공개되면 앨런의 결혼을 망치리라는 것을

애거사 크리스티(1890-1976)

알고 유스터스는 앨런에게 협박 편지를 보낸다. 절망에 빠진 앨런은 권총으로 자살한다. 앨런이 자살한 직후 집에 돌아온 플랜더리스 양은, 유스터스의 협박 편지에 대해 알고 그를 증오하고 있었는데, 곧바로 현장의 단서들을 재정돈해서 마치 살인자가 살인을 자살로 서툴게 위장한 것처럼 꾸며 놓았다. 앨런 부인을 자살로 몰아간 데 대해 유스터스가 응분의 대가를 치르도록 하기 위해서였다. 이야기는 앞뒤가 맞지 않게 남아 있는 현장의 단서들을 어떻게 읽어야 하는가라는 문제로 모아진다. 자살로 위장한 살인인가, 아니면 살인으로 위장한 자살인가? 이 소설이 흥미로운 것은 대개 살인이 눈가림되는 것과 달리 여기서는 살인이 일어난 것처럼 꾸며졌기 때문이다. 범죄는 감춰지는 대신 미끼 역할을 위해 창조된다.

이것이 바로 그와 같은 폭력적 행위로의 이행을 부추기는 자들이 하는 일이다. 그들은 자살을 범죄로 잘못 해석한다. 다시 말해, 그들은 단서를 위조하여 '자살'(내재적 적대의 결과)이라는 파국을 유대인, 배신자 혹은 반동분자가 한 일로 뒤집어씌운다. 바로 이점, 니체의 용어가 여기에 잘 들어맞는 이유다. 급진적-해방적 정치와, 무력한 폭력의 분출 사이의 궁극적 차이는 진정한 정치적 행위가 능동적 active인 것이고 어떤 비전을 제시하고 이를 부과하는 것인데 반해,

312

무력한 폭력의 분출은 근본적으로 고요한 질서를 뒤흔들어 놓는 것에 대해 반응적reactive인 것이란 얘기다.

끝으로, 주체적 폭력과 구조적 폭력 사이의 복잡한 관계가 말해 주는 교훈은 폭력이 어떤 행위의 직접적인 속성이 아니라는 점이다. 폭력은 행위와 그 행위가 이루어진 맥락 사이에, 그리고 어떤 행동이 활동적인 것과 비활동적인 것 사이에도 퍼져 있다. 동일한 행위일지라도 그 맥락에 따라 폭력으로 간주될 수도 있고 비폭력으로 간주될 수도 있다. 때로는 공손한 미소도 야수적인 감정의 폭발보다 더 폭력적일 수 있다. 여기서 양자역학을 잠시 참고하는 것이 도움이 될지 모르겠다. 양자역학에서 가장 난해한 개념 중의 하나가 '힉스장'*이다. 에너지를 전달할 수 있는 환경에서 그 자체로 내버려두면 모든 물리적 체계는 점차 가장 낮은 상태의 에너지를 갖게 된다. 다른 방식으로 하면, 우리가 어떤 체계에서 더 많은 질량을 빼낼수록 우리는 그 에너지를 더 낮춰 에너지가 제로가 되는 진공 상태에까지 이르게 된다. 하지만, 우리는 체계의 에너지를 **올리지** 않으면 주어진 체계에서 제거할 수 없는 어떤 것(어떤 실체)을 가정할 수밖에 없는 현상에 부닥친다. 이 '어떤 것'이 바로 힉스장이다. 일단 이 장이 진공 상태가 돼 온도가 최대한 낮춰진 용기에 나타나게 되면, 그 에너지 준위는 더 낮아질 것이다. 그렇게 나타난 '어떤 것'은 무nothing보다 더 낮은 에너지를 갖는다. 간단히 말해서, 때로 제로라는 것은 어떤 체계 속에서 가장 '값싼' 상태가 아니다. 역설적으로 말해서 '무'가 '어떤 것'보다 더 비싸다. 거칠게 비유하자면, 사회적 '무'(아무런 변화 없이 그 자신을 재생산

---

* 힉스장Higgs field: 에딘버러대의 페터 힉스 교수가 제안한 개념.

주제 사라마구(1922-2010)

하는 체계의 항상성)는 '어떤 것(변화) 보다 비용이 더 많이 든다.' 즉, 체계의 항상성을 위해서는 많은 에너지가 필요하며, 그렇기 때문에 체계 내에서 변화를 일으키기 위한 첫 번째 제스처는 활동을 철회하는 것, 아무 것도 하지 않는 것이다.

주제 사라마구의 소설 『눈뜬 자들의 도시Seeing』(원제는 '광명에 대한 에세이')[3]는 바틀비적 정치학에 대한 정신적 실험으로 간주될 수 있다.[4] 소설은 어느 이름 없는 민주주의 국가의 이름도 없는 수도에서 벌어진 이상한 이야기를 다룬다. 선거일 아침에 기습적인 폭우가 쏟아지고, 투표소에는 사람들이 거의 오지 않는다. 오후가 돼 날씨가 개자 주민들은 투표소로 몰려간다. 하지만 정부의 안도가 무색하게도 개표 결과 수도에서 투표용지의 70% 이상이 백지였다. 이러한 시민의식의 실종에 당황한 정부는 일주일 뒤에 한 번 더 선거를 치러서 시민들에게 기회를 주려고 한다. 결과는 더 나쁘다. 이제는 83%가 백지다. 우파 집권당과 중도파 야당, 양대 정당은 공황 상태에 빠진다. 반면에, 불운하게도 존재감이 없던 좌파 정당은 백지투표가 본질적으로는 그들이 제시한 진보적 의제에 대한 찬성표라는 분석을 내놓는다.

이것은 집권 정부뿐만 아니라 민주주의 체제 전체를 날려 버리려는 조직된 음모인가? 만약 그렇다면 배후는 누구인가? 그들은 어떻게 수십만 명의 사람들이 아무도 모르게 그런 반란에 동원할 수 있었을까? 어떻게 투표했느냐는 질문을 받으면 일반 시민들은 단지 그런 정보가 사적인 문제라고만 답했다. 덧붙여 투표용지를 공란으로 남겨 놓는 것은 그들의 권리가 아니냐고 반문했다. 이런 온건한 시위에 어떻게 대응해야 할지는 몰랐지만, 민주주의에 반대하는 음모가 실재한다고 확신한 정부는 즉각 그 행위에 대해 '순수하고 완전한 테러리즘' 운동이라는 딱지를 붙이고 정부가 모든 헌법적 보장을 중단하는 비상계엄령을 선포한다.

오백 명의 시민이 임의로 체포되어 비밀 취조실로 사라지며, 그들은 은밀하게 가혹 행위를 받아도 아무 상관없는 지위로 전락한다. 그들의 가족에게는 사랑하는 가족의 안부를 전하지 않는 것에 대해 걱정하지 말라고 조지 오웰식으로 통보된다. 왜냐하면 "그러한 침묵이 체포된 자들의 안전을 보장하는 데 관건이 되는 것"이기 때문이다. 이러한 수단이 별 효과를 얻지 못하자, 우파 정부는 점차 더 강경한 일련의 조처를 취한다. 계엄을 선포하고 혼란을 조장하기 위한 음모를 꾸미는 것으로도 모자라 경찰과 정부기관을 수도에서 철수하고, 도시 전체의 출입을 봉쇄하며 마침내는 테러리스트 두목을 만들어 내기까지 한다. 도시는 내내 거의 정상적으로 기능하지만, 사람들은 정부가 공격해 올 때마다 자신들도 모르게 혼연일체가 돼 간디식의 비폭력적 저항을 통해서 피해 간다.

마이클 우드는 이 소설에 대해 비평하면서 브레히트와의 유사점에 대해 명쾌하게 지적한 바 있다.

1953년 동독에서 쓰인 유명한 시 〈해결 방법〉에서 브레히트는 인민이
정부의 신뢰를 잃었다는 당국의 말을 인용한다. 그리고 브레히트는
의뭉스럽게 묻는다. 그렇다면 정부가 인민을 해산하고 새로 뽑는 것이
더 쉽지 않겠느냐고. 사라마구의 소설은 정부도 인민도 상대를 해산
할 수 없을 경우에 어떤 일이 벌어지는가를 보여 주는 우화이다.[5]

두 가지가 서로 비슷한 건 맞지만 결론은 미흡한 듯하다. 『눈뜬 자
들의 도시』가 던지는 문제적 메시지는 인민과 정부 둘 다를 해산할
수 없다는 것이라기보다는 자유선거라는 민주적 의례에 대해 우리가
가지고 있는 강박적 성격을 보여 주고자 했던 것이다. 인민은 투표를
포기함으로써 실질적으로 정부를 해산해 버린다. 현 정부를 타도한
다는 제한적 의미에서가 아니라 훨씬 더 근본적인 의미에서 그렇다.
유권자들의 기권이 정부를 어째서 공황 상태로 몰아넣는가? 정부가
존재하고 그 권력을 행사할 수 있기 위해서는 인민이 심지어 거부의
형태로라도 정부를 용인해야만 한다는 사실이다. 유권자들의 기권은
정치 안에서의 거부, 곧 불신임 투표보다 한 걸음 더 나간다. 그것은
결정의 프레임 자체를 부정하는 것이기 때문이다.

정신분석학의 용어로 유권자들의 기권은 정신병 환자가 상징계 전
체를 떠받치는 어떤 요소를 상징계로부터 완전히 추방시켜 버리는
폐제Verwerfung와 같은 것이다. 그런 면에서 폐제는 억압Verdrängung
보다 훨씬 더 급진적인 조처인 셈이다. 프로이트에 따르면, 억압된
것은 주체의 의해 지적인 차원에서 수용된다. 왜냐하면 그것은 이름
을 가지고 있지만, 주체가 인지하기를 거부함에 따라, 다시 말해 주

체가 억압된 것 속의 자기 자신을 인지하기를 거부함에 따라 부정되는 것이기 때문이다. 이와는 대조적으로 폐제는 간단히 말하면 상징계에서 완전히 추방해 버리는 것을 뜻한다. 이런 급진적 추방이 뭔지 그 윤곽을 그려 보기 위해서는 바디우가 제안했던 도발적인 테제를 떠올려 보면 된다. "제국이 이미 존재를 승인한 것을 어떻게 하면 가시적인 것으로 만들지, 그 형식을 발명하는 데 집착하는 것보다는 차라리 아무것도 하지 않는 게 더 낫다."[6] 궁극적으론 거대한 체계가 더 부드럽게 작동할 수 있도록 해 줄 뿐인 국부적 행위(새로운 주체성이라는 다양성의 공간을 마련하는 것과 같은 행위)에 참여하기보다는 아무것도 하지 않는 게 더 낫다. 오늘날 진짜 위협적인 것은 수동적인 것이 아니라 유사-능동성이다. 곧 '행동하라'는 요구, '참여하라'는 요구, 현재 아무것도 이루어지지 않고 있다는 걸 감추라는 요구다. 사람들은 늘 개입하면서, '뭔가를 한다'. 학자들은 학자들대로 무의미한 논쟁에 참여한다. 진정 어려운 일은 한 걸음 물러서는 것이고 철회하는 것이다. 권력을 쥔 자들은 설사 그것이 '비판적인' 것이라 할지라도 침묵보다는 참여와 대화를 더 좋아한다. 우리를 대화에 끌어들여서 우리가 잠재적으로 가지고 있는 불길한 수동성을 깨뜨려 버리기 위해서다. 그런 면에서 유권자들의 기권은 진정한 정치적 행위인 셈이다. 바로 그 행위로 말미암아 우리가 오늘날 민주주의가 안고 있는 공허함을 깨달을 수 있기 때문이다.

만약 우리가 폭력이란 말을 기본적 사회관계를 발본적으로 뒤집어 버리는 것이라는 뜻으로 사용한다면, 몰지각하고 정신 나간 소리로 들릴지 모르겠지만, 수백만 명을 학살한 역사상의 '괴물'들이 가지고 있는 문제는 이 괴물들이 충분히 폭력적이지 않았다는 데 있다. 때로는 아무것도 하지 않는 것이 가장 폭력적으로 무언가를 하는 것이다.[*]

---

[*] 당연한 말이지만, 그렇다고 지젝이 우리에게 당면한 문제와 관련해 아무것도 하지 말라고 부추기고 있는 게 아니냐고 생각한다면, 그건 오해다. 지젝은 다음과 같이 말한다. "나는 우리가 항상 선거에서 아무것도 하지 않고 보이콧해야 한다고 생각하지 않는다. 급진적인 행동을 조직해야 할 상황도 있고 아무것도 하지 않는 것이 가장 좋을 때도 있어서, 이는 실용적으로 접근돼야 한다. 모든 것은 상황에 달려 있는 것이다."

혁명적 진리의 얼굴

　마르크스의 핵심적인 통찰은 여전히 타당하다. 오늘날 그 어느 때보다 여전히 더 그러하리라. 마르크스는 자유의 문제가 단순히 정치 영역에만 국한되어서는 안 된다고 보았다. (가령 그 나라에 자유선거가 실시되는가? 사법부는 독립적인가? 언론은 은밀한 압력으로부터 자유로운가? 인권은 존중받고 있는가? 이와 유사한 질문들은 자칭 '독립적'이라고들 하나—실상은 그리 독립적이지도 않은—서구의 여러 기관들이 어떤 나라를 심판하려 할 때 들이대는 목록들이다.) 실질적 자유의 관건은 오히려 시장이나 가정과 같은 사회적 관계 가운데 존재하는 '비정치적' 네트워크에 있다. 실제로 개선을 원한다면, 우리에게 필요한 것은 정치 개혁이 아니라 '비정치적인' 사회적 생산관계의 변화이다. 이는 민주적 선거나 좁은 의미에서 다른 정치적 조치가 아니라 혁명적 계급투쟁을 의미한다. 우리는 누가 무엇을 소유하는지, 공장 내의 관계가 어떠해야 하는지 등에 대해서는 투표하지 않는다. 이 모든 것은 정치 영역을 벗어난 과정들에 맡겨져 있다. 그리고 민주주의를 이 영역에까지 '확장'시켜 —이를테면 인민의 통제를 받는 은행을 '민주적'으로 조직해서—사 태를 실질적으로 바꿀 수 있다고 기대하는 것은 환상이다. 이와 같은 영역의 급진적 변화는 법적 '권리' 영역의 밖에서 이루어져야 한다. 그러한 '민주적' 절차에 대해서는(물론 이게 긍정적 역할을 할 수 있기는 하지만) 우리의 반자본주의가 아무리 급진적이라 할지라도, 해결책은 민주적 메커니즘을 적용하는 데서 찾게 된다. 다만 잊지 말아야 할 게 있다. 그것은 이 민주주의 메커니즘이 자본주의적 재생산이 원활 히 작동할 수 있도록 보장해 주는 '부르주아' 국가의 국가 장치의 일 부라는 점이다. 이런 정확한 의미에서, 바디우가 오늘날 궁극적인 적 의 이름이 자본주의, 제국, 착취 혹은 이와 유사한 어떤 것이 아니라 민주주의라고 한 것은 옳았다. 왜냐하면 민주주의의 메커니즘을 모 든 변화를 이루는 데 궁극적 프레임으로 받아들인다는 것은 민주주 의의 환상이고, 바로 이 환상이 자본주의적 관계의 근본적 변화를 가 로막는 것이기 때문이다.

민주주의에 대한 물신화에서 벗어나야 하는 것과 마찬가지로, 민 주주의의 부정적 대응물인 폭력에 대한 물신화에서도 벗어날 필요가 있다. 알랭 바디우는 최근 '방어적 폭력'이라는 정식을 제안했다. 폭 력을(즉 국가 권력의 폭력적인 장악) 주된 방식으로서 포기해야 하며, 그 보다 국가 권력과 거리를 둔, 그 통치권에서 벗어난subtracted* 자유

---

* 바디우의 정치 철학에서 subtraction은 바디우 철학의 수학적 토대와 연관하여 '감산/ 빼기'로 이해하는 것이 정확하지만, 이 글에서는 문맥상 '벗어난'이라고 옮겼다.

영역들을 구축하는 데 초점을 맞추고(폴란드의 초기 연대노조처럼), 오직 국가 자체가 이 '해방 구역'들을 탄압하고 굴복시키려고 폭력을 행사할 때만 폭력에 의지해야 한다는 뜻이다. 그런데 이 정식에는 문제가 있으니, 이것이 아주 문제가 많은 구분법에 의존하고 있기 때문이다. 국가 장치의 '정상적인' 기능과 국가 폭력의 '과도한' 행사라는 구분 말이다. 마르크스주의 계급투쟁 개념의 기본 전제—더 정확히 말해, 실정적인 사회적 실체로서의 계급보다 계급투쟁이 우선한다는 원칙—는 바로 '평화로운' 사회생활 자체가 (국가) 폭력에 의해 지탱된다는 테제가 아닌가? 즉 평화란 계급투쟁에서 한 계급(지배계급)이 거둔 (일시적) 승리나 우위의 표현이자 효과인 것이다. 이는 바로 (계급 지배 장치로서의) 국가라는 존재와 폭력은 분리될 수 없다는 점을 뜻한다. 종속적이고 억압받는 사람들의 입장에서 보면 바로 국가라는 존재 자체가 폭력이란 사실이다. (가령 로베스피에르가 말했던 것도 같은 의미로 보면 된다. 즉 자신이 단행한 국왕 시해를 정당화하기 위해서 왕이 특정한 범죄를 저질렀다는 점을 입증해 보여야만 하는 것은 아니다. 왜냐하면 왕의 존재 자체가 인민의 자유에 반하는 범죄이기 때문이다.) 이와 같은 엄격한 의미에서 지배계급과 지배계급의 국가에 저항하는 모든 폭력은 궁극적으로 '방어적'이다. 우리가 이 점을 인정하지 않는다면, 싫든 좋든 우리는 국가를 '정상'으로 간주하게 되고, 국가 폭력을 그저 (민주적 개혁으로 처리해야 할) 우발적인 과잉의 문제로 받아들이게 된다. 이것이 바로 폭력에 관한 전형적인 자유주의적 모토—폭력이 때로 필요할지 몰라도 결코 정당할 수는 없다—가 부적절한 이유다. 하지만 발본적 해방의 관점에서 보면 이 생각은 거꾸로 뒤집어야 한다. 억압받는 자들에게 폭력은 언제나 정당하지만(그들의 지위 자체가 그들이 폭력에 노출된 결과이기 때문이다), 결코 필수불가결한 것은 아니다(적을 상대로 폭력을 사용할지 말지는 언제나 전략적 고려의 문제이기 때문이다).[1]

존 홀러웨이*는 그리스에서 막 돌아와 2010년 런던 레프트 포럼에 참가하여, 공산주의를 실천한 사례로 아테네의 한 공원을 언급했다. 시위대가 점거하고 해방구로 선포한 그 공원 입구에는 "자본주의 출입 금지!"라고 적힌 포스터가 붙어 있었다. 그곳에서는 어떠한 상업화도 허용되지 않았고, 사람들은 그저 자유롭게 모여 춤을 추고 논쟁을 벌였다…. 자본가들은 그런 섬과 같은 휴식 공간을 반길 것이 틀림없다. 왜냐하면 노동자들이 다시 일터로 돌아왔을 때 더욱더 일을 잘할 수 있게 해 주기 때문이다. 따라서 우리는 바디우와 홀러웨이가 마주치게 되는 이 지점, 그러니까 국가 권력에서 벗어난 공간에 대해 비판적으로 분석해야 한다. 20세기 공산주의 운동이 초점을 맞췄던 국가 권력의 장악이 파국적인 결과를 낳았음을 고려할 때, 폭력을 포기해야 하며, 폭력의 용도를 단지 국가 권력에서 벗어난 자유로운 공간을 보호하는 것으로만 한정해야 한다고 말하기는 쉽다. 하지만 국가의 폭력 독점권을 행사하는 자들은, 문제가 권력을 누가 쥐느냐는 것보다 '더 근본적인' 곳에 있다고 주장하는 이들을 언제나 선호한다는 점도 감안해야 한다. 왜냐하면 그런 이들은 그들의 권력 유지에 아무런 위협이 되지 않기 때문이다. 슬로베니아에서 공산당이 지배하던 마지막 해에, 야당이 선거를 통해 정권을 잡겠다는 목표를 선언했을 때 공산주의자들은 그들을 천박한 권력광이라 공격을 했다. 물

---

* 존 홀러웨이John Holloway(1947-): 아일랜드 출신의 마르크스주의 사회학자.

론 그럴 만도 했다. 권력을 쥐고 있었으니까….

중국 공산주의 체제의 실제 정치는, 국가와 당이 단순하게 겹쳐진 당-국가 체제보다 훨씬 더 정교했다. 공산주의 체제는 단순히 국가주의적이지 않는데, 당 총서기가 명목상의 국가 원수나 정부 수반보다 항상 더 막강했다는 사실에서 드러나듯이, 언제나 국가 권력과 일정한 거리를 유지했기 때문이다. 스탈린이 소련의 대통령이 아니었고, 그가 정부 수반직을 맡았던 기간도 아주 짧았다는 사실을 누가 눈치나 챘을까? (부르주아 민주주의와는 대조적으로) 이처럼 국가를 신뢰하지 않는다는 점이 '프롤레타리아 독재'의 본질이다. 왜냐하면 프롤레타리아 독재의 핵심은 국가 권력을 장악하여 유지하는 데 있는 것이 아니라, 국가 외부에서 국가와 거리를 두고 국가를 도구로 이용하는 데 있기 때문이다. 그런데 이처럼 국가에 대해 거리를 두는 것은 여러 형태가 있다. 국가 권력을 무자비하게 통제했던 테러리즘적 좌파에서 홀러웨이·사파티스타처럼 국가 권력에서 벗어난 좌파에 이르기까지 말이다. 그리고 최소한 이 두 방식 모두 실패했다고 말할 수 있다. 역설적이게도 공산주의 체제는 '국가 권력의 패러다임 속에 갇혔기' 때문이 아니라 그 패러다임에 충분히 갇히지 않았기 때문에 망했다. 1975년부터 1979년까지 캄보디아에 있었던 크메르 루주 체제는 권력이 스스로를 불법적 외설로 취급했던 또 다른 극단적인 '전체주의' 체제의 역설적 모델이었다. 여기서는 국가 권력의 구조에 대해 묻는 것이 범죄였다. 지도자들은 '브라더 넘버 1'(물론 폴 포트), '브라더 넘버 2' 같은 식으로 익명으로 불렸다. 따라서 오늘날 우리의 과제는 국가와 이렇게 거리를 두는 새로운 방식, 즉 프롤레타리아 독재의 새로운 방식을 발명해 내는 것이다.

요컨대, 폭력이라는 주제에 씌워진 신비주의를 걷어 내야 한다. 20세기 공산주의의 오류는 폭력 그 자체(국가 권력의 폭력적 장악이나 권력 유지를 위한 공포 정치)에 의존했다는 데 있지 않다. 그 오류는 오히려 이렇게 폭력에 의존하는 것을 불가피하게 만들고 정당화했던 더 거대한 작동 방식(역사적 필연성의 도구로서의 당 등)에 있다. 1970년대 초, 헨리 키신저는 민주적 선거로 집권한 칠레의 살바도르 아옌데 정부를 어떻게 무너뜨릴지 CIA에 지침을 내리며 비망록에 간결하게 적었다. "경제가 비명을 지르게 하라." 미국 고위 관리들은 이와 같은 전략이 오늘날 베네수엘라에도 적용되고 있음을 공공연히 인정한다. 전 미 국무장관 로런스 이글버거는 폭스 뉴스에 출연하여, 차베스가 베네수엘라 인민에게 얻고 있는 지지에 대해 다음과 같이 말했다.

> 베네수엘라 주민들이 더 잘 살 수 있다는 걸 두 눈으로 봐야만 차베스의 전략은 먹힐 수 있습니다. 경제 사정이 정말로 악화되면 자국에서 차베스의 인기는 확실히 떨어질 겁니다. 경제 악화야말로 우리가 그에게 맞서 처음부터 사용할 수 있고 또 꼭 써먹어야 할 유일한 무기입니다. 즉 경제 상황을 악화시키는 경제적 수단을 쓰면 베네수엘라와 그 주변 지역에 있는 차베스에 대한 지지세가 꺾일 것이라는 얘기죠. … 현시점에서 우리가 베네수엘라 경제를 더욱더 궁지에 몰아넣기 위해 할 수 있는 일이라면 무엇이든 좋습니다. 하지만 가능하다면 베네수엘라와의 직접적 갈등을 피하는 방식으로 합시다.

여기서 최소한 말할 수 있는 것은, 이런 진술 덕분에 차베스 정권이 경제적 어려움(전국적인 생필품 부족과 전력난 등)을 겪는 것은 단지 그들의 경제 정책상 무능함 때문만은 아니라는 추측에 신빙성이 더해진다는 것이다. 여기서 일부 자유주의자들은 받아들이기 어려운 핵심적인 정치적 쟁점이 드러난다. 우리가 지금 다루고 있는 것은 결코 맹목적인 시장의 과정이나 반응(가령 상점 주인들이 더 많은 이윤을 남기려고 일부 제품을 진열대에서 치워 버리는 행위)이 아니라, 정교하고 치밀하게 계획된 전략이라는 점이다. 그렇다면 이러한 상황에서 일종의 강압적 조치(경찰의 비밀 창고 급습, 투기꾼 및 물자 부족 사태의 주동자 구금 등)를 방어적인 대응책으로서 전적으로 정당하다고 볼 수 있지 않겠는가? '감산subtraction + 오직 대응적인 폭력'이라는 바디우의 정식조차 이와 같은 새로운 상황에 대한 설명으로는 불충분할 것이다. 말하자면 이 발상은 국가 정치에서 우리 자신을 빼 버리고subtract 나서 국가 권력의 틈바구니에서 자율적인 공간을 만들어 내야 한다는 것이다. 자본주의는 도처에 널려 있고 국가를 폐지하고자 하는 시도는 자기 파괴적 폭력 속에서 비극적으로 실패하거나 끝장나 버렸기 때문이다. 오로지 국가가 그 자율적 공간을 직접 공격할 때에만 우리는 폭력에 의지해야 한다. 그런데 오늘날의 문제는 국가가 더욱더 혼란해지고 상품을 제공하는 기능도 다하지 못하여, 국가가 제 할 일을 하도록 내버려둘 여유조차 없게 되었다는 점이다. 국가 권력이 자신의 무능을 외설적 폭력 행사를 통해 감추면서 이렇게 허물어지고 있는 판국에 우리에게 국가 권력과 거리를 유지할 권리가 있을까?

우리는 여기서 더 근본적인 질문을 해야 할 것이다. 왜 혁명적인 진리-사건은 폭력을 수반하는가? 그것은 진리-사건이란 것이 사회체가 가진 징후적 지점(혹은 징후적 왜곡)에서, 사회적 총체성이 불가능한 지점에서 발생하는 것이기 때문이다. 이 속에서 주체는 사회의 '몫 없는 자들part of no part'이다. 이들은 공식적으로는 사회의 일부지만, 사회 속에서 적절한 자리를 배당받지 못한 자들이다. 사회의 진리가 발생하는 지점이 바로 이 지점이며, 진리를 주장하기 위해서는 이 지점을 불가능성의 지점으로 지녔던 구조를 완전히 제거하고 그 작동을 정지시켜야 한다. 정확히 이러한 이유 때문에 진리가 혁명적이라는 그람시의 주장은 옳았다. 진리를 주장하는 방법은 지금 존재하는 위계질서를 뒤흔드는 혁명적 격동을 일으키는 길뿐이다. 그래서 우리는 진리가 무능하며, 따라서 유능함을 추구한다면 권력은 거짓과 기만을 행해야 한다는 (사이비) 마키아벨리적 지혜에 반대해야만 한다. 레닌이 옳았다. 마르크스주의는 그것이 진리인 한 강력하다. (이는 보편적 진리가 억압적인 것이라면서 거부하는 포스트모던적 입장에 특히 반대되는 주장이다. 지아니 바티모Gianni Vattimo가 말했던 바와 같이, 포스트모더니즘에 따르면 진리가 우리를 자유롭게 한다면 진리는 우리를 진리 그 자체로부터도 자유롭게 할 것이기 때문이다.)

급진적 정치학의 역사 속에서 폭력은 대개 이른바 자코뱅적 유산과 결부되며, 그런 이유에서 폭력은 우리가 진정으로 처음부터 다시 시작하려 한다면 포기해야 할 것으로 치부된다. 심지어 오늘날 많은 (후기) 마르크스주의자들도 중앙집권화된 국가 폭력이라는 이른바 자코뱅적 유산을 가졌다는 말을 들으면 기겁을 한다. 그리고 마르크스는 정말로 훌륭한 '자유주의자'였는데, 나중에 레닌이 다 망쳐 놨다고 하면서 마르크스에게는 그 혐의를 씌우지 않으려 한다. 말인즉, 레닌은 마르크스주의에 자코뱅적 유산을 (재)도입했고, 따라서 마르크스가 가진 자유주의 정신을 왜곡했다는 얘기다…. 하지만 진짜 그런가? 자코뱅이 영원한 진리를 대변하는 사람들을(이 얼마나 '전체주의적'인 가) 대신하여 다수결에 의존하는 것에 얼마나 효과적으로 반대했는 지 자세히 들여다보자. 통일성을 열렬히 지지하고 파벌과 분열에 반 대해 투쟁했던 자코뱅이, 어떻게 다수결에 대한 거부를 정당화할 수 있었을까? "어려움은 온전히, 비록 소수일지라도 진리의 목소리인 것과, 진리를 은폐하기 위해 인위적인 분열을 일으키려는 것만이 목 적인 파벌의 목소리를 어떻게 구분하느냐에 있다."[2] 로베스피에르의 답은 다음과 같다.

> 진리는 숫자(머릿수)로 환원될 수 없다. 그것은 홀로 고독한 상태에서 경험될 수도 있다. 자기가 경험한 진리를 주장하는 사람들을 분파주 의자로 여겨서는 안 되고, 오히려 분별 있고 용감한 사람들이라고 여 겨야 한다.

로베스피에르는 1792년 12월 28일, 의회에서 한 연설에서 다수나 소수라는 말을 들먹이는 것은 결국 "소수파란 말로 지칭되는 사람들 을 침묵으로 몰아넣는" 수단일 뿐이라고 하면서, "소수파는 어디서 나 영원한 권리를 지닌다. '진리의 목소리'를 들리게 하는 권리다."라 고 했다. 진리는 이런 경우에 입증된다는 것이다. 로베스피에르가 국 민공회에서 왕에 대한 심판과 관련해 이 말을 했다는 점은 매우 중요하다. 지롱드파는 '민주적 해결책'을 제시했다. 그렇게 어려운 문제는 '인민의 뜻에 따라야' 한다는 것이다. 이를 위해 프랑스 전국에서 지방 의회를 소집해 왕을 어떻게 처리할 것인지를 물어야 한다고 했다. 이들이 보기에는 그렇게 해야만 심판의 정당성이 확보되는 것이기 때문이다. 이에 대한 로베스피에르의 답변은 바로 그 '인민의 뜻에 따르는' 것이 인민이 가진 주권 의지를 무효로 만들어 버릴 것이라고 했다. 로베스피에르가 보기에 인민의 주권 의지는 봉기와 혁명을 통해 이미 스스로를 드러냈으며, 프랑스 국가의 본질 자체를 변화시켜 공화국을 탄생시켰기 때문이다. 지롱드파가 실제로 에둘러 말하고자 했던 것은 이런 것이었다. 혁명적 반란은 "단지 인민의 일부, 그것도 아주 소수의 사람들의 행동이었고, 따라서 침묵하는 다수의 의견을 들어 봐야 한다." 간단히 말하자면 혁명은 이미 결정을 내렸고, 혁명이라는 사실 자체가(그것이 정당했고 범죄가 아니라면) 국왕은 유죄라는 의미다. 그렇다면 왕의 죄를 투표에 부치는 것은 혁명 자체를 의심의 대상으로 삼는다는 의미다.

로베스피에르의 주요 주장은 레닌에게 계승된다. 레닌이 1917년에 쓴 글에는 이 점이 나타나 있다. 레닌은 이 글을 통해 끝도 없이 혁명을 '보증하는' 것을 찾는 이들에게 극도로 신랄한 아이러니를 선사한다. 여기서 혁명을 보증하는 것은 크게 두 가지 형태를 띤다. 그것은 사회적 필연성이라는 구체화된 개념이거나, 혹은 규범적인 ('민주적') 정당성이다. 전자는 너무 일찍 혁명의 위험을 감수해서는 안 되며, 역사 발전의 법칙에 따라 상황이 '무르익는' 적절한 때를 기다려야 한다는 것이다. 대개 이런 생각은 "노동계급이 아직 성숙하지 않아서 사회주의 혁명을 하기에는 너무 이르다"는 식의 주장으로 나타난다. 그리고 후자는 대다수의 인민이 우리 편이 아니어서 혁명이 정말 민주적일 리가 없다는 생각을 말한다. 레닌이 반복해서 지적하듯 마치 혁명의 주체가 국가 권력의 장악이라는 위험을 감수하기 전에 대타자라 할 무언가로부터 허락을 받기라도(가령 대다수의 인민이 혁명을 지지한다는 것을 확인해 줄 국민투표를 조직하는 것) 해야 하듯 말이다. 하지만 라캉과 마찬가지로 레닌에게 있어서 혁명은 오직 그 자체에서만 스스로의 정당성을 구할 뿐ne s'autorise que d'elle-meme이다. 대타자가 보장하지 않는 혁명적 '행위'를 온전히 감당해야 한다는 뜻이다. '무르익지 않은' 상태에서 권력을 장악하는 것을 두려워하여 이 행동을 보증해 주는 무언가를 찾는 것은 라캉이 말하듯 행위의 심연에 있는 공포다. 궁극적으로는 바로 이 차원에 레닌이 끊임없이 '기회주의'라고 비난했던 것이 있다. 레닌은 기회주의가 본질적으로 거짓된 것이며, '객관적' 사실, 법률 혹은 규범이라는 보호막 뒤에 숨어 공포를 숨기고 행위를 한다고 봤다. 그래서 기회주의와 싸울 때는 먼저 다음과 같이 분명하게 말해야 하는 것이다. "자, 그렇다면 무엇을 할 것인가? 우리는 '있는 그대로를 말하고', 우리 중앙위원회에 어떤 경향이나 의견이 존재한다는 진실을 인정해야 한다. …"[3]

특히 우리가 '강렬한 진리'를, 충격적인 통찰을 다룰 때, 그것들을 선언할 때는 상징적 폭력이 따라붙는다. 로베스피에르는 조국이 위기에 처했을 때 "국가는 배신당했다. 이 진실은 이제 모든 프랑스인이 알고 있다."는 사실을 두려워하지 말고 다음과 같이 밝혀야 한다고 말했다. "입법자들이여, 위험은 임박했습니다. 진리의 지배가 시작돼야 합니다. 우리는 이걸 얘기할 수 있을 정도로 용기가 있습니다. 이걸 들을 수 있을 정도로 용감해지십시오." 이와 같은 상황에서 중립적인 제3의 입장은 있을 수 없다. 로베스피에르는 1792년 8월 10일 대수도원장 그레구아르의 죽음을 알리며 속담을 환기시킨다.

너무나 착해서 쓸모없는 사람들이 있다. 그리고 폭정에 맞서 자유를 위한 투쟁에 참여하는 혁명 속에서 중립적인 인간은 변절자다. 의심의 여지 없이 그는 어느 편에 설지 결정하기 위해 전투의 향방이 어떻게 될지만을 살피고 있기 때문이다.

이 말을 '전체주의적'이라고 치부하기 전에 떠올려야 할 사례가 있다. 1940년 프랑스가 독일에 패배했을 때, 그러니까 조국이 위험에 처했을 때, 다른 사람도 아닌 드골 장군이 런던에서 행한 유명한 라디오 연설에서 프랑스 국민에게 '강렬한 진리'를 선언했을 때다. 프랑스는 패배했지만, 전쟁은 끝나지 않았다. 페탱주의 나치 부역자들에 맞서 투쟁을 계속해야 한다고 했던 것이다. 일단 이런 주장이 어떤 맥락에서 나온 것인지 살펴봐야 한다. 프랑스 공산당의 2인자였던 자크 뒤클로마저 사적인 자리에서는 그때 프랑스에서 자유선거가 이루어졌다면, 페탱 원수가 90% 득표하여 승리했을 거라 말한 바 있다. 드골은 독일에 대한 항복을 인정하기를 거부하는 역사적 행위를 하면서, 진정으로 프랑스를 대표하여 말하는 자는 비시 정권이 아니라 자신이었다고 ('프랑스인 다수'를 대표해서가 아니라, 진정한 프랑스 그 자체를 대변하여!) 주장한 셈이다. 드골의 말 속에는 정말로 진실이 담겨 있었다.

그게 설사 '민주적으로' 정당화된 것이 아닐 뿐만 아니라, 프랑스 인민 다수의 견해에 명백하게 반하는 것이었다 할지라도 말이다.(이 점은 독일도 마찬가지다. 독일을 대변하는 이들은 적극적으로 히틀러에 저항했던 극소수였지, 결코 열성적인 나치나 정치적 결정을 유보한 기회주의자들이 아니었다.) 민주주의적 선거를 무시할 이유는 없다. 요점은 단지 민주적 선거 그 자체가 진리를 가리키는 지표는 아니라는 점을 강조하려는 것이다. 대개 선거는 지배적인 이데올로기에 의해 좌지우지되는 지배적인 관습적 견해doxa의 영향을 받는다. 혹시 진리-사건을 실행하는 민주적 선거가 가능하다면, 그것은 선거에서 다수의 사람들이 회의론적이고 냉소적인 관성에 맞서는 것이다. 이때 다수의 사람들은 일시적으로 '깨어' 지배적인 이데올로기적 견해에 반하는 투표를 한다. 하지만 그와 같이 놀라운 선거 결과가 지극히 예외적인 것이라는 점은 선거 그 자체는 진리의 매개체가 아님을 보여 준다.

이와 같이 전체를 대표하는 소수의 입장은 다양한 견해가 지배하는 탈정치적 시대인 오늘날에 보다 실제적이다. 이와 같은 조건 속에서는 보편적 진리가 정의상 소수의 입장일 수밖에 없다. 소피 바니히 Sophie Wahnich가 지적하듯, 미디어로 인해 썩어 버린 민주주의 속에서 '맞서 싸우는 의무를 다하지 않는 언론의 자유'는 결국 "부담스럽고 때로는 치명적이기까지 한 진리의 윤리 대신, 정치적 상대주의 속에서 무엇이든 말할 수 있는 권리"에 해당한다. 이런 상황 속에서는 비타협적으로 진리의 목소리(생태학, 유전공학, 배제된 자들에 관한)를 주장한다는 것은 다른 견해를 고려하지 않는 것이고, 실용적 타협의 정신을 거부하는 것이며, 종말론적 최후가 담겨 있는 것이어서 '비합리

적인’ 것이라 비쳐질 수밖에 없다. 시몬 베유는 진리가 가진 편파성
에 대한 간명한 정식을 다음과 같이 날카롭게 지적한 바 있다.

> 이 세계에는 가장 굴욕적인 나락에, 거지보다 더 낮게 떨어진 계급 집
> 단이 있다. 그들은 모든 사회적 관심뿐만 아니라 모든 이들이 보기에
> 인간 특유의 존엄성인 이성 그 자체를 박탈당한 이들이다. 그런데 바
> 로 이들이야말로 사실상 진리를 말할 수 있는 유일한 사람들이다. 그
> 밖에 다른 사람들이 말하는 건 모두 거짓이다.

슬럼 거주자들은 사실상 전 지구적 자본주의에서 살아 있는 시체
들이다. 살아 있긴 하지만, 정치 공동체polis의 관점에서 보면 죽은
사람들이니까.

‘영원한 진리’라는 말은 변증법적 방식으로, 즉 영원이 유일무이한
시간 속 행위에 근거한다고 이해돼야 한다.(영원한 진리가 그리스도가
가진 시간적-역사적 특이성을 승인하는 것을 통해 경험되고 나타나는 기독교
에서처럼.) 진리의 토대를 이루는 것은 고통과 용기의 경험이다. 그리고
때로는 다수라는 숫자나 힘이 아니라 고독 속에서 진리를 경험할 수
있다. 물론 이는 진리를 판가름할 절대적인 기준이 있다는 의미는 아
니다. 진리를 주장하는 것은 일종의 내기다. 모험을 건 결단 말이다.
진리에 이르는 길은 강제적으로라도 뚫고 나가야 한다. 진리를 말하는
자들은 대개 처음에는 남들을 이해하게 하는 데 실패하지만, 투쟁을
통해(그들 자신과의 투쟁도 포함해서) 그것을 말할 수 있는 적절한 언어를
찾아낸다. 어떤 외부적 보증도 받을 수 없는 이 위험과 내기의 차원을

온전히 인식하는 것이야말로 진정한 진리-투신을 온갖 형태의 전체주의나 근본주의와 구별 짓는 핵심이다.

하지만, 다시 한번 묻자. 우리는 이 '엄격하며, 때로는 치명적이기까지 한 진리의 윤리'를 다른 모든 사람들에게 자기 입장을 강요하는 분파적 시도와 어떻게 명확히 구별할 수 있는가? 우리는 어떻게 하면 '몫 없는 자들'이라는 사회적 소수자의 목소리가 단지 특수한 불만이 아니라 실제로 보편적 진리라는 것을 확신할 수 있을까? 여기서 먼저 유념해야 할 게 있다. 그것은 우리가 말하는 진리라는 것이 '객관적' 진리가 아니라 자기가 가진 주관적 입장을 의미하는 자기-관계적 진리라는 점이다. 그런 면에서 이러한 진리는 참여적 진리다. 그래서 이 진리는 그것이 가지고 있는 사실의 정확성에 의해 평가되는 것이 아니라 그 진리를 말하는 자가 가진 주관적 입장에 미친 영향에 따라 평가된다. 라캉은 '가장이 아닐 담론'이라는 주제에 관한 18번째 세미나에서 정신분석학적 해석의 진리의 정의를 간결하게 제시한 바 있다. "해석은 '예' 혹은 '아니오'로 결정되는 진리에 의해 검증되는 것이 아니라 진리 그 자체를 촉발한다. 해석은 진정으로 뒤따를 때에만 참이다." 이 정교한 정식화에는 '신학적' 성격이 전혀 없으며, 정신분석학적 해석뿐만 아니라 그 외의 영역에서도 나타나는 이론과 실천을 변증법적으로 통일하는 통찰만이 담겨 있다. 그러니까 정신분석가의 해석을 '검증'하는 것은 해석이 환자에게서 어떤 진리-효과를 일으켰느냐에 달려 있는 것이다. 마르크스의 11번째 테제* 역시

---

* 마르크스의 포이어바흐에 관한 11번째 테제. "지금까지 철학자들은 단지 세계를 다양하게 해석했을 뿐이다. 그러나 중요한 것은 세계를 변화시키는 것이다."

마르크스의 11번째 테제 홈볼트대학교 도서관 로비에 황동으로 새겨져 있다.

이런 식으로 (다시) 읽어야 한다. 즉 마르크스 이론을 '검증'하는 것은 그 이론이 프롤레타리아를 혁명적 주체로 변화시킴으로써 그들에게 어떤 진리–효과를 일으켰느냐에 달려 있기 때문이다.

미 주

서문

1) Maximilien Robespierre, *Virtue and Terror*, London: Verso, 2007, p. 47. [국역: 배기현 역, 『로베스피에르: 덕치와 공포정치』, 프레시안북, 2009]

2) 화학 원소에 대한 프리모 레비의 저서 『주기율표』(*The Periodic Table*, New York: Schocken, 1984)는 이러한 배경에 비추어 읽어야 한다. 자신이 처한 상황을 온전한 서사로 만드는 것, 인생 이야기를 일관된 서사로 이야기하는 것은 어렵다는, 근본적으로는 불가능하다는 배경하에서 읽어야 한다는 것이다. 그것이 불가능한 것은 홀로코스트가 남긴 정신적 외상 때문이다. 그러므로 그의 상징적 세계가 무너져 내리는 것을 막기 위해 레비는 그가 속한 상징적 실재를 초월하는 어떤 것, 즉 화학 원소의 분류법이라는 실재를 찾아내야만 했다. (그리고 물론 레비 버전의 원소들에 있어 그 분류는 텅 빈 프레임 역할을 할 뿐이다. 각 원소는 그 상징적 연상의 관점에서 설명되기 때문이다.)[국역: 이현경 역, 『주기율표』, 돌베개, 2007]

3) "아우슈비츠 이후 시를 쓴다는 것은 야만이다."(Theodor W. Adorno, 'Cultural Criticism and Society' in Neil Levi and Michael Rothberg (eds.) *The Holocaust: Theoretical Readings*, New Brunswick: Rutgers University Press, 2003, p. 281.)

4) Elaine Feinstein, *Anna of all the Russians*, New York: Knopf, 2005, p. 170.

5) Alain Badiou, 'Drawing', *lacanian ink* 29 (Autumn 2006), p. 45.

6) Jean-Paul Sartre, *Existentialism and Humanism*, London: Methuen, 1974 참조.
[국역: 박정태 역, 『실존주의는 휴머니즘이다』, 이학사, 2008]

제1장

1) Lesley Chamberlain, *The Philosophy Steamer*, London: Atlantic Books, 2006, pp. 23-24. 오해의 여지를 없애기 위해 분명히 밝혀 두는데, 나는 반볼셰비키 지식인들을 추방하자는 이 결정이 완전히 정당한 것이었다고 본다.

2) 같은 책, p22.

3) Walter Benjamin, 'Critique of Violence', in *Selected Writings*, Vol. 1. 1913-1926, Cambridge, MA: Harvard University Press, 1996. [국역: 최성만 역, 『역사의 개념에 대하여 외』, 길, 2008]

4) 테러 공격을 멈추라는 이스라엘인들의 요구에 팔레스타인인들이 "그럼 당신네들의 서안 점령은 어떡할 거냐"고 대꾸하면, 이스라엘 역시 "주제를 바꾸지 마시오!"와 비슷한 말로 대답하지 않는가?

5) Etienne Balibar, 'La violence: idéalité et cruauté', in *La crainte des masses: politique et philosophie avant et après Marx*, Paris: Editions Galilée, 1997 참조.
[국역: 최원 역, 『대중들의 공포』, b, 2007]

6) 그리고 어느 곳에서나 튀어나와 통제를 벗어난 과학기술적 발전의 위험을 막으려 하는 '윤리 위원회들'의 한계도 거기에 있다. 선한 의도와 윤리적 고려 등을 모두 가지고 있으면서도, 그들은 더욱 근본적인 '구조적' 폭력은 무시한다.

7) Olivier Malnuit, 'Pourquoi les géants du business se prennent-ils pour Jésus?', *Technikart*, February 2006, pp. 32-37 참조.

8) '스마트'한 접근 방식과 '스마트하지 않은' 접근 방식의 대립에도 같은 논의를 적용할 수 있다. 여기서 핵심 개념은 아웃소싱이다. 아웃소싱을 함으로써, 규율화되고 계급화된 노동이나 (필연적으로 발생할 수밖에 없는) 환경오염 같은 어두운 면을 '스마트하지 않은' 제3세계나 제1세계의 보이지 않는 장소로 수출할 수 있다. 자유주의적 공산주의자의 궁극적인 꿈은 노동계급 그 자체를 눈에 안 띄는 제3세계 저임금 노동 공장으로 수출해 버리는 것이다.

336

9) Peter Sloterdijk, *Zorn und Zeit*, Frankfurt: Suhrkamp, 2006, p. 55.

10) Michael Agger, 'Village Idiot: The Case against M. Night Shyamalan', http://www.slate.com/id/2104567.

11) Shane Handler, 'M. Night Shyamalan's *The Village*', http://www.glidemagazine.com/articles120.html.

12) David Edelstein, 'Village of the Darned: More Pious Hokum from M. Night Shyamalan', http://www.slate.com/id/2104512.

13) 이 영화에 대한 더 어리석은 비난 중 하나는(히치콕의 〈현기증〉에 대한 동일한 비난과도 비슷한데) 영화의 3분의 2지점에서 비밀이 밝혀지기 때문에 서스펜스가 깨진다는 비난이다. 그러나 비밀을 알게 되기 때문에 영화의 나머지 부분이 훨씬 더 흥미로워진다. 영화의 마지막 3분의 1, 더 정확히 말하자면 아이비가 숲속을 고통스러울 정도로 느리게 지나가는 부분에서 우리는 뚜렷한 수수께끼('내러티브상의 모순'이라 표현할 사람도 있겠지만)와 마주친다. 괴물이란 존재하지 않으며, 거짓으로 꾸며낸 것이라는 사실을 이미 알고 있으면서도 왜 아이비는 괴물들을 두려워하며, 위협으로 여기는 것인가? 삭제된 다른 장면에서는 아이비가 괴물이 가까이 있음을 알리는 듯한 불길한 소리를 듣고(다 아는 바와 같이 인위적으로 낸 소리이지만) 절박하게 소리친다. "나는 사랑 때문에 여기 왔어요. 그러니 제발 지나가게 해 주세요!" 아이비는 왜 괴물이 없다는 것을 알면서 이렇게 행동하는가? 잘 알고는 있지만 이 끈질긴 비현실적 유령들에는 직접적 현실 그 자체보다 더한 현실성이 있다.

14) 이 점은 니콜라스 메이어 역시 셜록 홈즈에 대한 패스티시인 『7퍼센트 용액』에서 제대로 짚었다. 소설은 셜록 홈즈 이야기 속의 허구적 공간을 바탕으로 하는데, '범죄의 나폴레옹'이자 홈즈의 궁극적 맞수인 모리아티는 명확히 홈즈 자신의 환상, 그의 분신, 어두운 반쪽이다. 소설 첫 부분에서 모리아티가 왓슨을 찾아온다. 평범한 수학 교수에 불과한 모리아티는 왓슨에게 홈즈가 강박관념에 사로잡혀 자신을 범죄왕이라 생각한다고 불평한다. 왓슨은 홈즈를 치료하기 위해 모리아티를 꼬드겨 비엔나로 데려가 프로이트에게 보인다.[국역: 정태원 역, 7퍼센트 용액, 시공사, 2007]

15) http://www.impactservices.net.au/movies/childrenofmen.htm에서 볼 수 있다.

16) Friedrich Nietzsche, *Thus Spake Zarathustra*, New York: Prometheus, 1993, p. 41.[국역: 정동호 역, 『차라투스트라는 이렇게 말했다』, 책세상, 2000]

17) John Gray, *Straw Dogs*, London: Granta, 2003, p. 161.[국역: 김승진 역, 『하찮은 인간, 호모 라피엔스』, 이후, 2010]

18) http://www.masturbate-a-thon.com에서 볼 수 있다.

19) Alain Badiou, *Logiques des mondes*, Paris: Editions du Seuil, 2006.

20) 같은 책.

21) ‘주인기표’의 개념은 Jacques Lacan, *The Other Side of Psychoanalysis*, New York: Norton, 2006 참조.

22) Badiou, *Logiques des mondes*, p. 443.

23) 예를 들면, Michel Houellebecq, *The Possibility of an Island*, New York: Knopf, 2006. [국역: 이상해 역, 『어느 섬의 가능성』, 열린책들, 2007]

24) Nicholas Sabloff, ‘Of Filth and Frozen Dinners’, *Common Review*, Winter 2007, p. 50.

25) 같은 책, p. 51.

26) Bertolt Brecht, ‘Verhoer des Guten’, in *Werke*, Vol. 18, *Prosa 3*, Frankfurt am Main: Suhrkamp Verlag, 1995, pp. 502-503(번역은 저자의 것).

제2장

1) ‘생명정치’의 개념은 Giorgio Agamben, *Homo sacer*, Stanford: Stanford University Press, 1998 참조.[국역: 박진우 역, 『호모 사케르: 주권 권력과 벌거벗은 생명』, 새물결, 2008] ‘탈정치’의 개념은 Jacques Rancière, *Disagreement*, Minneapolis: University of Minnesota Press, 1998 참조.

2) Agamben, *Homo sacer* 참조.

3) Sam Harris, *The End of Faith*, New York: Norton, 2005, p. 199.[국역: 김원옥 역, 『종교의 종말』, 한언, 2005]

4) 같은 책, pp. 192-93.

5) 같은 책, p. 197.

6) ‘Living Room Dialogues on the Middle East’의 제사題詞, Wendy Brown, *Regulating Aversion: Tolerance in the Age of Identity and Empire*, Princeton: Princeton University Press, 2006, p. 1 인용.[국역: 이승철 역, 『관용: 다문화 제국의 새로운 통치 전략』, 갈무리, 2010]

7) David Remnick, *Lenin's Tomb*, New York: Random House, 1993, p. 11.

8) 이런 이유로, 악이라는 주제에 관심이 있는 이라면 반드시 클라우디아 쿤츠Claudia Koonz의 『나치의 양심』(*The Nazi Conscience*, Cambridge, MA: Belknap Press,

2003)을 봐야 한다. 이 책은 나치의 윤리적 담론에 대한 상세한 보고서이며, 그들의
범죄를 이론적으로 설명하고 있다.

9) Theodor W. Adorno and Walter Benjamin, *The Complete Correspondence 1928 -1940*, Cambridge, MA: Harvard University Press, 1999, p. 252.

10) Martin Amis, 'All that Survives Is Love', *The Times*, 1 June 2006, pp. 4-5.

11) Immanuel Kant, 'The Conflict of Faculties', in *Political Writings*, Cambridge: Cambridge University Press, 1991, p. 182.

12) Sloterdijk, *Zorn und Zeit*, p. 134.

13) http://thinkexist.com/quotes/neil_gaiman에서 볼 수 있다.

14) Peter Sloterdijk, 'Warten auf den Islam', *Focus*, October 2006, p. 84.

15) 이런 생각을 전파한 것은 하버마스인데(Jürgen Habermas, *The Theory of Communicative Action*, 2 vols., New York: Beacon Press, 1985 참조), 라캉도 어느 정도는 이런 의견이었다(Jacques Lacan, 'The Function and Field of Speech and Language in Psychoanalysis', in *Ecrits*, New York: Norton, 2006 참조).

16) Jean-Marie Muller, 'Non-Violence in Education', http://portal.unesco. org/education/en/file_download.php/fa99ea234f4accb0ad 43040e1d60809cmuller_en. pdf.

17) 같은 글.

18) Clément Rosset, *Le réel*: traité de l'idiotie, Paris: Editions de Minuit, 2004, pp. 112-14 참조.

19) 네 가지 담론 개념은 Lacan, *The Other Side of Psychoanalysis* 참조.

20) Muller, 'Non-Violence in Education'.

21) Simone Weil, *Œuvres complètes VI: Cahiers*, Vol. 2, September 1941-February 1942, Paris: Gallimard, 1997, p. 74.

22) Simone Weil, *Œuvres complètes VI: Cahiers*, Vol. 1, 1933-September 1941, Paris: Gallimard, 1994, p. 325.

23) G. K. Chesterton, 'A Defence of Detective Stories', in H. Haycraft (ed.), *The Art of the Mystery Story*, New York: Universal Library, 1946, p. 6.

24) Mark Wrathall, *How to Read Heidegger*, London: Granta, 2005, pp. 94-95.

25) Martin Heidegger, *Introduction to Metaphysics*, New Haven: Yale University Press, 2000, pp. 115-28.[국역: 박휘근 역, 『형이상학 입문』, 문예출판사, 1994]

26) 이런 폭력의 개념은 발터 벤야민과 카를 슈미트가 발전시킨 바 있다.(Walter Benja-

min and Carl Schmitt: Benjamin, 'Critique of Violence'; Carl Schmitt, *The Concept of the Political*, Chicago: University of Chicago Press, 1996.).

27) Rosset, *Le réel*, pp. 22-23 참조.

28) Heidegger, *Introduction to Metaphysics*, p. 102.

29) Simone de Beauvoir, *America Day by Day*[국역: 백선희 역, 『미국여행기』, 열림원], Stella Sandford, *How to Read Beauvoir*, London: Granta, 2006, p. 42 인용.

30) 같은 책, p. 49.

제3장

1) 로스앤젤레스 폭동(경찰이 로드니 킹을 구타하는 비디오가 공개된 후 발발한)과 할리우드 영화의 관계와 마찬가지로, 이 사건에서 실제로 일어난 일은 이미 10년 전에 예감되고 예견되었다. 마티외 카소비츠의 영화 〈증오〉(1995)를 생각해 보라. 〈증오〉는 프랑스 교외의 아랍인 봉기에 대한 흑백영화로, 교외에서 벌어지는 무분별한 청소년 범죄, 경찰의 가혹 행위, 사회적 배제 등을 그려 냈다. 이런 폭력의 분출에는 좁은 의미의 정치적 행위자로 발전할 만한 가능성이 없다. 그저 새로운 교외 펑크문화 같은 문화로 남기를 바랄 수 있을 뿐이다.

2) Roman Jakobson, 'Closing Statement: Linguistics and Poetics', in T. A. Sebeok (ed.), *Style in Language*, New York: Wiley, 1960, pp. 350-77 참조.[국역: 『문학 속의 언어학』, 문학과지성사, 1989]

3) Alain Badiou, 'The Caesura of Nihilism', 2003년 9월 10일 에식스대학 강연.

4) Gray, *Straw Dogs*, p. 19.

5) '대학 담론'의 개념은 Lacan, *The Other Side of Psychoanalysis* 참조.

6) Donald Davidson, *Essays on Actions and Events*, Oxford: Oxford University Press, 1980 참조.

7) Jean-Pierre Dupuy, *Avions-nous oublié le mal? Penser la politique après le 11 septembre*, Paris: Bayard, 2002.

8) Bradley K. Martin, *Under the Loving Care of the Fatherly Leader*, New York: Thomas Dunne, 2004, p. 85 인용.

9) 사탄이 "악이여, 그대가 나의 선이 되어라"고 말하는 밀턴의 『실낙원』의 유명한 장면 훨씬 전에, 셰익스피어는 이미 악마적인 악의 신조를 보여 준 바 있다. 셰익스피어의

<티투스 안드로니쿠스>에서 뉘우치지 않는 인물, 아론의 마지막 말은 이렇다. "인생에서 내가 단 하나의 선행이라도 했다면 / 진심으로 그것을 뉘우친다."

10) 가장 유명한 예는 Robert Axelrod, *The Evolution of Cooperation*, New York: Basic Books, 1984.[국역: 이경식 역, 『협력의 진화』, 시스테마, 2009]

11) 뒤퓌는 라캉 정신분석의 특성을 '마음의 기계화'라고 했는데, 틀린 얘기다. 그 반대로 정신분석은 우리의 윤리적 어휘 속에 악과 책임감의 개념을 재도입한다, '죽음 충동'은 항상성을 유지하는 합리적인 쾌락 추구 메커니즘을 교란시키는 것, 내가 나 자신의 이익을 파괴하는 기묘한 역전 현상을 부르는 이름이다. 만일 이것이 진정한 악이라면, 오늘날의 세속적인 실용주의 윤리 이론은 물론 인지과학의 '마음의 기계화'까지도 그 자체로 '악한' 것이 아니라 악에 대한 방어로 생각해야 한다.

12) Lacan, *Ecrits*, pp. 689-98.

13) Dupuy, *Avions-nous oublié le mal?* 참조.

14) John Rawls, *A Theory of Justice*, Cambridge, MA: Harvard University Press, 1971(개정판 1999).[국역: 황경식 역, 『정의론』, 이학사, 2003]

15) 이 이야기의 더 무시무시한 버전에서는 마녀가 이렇게 말한다. "네가 원하는 것은 무엇이든 들어주마. 하지만 미리 경고하는데, 네 이웃에게는 그것이 두 배로 일어나게 할 거야!"

16) Friedrich Hayek, *The Road to Serfdom*, Chicago: University of Chicago Press, 1994 참조.[국역: 김이석 역, 『노예의 길』, 나남, 2006]

17) Alenka Zupancic, *The Shortest Shadow*, Cambridge, MA: MIT Press, 2006 참조.[국역: 조창호 역, 『정오의 그림자』, b, 2005]

18) 다른 주체가 아닌 자기 자신을 부러워하는 일이 가능할까? 자신의 행복이나 행운을 견디지 못하며, 완고하게 스스로를 파괴하는 주체들이 있다. 이는 프로이트의 용어를 그대로 빌려 말하면, 그들의 초자아가 자아의 성공을 부러워하는 경우다. 여기서는 라캉이 말한 '발화된 것의 주체'(말하는 주체인 내가 그 말속에 표상되는 방식)와 '발화 행위의 주체'(말하는 나 자체)의 분열이 극단으로 치닫는다. 그리하여 주체는 자기 자신의 타자가 되고, 자기 자신을 부러워하는 일이 가능해진다.

19) Jean-Jacques Rousseau, *Rousseau, Judge of Jean-Jacques: Dialogues*, Hanover, NH: Dartmouth College Press, 1990, p. 63(강조는 저자).

20) Jean-Pierre Dupuy, *Petite métaphysique des tsunamis*, Paris: Editions du Seuil, 2005, p. 68 참조.

21) 그러나 이는 이미 미국에서 일어난 바 있다. 물론 영화에서지만 말이다. <탈출> 시

리즈(〈뉴욕 탈출〉, 〈로스앤젤레스 탈출〉)가 그것인데, 이 시리즈는 미국 대도시에서 공공질서가 무너지고 범죄자 집단이 도시를 좌지우지한다는 내용이다. 이런 소재를 보다 흥미롭게 보여 준 영화는 데이비드 코엡의 〈트리거 이펙트〉(1996)인데, 이는 대도시에서 전기가 끊기자 사회가 붕괴해 가는 모습을 담고 있다. 이 영화는 풍부한 상상력으로 인종간의 관계와 낯선 이를 향한 우리의 편견 어린 태도를 잘 다뤄 냈다. 영화 홍보 문구처럼, "아무것도 작동하지 않을 때, 무슨 일이든 일어날 수 있는" 것이다. 더 깊숙한 곳에는 뉴올리언스가 뱀파이어와 좀비, 부두교의 도시, 악한 영적 힘이 언제나 도사리고 있어 사회 조직을 찢어 버릴 수 있는 도시라는 아우라가 숨어 있다. 다시 한번 강조하자면, 9/11 사태의 경우도 마찬가지지만, 뉴올리언스 사태에 대한 놀라움은 그저 단순한 놀라움이 아니었다. 뉴올리언스에서 일어난 일은 자기 폐쇄적인 상아탑 안의 미국식 삶이 사회적 혼돈과 폭력과 굶주림이라는 제3세계 현실의 침입으로 인해 부서진 게 아니다. 정반대로 (지금까지만 해도) 우리 현실의 일부가 아니라 생각했던 것, 우리가 TV와 영화에 등장하는 허구의 사건으로 접해서만 알고 있던 것이 우리의 현실에 난폭하게 들어왔던 것이다.

22) '믿을 것 같은 주체'의 개념에 대해서는 Slavoj Žižek, *The Plague of Fantasies*, London: Verso, 1997, 3장 참조.[국역: 김종주 역, 『환상의 돌림병』, 인간사랑, 2002]

23) Jim Dwyer and Christopher Drew, 'Fear Exceeded Crime's Reality in New Orleans', *New York Times*, 29 September 2005 참조.

제4장

1) Immanuel Kant, 'The Antinomy of Pure Reason', in *Critique of Pure Reason: The Transcendental Dialectic*, London: Palgrave, 2003, 2권, 2장 참조.

2) 성적 행위에 대한 책임은 전적으로 여성에게 있다는 이런 생각이, 이란에서는 법적으로 승인된 바 있다. 2006년 1월 3일 19세의 소녀가 교수형 판결을 받았다. 자신을 강간하려 들었던 세 남자 중 한 명을 칼로 찔러 숨지게 했기 때문이다. 매우 역설적인 일이다. 만일 그 소녀가 저항하지 않고 순순히 강간당했다면, 순결에 대한 이란법에 따라 100대의 채찍형을 받았을 것이다. 만일 그 소녀가 강간 당시 기혼 여성이었다면 간통죄 혐의로 돌팔매질을 당해 처형당했을 것이다. 그러니까 무슨 일이 일어나든 모두 그 소녀의 책임인 것이다.

3) 그런데 남성에게 책임이 없다는 이런 태도에는 더 불길한 해석의 여지가 있다. 언제나,

어디서나 성적 행위를 할 수 있다는 능력은 여성적 판타지 아닌가? 탈레반이 아프가
니스탄 정권을 잡고 있을 때 금속 굽이 달린 구두를 금지했던 우스꽝스런 사례를 생
각해 보라. 마치 여성이 온몸을 천으로 가리고 있어도 구두 굽 울리는 소리가 여전히
남성을 도발할 위험이 있다는 것처럼 말이다. 그렇다면 이는, 남성은 여성의 존재를
알려 주는 거라면 구두 굽 소리처럼 별것 아닌 소리에도 자극을 받을 수 있는 셈인데,
이는 남성의 이미지를 완전히 호색한이라고 전제하는 것 아닌가? 그렇다면 서구에서
여성의 성적으로 도발적인 행위에 관용을 보이는 다른 이유는, 아마 관대한 우리 사회
에서 남성들이 성관계에 대한 관심을 점점 더 잃어 가고 성행위를 쾌락이라기보다 의
무로 생각하기 때문일 것이다.

4) 물론 그렇다고 어빙의 입장이 정당화되는 것은 아니다. 그는 오스트리아 극우 정당의
초청으로 그곳에 갔으며 자신이 체포되리라는 사실을 알고 있었다.

5) 사망자 수에 대한 정확한 조사가 부적절한 일로 간주되는 한, 어느 정도가 '용인할 만
한' 사망자 수인지를 둘러싼 논의가 얼마나 외설적일지 상상할 수 있을 것이다. 이는
음주 운전의 기준이 되는 혈중 알코올 농도가 어느 정도인지에 대한 논의와 이상하리
만치 닮았다. '단지' 530만 명이라고 주장해서 홀로코스트 부인론자가 되느니, 차라리
550만 명이라고 해서 존경받는 역사가로 남는 게 나을 것이다.

6) Badiou and Cécile Winter, *Circonstances*, Vol. 3, *Portées du mot 'Juif'*, Paris:
Leo Scheer, 2005 참조.

7) Oriana Fallaci, *The Rage and the Pride*, New York: Rizzoli, 2002; *The Force of
Reason*, New York: Rizzoli, 2006 참조.[국역: 박범수 역, 『나의 분노 나의 자긍심』,
명상, 2005]

8) Menachem Begin, *The Revolt*, New York: Dell, 1977, pp. 100-101.

9) 이 서한은 〈뉴욕 포스트〉 1947년 5월 14일자 42면에 전면광고로 실렸다. 전문은 http:
//scotland.indymedia.org/newswire/display/3510/index.php에서 볼 수 있다.
  * 편집자 주: 위의 웹사이트는 현재 링크되지 않는다.

10) 〈타임〉지에서 인용, 2006년 7월 24일.

11) Simon Wiesenthal, *Justice, not Vengeance*, London: Mandarin, 1989, p. 266.

12) 같은 책, p.265.

13) Norman Davies, *Europe At War*, London: Macmillan, 2006, p. 346.

14) Alain Badiou, 'The Question of Democracy', *lacanian ink* 28 (Autumn 2006),
p. 59.

15) 비슷한 맥락에서, 에후드 바라크가 〈하레츠〉의 기데온 레비에게 했던 대답은 칭찬

을 받아 마땅하다. 팔레스타인인으로 태어났더라면 무엇을 했겠느냐는 질문을 받자, 바라크는 대답했다. "테러 단체에 들어갔겠죠."(http://www.monabaker.com/quotes. htm에서 볼 수 있음)

16) Karl Marx, 'Class Struggles in France', *Collected Works*, Vol. 10, London: Lawrence and Wishart, 1978, p. 95. 참조.[국역:『칼 맑스, 프리드리히 엥겔스 저작 선집』, 박종철출판사, 1997]

17) Edward T. Oakes, 'Darwin's Graveyards', *Books & Culture*, November/December 2006, p. 36 인용.

18) André Glucksmann, *Dostoïevski à Manhattan*, Paris: Robert Laffont, 2002.

19) 수피파 이슬람교에도 비슷한 이야기가 있다. "오 주여, 내가 만일 지옥에 대한 두려움 때문에 그대를 경배한다면, 나를 지옥에서 불사르소서. 내가 만일 천국에 가리라는 희망 때문에 그대를 경배한다면, 내가 천국에 들지 못하게 금하소서. 그리고 내가 만일 주님만을 위해 그대를 경배한다면, 내게서 그대의 영원한 아름다움을 앗아 가지 마시옵소서."(바스라의 성녀 라비아 알-아다위야, 718-801).

제5장

1) 이 대목은 Brown, *Regulating Aversion*에 많이 의존했다.[국역: 이승철 역,『관용』, 갈무리, 2010]

2) Samuel Huntington, *The Clash of Civilizations*, New York: Simon and Schuster, 1998 참조.[국역: 이희재 역,『문명의 충돌』, 김영사, 1997]

3) Francis Fukuyama, *The End of History and the Last Man*, New York: Free Press, 2006(재판본). 참조.[국역: 이상훈 역,『역사의 종말』, 한마음사, 1997]

4) 말 난 김에 덧붙이자면, 이는 헤르만 괴링의 저 악명 높은 경구 — 나는 '문화'라는 말을 들으면 권총을 찾는다 — 를 새롭게 뒤틀어 버리는 것이다. 물론 '문명'이라는 말을 들었을 때는 그렇지 않지만 말이다.

5) René Descartes, *Discourse on Method*, South Bend, IN: University of Notre Dame Press, 1994, p. 33.

6) Ziauddin Sardar and Merryl Wyn Davies, *The No-Nonsense Guide to Islam*, London: New Internationalist/Verso, 2004, p. 77 인용.

7) Claude Lefort, *The Political Forms of Modern Society: Bureaucracy, Democracy,*

Totalitarianism, Cambridge, MA: MIT Press, 1986; Jacques Rancière, *Hatred of Democracy*, London: Verso, 2007 참조.

8) Marx, 'Class Struggles in France', p. 95 참조.

9) Moustapha Safouan, 'Why Are the Arabs not Free? The Politics of Writing'(미출간 원고).

10) 어쩌면 미국에서 보이는 또 다른 기묘한 현상 역시 이런 특성 때문인지 모른다. 12층 이상의 건물에 들어선 미국 호텔에는 (거의 대부분) 13층이 없다(물론 불운을 피하기 위해서다). 그러니까 12층에서 곧바로 14층으로 건너뛰게 된다. 하지만 유럽인에게 이런 절차는 의미 없는 짓이다. 대체 이런 짓으로 누구를 속이려 드는 건가? 14층이라고 이름 붙인 층이 사실 13층이라는 것을 신이 모를 거라고 생각하는 것인가? 엄밀하게 말하자면, 미국인들이 이런 얕은수를 쓸 수 있는 건 미국인들이 믿는 신이 진정한 존재의 근원이 아니라 우리의 개인적 자아가 연장된 존재이기 때문이다.

11) George Orwell, *The Road to Wigan Pier*, London: Gollancz, 1937.[국역: 이한중 역, 『위건 부두로 가는 길』, 한겨레출판사, 2010]

12) 그러나 우리의 자애로운 복지 국가는 이 악취 풍기는 이웃이 주는 불쾌감과 건강에 대한 관심 사이에 균형을 이루게 하려 애쓴다. 몇 년 전 네덜란드 보건부는 국민들에게 건강에 해로운 긴장과 체내의 압력을 해소하기 위해 하루 적어도 15번은 방귀를 뀌라고 권고했던 것이다.

13) "무릇 있는 자는 받아 풍족하게 되고 없는 자는 그 있는 것까지 빼앗기리라."(마태복음 25장 29절)

14) 이 주제에 대한 상세한 논의는 Slavoj Žižek, *The Metastases of Enjoyment*, London: Verso, 1995, 3장 참조.[국역: 이만우 역, 『향락의 전이』, 인간사랑, 2002]

15) Christopher Hitchens, 'Prison Mutiny', http://www.slate.com/id/2099888/.

제6장

1) 이 '신적' 차원은 마리온의 샤워-살인 장면에도 울려 퍼진다. 이 장면에서 폭력은 난데없이 갑작스레 일어난다.

2) Walter Benjamin, 'Theses on the Philosophy of History,' Thesis IX, in *Illuminations*, New York: Schocken Books, 1968.[국역: 최성만 역, 『역사의 개념에 대하여 외』, 길, 2008]

3) 신적 폭력의 다양한 양태는 Terry Eagleton, *Sweet Violence: The Idea of the Tragic*, Oxford: Blackwell, 2002 참조.[국역: 이현석 역, 『우리시대의 비극론』, 경성대출판부, 2008]

4) 우리는 여기서 욥의 이야기가 이슬람교에서도 중요한 역할을 하고 있다는 점을 상기해야 한다. 이슬람교에서 욥은 순수한 신앙인의 전형이다.

5) Raymond Bellour, *The Analysis of Film*, Bloomington: Indiana University Press, 2000, 3장 참조.

6) www.cse.dmu.ac.uk/~mward/gkc/books/oracle.html에서 볼 수 있다.[국역: 장유미 역, 「개의 계시」, 『의심』(브라운신부 전집 3), 북하우스, 2002]

7) 슬로터다이크의 '영역들spheres'론은 다음과 같이 강조점이 이동했다는 점에 기초하여 전개된다. 즉 '영역들'은 어머니의 자궁이 집에서 '존재의 집'으로서의 언어 자체로 확장된 수준에서 재구축된 것이다.

8) 슬로터다이크는 『분노와 시간』에서 라캉에 대해 흥미로운 독해를 제시한다. 그에 따르면, 프로이트의 핵심적인 약점은 에로스에만 배타적으로 초점을 맞춘 데 있다. 이 때문에 프로이트는 티모스적 투쟁을 설명하지 못한다(죽음 충동이 이를 시도한 것이긴 하나 비참한 실패를 보여 준다). 프로이트의 약점을 중화시키기 위해서 라캉은 에로스 자체를 '티모스화'한다(욕망은 언제나 인정에 대한 욕망이며, 욕망의 실현은 욕망의 인정이라는 식으로 헤겔-코제브를 통해서 재해석한다). 하지만 그렇게 함으로써 라캉은 에로틱스의 특수성을 놓친다.

9) Sloterdijk, *Zorn und Zeit*, p. 107. 아이러니컬한 것은 이 저서에서 슬로터다이크가 '좌파 파시즘Linksfaschismus'이란 말을 종종 쓴다는 점인데, 원래 이 말은 독일에서 그의 호적수인 하버마스가 유명하게 만든 말이다. 하버마스는 그 말을 1968년 논쟁을 '직접적인 행동'으로 대체해야 한다고 주장한 급진 학생 시위자들을 비난하기 위해서 사용했다. 아마도 이러한 사정이 우리에게 보기보다 더 많은 것을 말해 주는 듯싶다. 왜냐하면 슬로터다이크의 결론, 즉 그의 '긍정적 프로그램'은 그들 간의 공적인 적대에도 불구하고 하버마스의 입장과 별로 차이가 나지 않기 때문이다.

10) W. G. Sebald, *On the Natural History of Destruction*, London: Penguin, 2003, pp. 160-62.

11) 이러한 배경에서 우리는 또한 이스라엘이 팔레스타인에 대한 폭력적인 복수를 정당화하면서, 자신들이 그들을 '폭격해야만' 한다면서, 자주 들먹이는 변명을 거부해야 한다. 그들은 이런 식으로 말한다. "나는 너희들의 죄를 용서하겠다. 하지만 나는 너희가 나로 하여금 폭력을 행사할 수밖에 없도록 한 사실은 용서하지 않겠다." 우리는

똑같은 말을 유대인들에게 퍼붓는 히틀러나 히믈러의 모습을 떠올릴 수 있다.

12) http://www.kafka-franz.com/KAFKA-letter.htm에서 볼 수 있다.

13) 이것이 바로 니체 스스로가 광기에 빠지게 된 이유가 아닐까? 마지막으로 정신을 잃기 전 마지막 몇 달은 그리스도라는 수수께끼에 대해 모호한 질투의 징후를 보이지 않는가? 이 어려운 시기에 그가 얼마나 자주 자기 이름을 '그리스도'라고 서명했는지 상기해 보라.

14) Jacques Lacan, *The Ethics of Psychoanalysis*, London: Routledge, 1992, 19-21장.

15) Jacques Lacan, 'Kant with Sade', in *Ecrits*, pp. 645-68 참조.

16) Friedrich Engels, 'Introduction' to Karl Marx, *The Civil War in France, in Marx/Engels/Lenin on Historical Materialism*, New York: International Publishers, 1974, p. 242.

17) Benjamin, 'Critique of Violence', pp. 249-51. 독일어 게발트Gewalt는 '폭력'과 '권위' 혹은 '확립된 권력', 두 가지 모두를 의미한다.(이와 유사한 관계는 영어 문구 '법을 집행하다to enforce the law'에서도 찾을 수 있다. 이 문구는 법이 처음 정초될 때와 법이 '적용'될 때, 모종의 폭력을 동반하지 않고는 법에 대해 생각할 수 없다는 것을 암시한다.)

18) Eric Santner, *On the Psychotheology of Everyday Life*, Chicago: University of Chicago Press, 2001 참조.

19) Benjamin, 'Critique of Violence', p. 252.

20) Simon Schama, *Citizens*, New York: Viking, 1989, pp. 706-707 인용.

21) Robespierre, *Virtue and Terror*, p. 59.[국역: 배기현 역, 『로베스피에르: 덕치와 공포정치』, 프레시안북, 2009, 255쪽]

22) 같은 책, p.129.

23) Jon Lee Anderson, *Che Guevara: A Revolutionary Life*, New York: Grove Press, 1997, p. 636 인용.[국역: 허진·안성열 역, 『체 게바라: 혁명적 인간』, 플래닛, 2010]

24) http://www.marxists.org/archive/guevara/1967/04/16.htm에서 볼 수 있다.

25) Peter McLaren, *Che Guevara, Paulo Freire, and the Pedagogy of Revolution*, Oxford: Rowman & Littlefield, 2000, p. 27 인용.

26) Søren Kierkegaard, *Works of Love*, New York: Harper & Row, 1962, p. 114. [국역: 임춘갑 역, 『사랑의 역사役事』, 다산글방, 2005]

에필로그

1) J. Arch Getty and Oleg V. Naumov, *The Road to Terror. Stalin and the Self-Destruction of the Bolsheviks*, 1932-39, New Haven and London: Yale University Press, 1999, p. 14.

2) 스탈린에 대한 일반적인 비난은 두 가지 명제로 구성된다. ① 스탈린은 사태가 어떤지 너무도 잘 알고 있는 냉소주의자였다(공개 재판에서 피고인은 정말로 무고했다 등). ② 스탈린은 그가 무슨 일을 하는지 잘 알고 있었다. 즉 그는 모든 상황을 완벽하게 통제했다. 새롭게 공개된 자료들을 보면 실상은 정반대처럼 보인다. 스탈린은 기본적으로 (공식 이데올로기와 정직한 지도자로서의 자신의 역할, 그리고 피고인의 유죄성 등을) 믿었다. 그리고 그는 상황을 진짜로 통제하지 못했다(그는 자신의 조처와 개입이 빚어낸 실제 결과에 자주 충격을 받곤 했다). Lars T. Lih, Oleg V. Naumov and Oleg V. Khlevniuk (eds.), *Stalin's Letters to Molotov*, New Haven: Yale University Press, 1995, pp. 60-64에 실린 리(Lars T. Lih)의 뛰어난 서문 참조. 리 Lih는 참혹한 결론을 제시한다. "스탈린이 더 냉소적이었다면 소련 인민들의 상황은 더 나아졌을 것이다."(p. 48)

3) José Saramago, *Seeing*, New York: Harcourt, 2006.[국역: 정영목 역, 『눈뜬 자들의 도시』, 해냄, 2007]

4) '바틀비'는 물론 허먼 멜빌의 바틀비를 가리킨다. 자신의 상사가 시키는 모든 일에 대해서 "저는 아무것도 하지 않는 것을 선호합니다I would prefer not to."라고 대답한, 섬뜩할 정도로 수동적인 뉴욕의 한 사무실 서기다.[국역: 한기욱 역, 『필경사 바틀비』, 창비, 2010]

5) Michael Wood, 'The Election With No Results,' http://www.slate.com/id/2139519. 사라마구의 책들이 가진 브레히트적 특징에 대해서 우드는 또 이렇게 말했다. "이 작품들은 에세이가 아니라 소설이다. 하지만 얼핏 보면 정말로 에세이로 보인다. 작품에 등장하는 인물들은 이름 대신에 역할만을 갖고 있다. 법무장관, 의사의 아내, 경찰관, 투표관리소 공무원 등. 그들의 대화는 쉼표와 대문자로만 표시된다. 인용부호도 없고 행 나누기도 없다. 인물과 대화 모두 사회적 형식으로만 표현된다. 마치 한 문화 전체가 가장 확실한 대표자들을 통해서만 말하고 행동할 수 있는 것처럼." 하지만 우드가 주목하지 않은 또 다른 브레히트적 차원도 있다. 사람들이 이름 대신 역할만(자본가·노동자·혁명가·경찰) 갖는 것은, 그래서 "마치 한 문화(혹은, 보다 정확하게는 이데올로기) 전체가 가장 확실한 대표자들을 통해서만 말하고 행동할 수 있는 것처럼" 보인

다는 것은 엄밀하게 말해서 브레히트의 엄격한 '교육극'과 동형적이지 않은가?

6) Alain Badiou, 'Fifteen Theses on Contemporary Art', *lacanian ink* 23 (Spring 2004), p. 119.

한국어판 후기

1) 이 생각은 상당 부분 우디 알로니Udi Aloni의 것이다.

2) Sophie Wahnich, 'Faire entendre la voix de la vérité, un droit révolutionnaire éternel'(2010년 6월, 미출간 원고). 이 글은 탁월하다. 다만 일일이 인용 표시를 하지는 않았다는 점을 밝혀 둔다.

3) V.I. Lenin, *Collected Works*, Vol. 33, 4th edition, Moscow: Progress Publishers 1966, p. 422.

참고 문헌

Adorno, Theodor W., 'Cultural Criticism and Society', in Neil Levi and Michael Rothberg (eds.), *The Holocaust: Theoretical Readings*, New Brunswick: Rutgers University Press, 2003

Adorno, Theodor W. and Walter Benjamin, *The Complete Correspondence 1928–1940*, Cambridge, MA: Harvard University Press, 1999

Agamben, Giorgio, *Homo sacer*, Stanford: Stanford University Press, 1998

Anderson, Jon Lee, *Che Guevara: A Revolutionary Life*, New York: Grove Press, 1997

Axelrod, Robert, *The Evolution of Cooperation*, New York: Basic Books, 1984

Badiou, Alain, 'Drawing', *lacanian ink* 28 (Autumn 2006), pp. 43–47

—— 'Fifteen Theses on Contemporary Art', *lacanian ink* 23 (Spring 2004), pp. 100–119

—— *Logiques des mondes*, Paris: Editions du Seuil, 2006

—— 'The Question of Democracy', *lacanian ink* 28 (Autumn 2006), pp. 51–67

Badiou, Alain and Cécile Winter, *Circonstances*, Vol. 3, *Portées du mot 'Juif'*, Paris: Leo Scheer, 2005

Balibar, Etienne, *La crainte des masses: politique et philosophie avant et après Marx*, Paris: Editions Galilée, 1997

Begin, Menachem, *The Revolt*, New York: Dell, 1977

Bellour, Raymond, *The Analysis of Film*, Bloomington: Indiana University Press, 2000

Benjamin, Walter, 'Critique of Violence', in *Selected Writings*, Vol. 1, 1913–1926, Cambridge, MA: Harvard University Press, 1996, pp. 249–51

—— *Illuminations*, New York: Schocken Books, 1968

Brecht, Bertolt, 'Verhoer des Guten', in *Werke*, Vol. 18, *Prosa* 3, Frankfurt am Main: Suhrkamp Verlag, 1995, pp. 502–503

Brown, Wendy, *Regulating Aversion: Tolerance in the Age of Identity and Empire*, Princeton: Princeton University Press, 2006

Chamberlain, Lesley, *The Philosophy Steamer*, London: Atlantic Books, 2006

Chesterton, G. K., 'A Defence of Detective Stories', in H. Haycraft (ed.), *The Art of the Mystery Story*, New York: Universal Library, 1946, pp. 3–6

Davidson, Donald, *Essays on Actions and Events*, Oxford: Oxford University Press, 1980

Davies, Norman, *Europe At War*, London: Macmillan, 2006

Descartes, René, *Discourse on Method*, South Bend, IN: University of Notre Dame Press, 1994

Dupuy, Jean-Pierre, *Avions-nous oublié le mal? Penser la politique après le 11 septembre*, Paris: Bayard, 2002

—— *Petite metaphysique des tsunamis*, Paris: Editions du Seuil, 2005

Eagleton, Terry, *Sweet Violence: The Idea of the Tragic*, Oxford: Blackwell, 2002

Engels, Friedrich, 'Introduction' to Karl Marx, *The Civil War in France*, in *Marx/Engels/Lenin on Historical Materialism*, New York: International Publishers, 1974

Fallaci, Oriana, *The Force of Reason*, New York: Rizzoli, 2006

—— *The Rage and the Pride*, New York: Rizzoli, 2002

Feinstein, Elaine, *Anna of all the Russians*, New York: Knopf, 2005

Fukuyama, Francis, *The End of History and the Last Man*, New York: Free Press, 2006 (reprint edition)

Getty, J. Arch and Oleg V. Naumov, *The Road to Terror: Stalin and the Self-Destruction of the Bolsheviks, 1932–39*, New Haven and London: Yale University Press, 1999

Glucksmann, André, *Dostoievski à Manhattan*, Paris: Robert Laffont, 2002

Gray, John, *Straw Dogs*, London: Granta, 2003

Habermas, Jürgen, *The Theory of Communicative Action*, 2 vols., New York: Beacon Press, 1985

Harris, Sam, *The End of Faith*, New York: Norton, 2005

Hayek, Friedrich, *The Road to Serfdom*, Chicago: University of Chicago Press, 1994

Heidegger, Martin, *Introduction to Metaphysics*, New Haven: Yale University Press, 2000

Houellebecq, Michel, *The Possibility of an Island*, New York: Knopf, 2006

Huntington, Samuel, *The Clash of Civilizations*, New York: Simon and Schuster, 1998

Jakobson, Roman, 'Closing Statement: Linguistics and Poetics', in T. A. Sebeok (ed.), *Style in Language*, New York: Wiley, 1960, pp. 350–77

Kant, Immanuel, *Critique of Pure Reason: The Transcendental Dialectic*, London: Palgrave, 2003

—— *Political Writings*, Cambridge: Cambridge University Press, 1991

Kierkegaard, Søren, *Works of Love*, New York: Harper & Row, 1962

Koonz, Claudia, *The Nazi Conscience*, Cambridge, MA: Belknap Press, 2003

Lacan, Jacques, *Ecrits*, New York: Norton, 2006

—— *The Ethics of Psychoanalysis*, London: Routledge, 1992

—— *The Other Side of Psychoanalysis*, New York: Norton, 2006

Lefort, Claude, *The Political Forms of Modern Society: Bureaucracy, Democracy, Totalitarianism*, Cambridge, MA: MIT Press, 1986

Levi, Primo, *The Periodic Table*, New York: Schocken, 1995

Lih, Lars T., Oleg V. Naumov and Oleg V. Khlevniuk (eds.), *Stalin's Letters to Molotov*, New Haven: Yale University Press, 1995

Malnuit, Olivier, 'Pourquoi les géants du business se prennent-ils pour Jésus?', *Technikart*, February 2006, pp. 32–37

Martin, Bradley K., *Under the Loving Care of the Fatherly Leader*, New York: Thomas Dunne, 2004

Marx, Karl, *Collected Works*, Vol. 10, London: Lawrence and Wishart, 1978

McLaren, Peter, *Che Guevara, Paulo Freire, and the Pedagogy of Revolution*, Oxford: Rowman & Littlefield, 2000

Nietzsche, Friedrich, *Thus Spake Zarathustra*, New York: Prometheus, 1993

Oakes, Edward T., 'Darwin's Graveyards', *Books & Culture*, November/ December 2006, pp. 35–38

Orwell, George, *The Road to Wigan Pier*, London: Gollancz, 1937

Rancière, Jacques, *Disagreement*, Minneapolis: University of Minnesota Press, 1998

—— *Hatred of Democracy*, London: Verso, 2007

Rawls, John, *A Theory of Justice*, Cambridge, MA: Harvard University Press, 1971 (revised edition 1999)

Remnick, David, *Lenin's Tomb*, New York: Random House, 1993

Robespierre, Maximilien, *Virtue and Terror*, London: Verso, 2007

Rosset, Clément, *Le réel: traité de l'idiotie*, Paris: Editions de Minuit, 2004

Rousseau, Jean-Jacques, *Rousseau, Judge of Jean-Jacques: Dialogues*, Hanover, NH: Dartmouth College Press, 1990

Sabloff, Nicholas, 'Of Filth and Frozen Dinners', *Common Review*, Winter 2007, pp. 50–52

Sandford, Stella, *How to Read Beauvoir*, London: Granta, 2006

Santner, Eric, *On the Psychotheology of Everyday Life*, Chicago: University of Chicago Press, 2001

Saramago, José, *Seeing*, New York: Harcourt, 2006

Sardar, Ziauddin and Merryl Wyn Davies, *The No-Nonsense Guide to Islam*, London: New Internationalist/Verso, 2004

Sartre, Jean-Paul, *Existentialism and Humanism*, London: Methuen, 1974

Schama, Simon, *Citizens*, New York: Viking, 1989

Schmitt, Carl, *The Concept of the Political*, Chicago: University of Chicago Press, 1996

Sebald, W. G., *On the Natural History of Destruction*, London: Penguin, 2003

Sloterdijk, Peter, *Zorn und Zeit*, Frankfurt: Suhrkamp, 2006

Weil, Simone, *Œuvres complètes VI: Cahiers,* Vol. 1, *1933–September 1941*, Paris: Gallimard, 1994; Vol. 2, *September 1941–February 1942*, Paris: Gallimard, 1997

Wiesenthal, Simon, *Justice, not Vengeance*, London: Mandarin, 1989

Wrathall, Mark, *How to Read Heidegger*, London: Granta, 2005

Žižek, Slavoj, *The Metastases of Enjoyment*, London: Verso, 1995

—— *The Plague of Fantasies*, London: Verso, 1997

Zupancic, Alenka, *The Shortest Shadow*, Cambridge, MA: MIT Press, 2006

찾아보기

스콜세지, 마틴 307
스타벅스 37, 38
스탈린, 스베틀라나 92
스탈린, 요시프 36, 92, 95~97, 99,
137, 207, 210, 231, 284, 309~311,
323, 348
스트렐니코프 203, 204
스티븐스, 월리스 36, 37
스피노자, 바뤼흐 213
슬로터다이크, 페터 60, 103, 109,
276, 277, 279, 280, 287, 346
습관 32, 241, 242, 247, 249, 251,
252, 254
시오니스트 178, 195~197
식민주의 18, 195, 196
신식민주의 227
신화적 폭력 290, 291, 293, 294,
296
실재 17, 37, 47~49, 70, 100, 110,
136, 140, 255, 261, 315, 335
〈싸이코〉 267, 271

ㅇ

아감벤, 조르조 154
아도르노, 테오도르 35, 95
〈아드-두스투르〉 176
아렌트, 한나 93
아마디네자드 177, 178
아메리, 장 280, 281
아미시 교파 223

아부 그라이브 257~260, 262, 263
아부 하니파 224
아이슬러, 한스 95, 96
아카디안 응급호송서비스회사 161
아흐마토바, 안나 36
알 자지라 89
알-힐랄리, 셰이크타즈 딘 173
야콥슨, 로만 134, 135
〈어둠 속의 댄서〉 284
어빙, 데이비드 175, 176, 343
어빙, 존 245
〈어 퓨 굿 맨〉 260
억압Verdrängung 316
에이미스, 마틴 97
에이즈 78, 259, 270
AP 208
엥겔스, 프리드리히 23, 38, 39, 289,
344
역사의 종말 164, 218, 344
예이츠, 윌리엄 버틀러 105, 142, 143
옐친, 보리스 243
옛 유고슬라비아의 형법 제133조 242
옥시덴탈리즘 110
욥 269~271, 294, 346
우드, 마이클 315, 348
우엘벡, 미셸 75
〈월드 트레이드 센터〉 272, 273
윈터, 세실 179
〈윌란스-포스텐〉 108
의심의 해석학 287, 289

폭력

2026년 4월 20일 초판 1쇄 인쇄
2026년 4월 25일 초판 1쇄 발행

지은이   슬라보예 지젝
옮긴이   이현우·김희진·정일권
펴낸이   류현석

펴낸곳   21세기문화원
등   록   2000.3.9 제2000-000018호
주   소   서울 성북구 북악산로1가길 10
전   화   923-8611
팩   스   923-8622
이메일   21_book@naver.com
ISBN 979-11-92533-37-7 03160

값 32,000원